峨眉山佛学院、四川大学佛教与社会研究所研究丛书
国家社科基金重大招标项目（13&ZD079）多卷本《中国寺观文化史》项目丛书

佛教与民俗

第五辑

段玉明／主编

宗教文化出版社

图书在版编目（CIP）数据

佛教与民俗 . 第五辑 / 段玉明主编 . -- 北京：宗教文化出版社，2024.9

ISBN 978-7-5188-1500-5

Ⅰ . ①佛… Ⅱ . ①段… Ⅲ . ①佛教—宗教文化—研究—中国 Ⅳ . ① B949.2

中国国家版本馆 CIP 数据核字 (2024) 第 004859 号

佛教与民俗（第五辑）

段玉明　主编

出版发行：宗教文化出版社

地　　址：北京市西城区后海北沿 44 号　（100009）

电　　话：64095215（发行部）　13699284123（编辑部）

责任编辑：赛　勤

版式设计：武俊东

印　　刷：河北信瑞彩印刷有限公司

版权专有　侵权必究

版本记录：880 毫米 ×1230 毫米　32 开　13 印张　300 千字

　　　　　2024 年 9 月第 1 版　2024 年 9 月第 1 次印刷

书　　号：ISBN 978-7-5188-1500-5

定　　价：98.00 元

目　录

【仪式民俗】

【济世民俗】

【经济民俗】

【其他民俗】

【信仰民俗】

具十恩德名题《父母恩重经》诸本探考

张　总①

内容提要：《父母恩重经》是一部非常流行的中土撰述，曾相当流行，演进复杂。得到不少关注，主要有张涌泉、郑阿财、马世长与新井慧誉之研究②。其敦煌本的缀合，张小艳作了出色的工作，集缀校合整残数量达百余③。此经内容具有十恩德者晚出且总数不多，如敦煌本法藏伯 3919 号、上海图书馆藏敦煌本 119 号、日本杏雨书屋残本及黑水城本等，还有山东巨野、宁阳、成武刻经碑及大足石刻，新现山东唐大和八年耿士克施镌碑尤值重视，可与敦煌本比较对校。本文主要对比具十恩德经本特别是敦煌本与山东石刻经碑，

① 张总，中国社会科学院世界宗教研究所研究员。

② 张涌泉、郑阿财、马世长、新井慧誉主要论文见所附参考文献。《大正藏》卷八十五古逸疑似部采用敦煌遗书斯 2034 为底本，以斯 190 号、日本中村不折藏本为校本录出。

③ 张小艳：《敦煌本〈父母恩重经〉缀合》，载《安徽大学学报》，2015 年第 3 期，第 88-97 页。

于石刻材料之真实性也加质疑讨论。

关键词：父母恩重经；十恩德；敦煌写经；刻经碑

一、经本情况

我们知道《父母恩重经》的经本演变相当复杂，对其研究也不少，但范围有大有小，大多是据此经名就敦煌本研讨，石刻本或有涉及。有些包括了署为鸠摩罗什的《大/难报父母恩重经》，其视野较广者亦涉藏经中署为安世高《父母恩难报经》的印土真经，但研说很浅。很少有就此经全部——含各种经名变化的广义经——作整个体系来考察者①。笔者曾作过此种全体考察，但因主题及篇幅原因未全展开。本文则就侧重具十恩德经本而作论述。

在此需要特别指出，狭义范围（含甲乙丙丁戊五种）的《父母恩重经》内最重要的转折，即十恩德内容之出现。其丁戊两种之一即后者掺扩入广义的托署罗什名的《大报经》。

---

① 笔者于 2000 年敦煌国际学术会提交论文中有初步整理。张总：《疑伪经典与佛教艺术》，敦煌研究院编《2000 年敦煌学国际学术讨论会文集·石窟艺术卷》，兰州：甘肃民族出版社，2003 年，第 259—266 页。张总、全藏：《〈父母恩重经〉刻写及雕版经本新探》，房山石经博物馆等编《石经研究》，北京：北京燕山出版社，2016 年。2015 年应约为中德合作项目《中国佛教石经·山东卷》撰相关主题文章时曾作全面整理，待刊。

下列简图表示 ①。

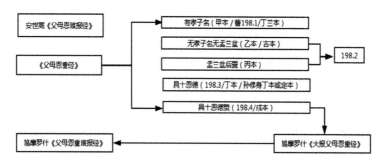

上述这个转折处最值得研究。加入了十恩德内容的《父母恩重经》，总数并不太多，其中又分为只具十恩德标题与含纳十恩德赞颂两小类，即图中的丁本与戊本。此后则发展为署鸠摩罗什名增分量本，流传范围扩大到东亚的朝鲜半岛、日本，时至今日。现知具十恩德标题者即丁本，只有伯3919号、上海图书馆119（812569号）、日本杏雨书屋羽326号三敦煌本；山东禹城、成武、巨野碑本及黑水城抄印TK119、TK120号两残件，总数达八件。其中禹城本年代最早，内容最多。巨野本年代晚且为节略本，内容最少。戊本则有山东宁阳三件与黑水城两印本及大足石刻节选本。本文主要研究即此所谓丁本文献。

---

① 简表中所目标甲乙丙等类型是根据中日多位学者考论而写略有调整。序号第198.3号等是据曹凌《中国佛教疑伪经综录》作出，上海：上海古籍出版社，2011年，第358-365页。

现将诸经本情况简介如下：

1. 禹城大和八年本

山东省禹城县唐大和八年（834）耿士克造父母恩重经碑，高 200 厘米，宽 80 厘米，厚 30 厘米。碑阳与碑之两侧镌刻图像并雕经文。碑阳上层龛中浮雕趺坐弥陀佛像与两胁侍，龛外线刻天王。中段题记为唐齐州禹城县移风乡伯宜村五品武将耿士克功德文，追述曾祖、祖、父、兄弟及子侄名讳及职官，两边线刻男女供养人①，其下层则镌此碑《佛说父母恩重经》，经文 27 行、行约 74 字，共 1715 字。两侧或线刻观音菩萨像，或镌《般若波罗蜜多心经》与人像。旁侧又有纪年"唐大和八年岁次甲寅四月壬午朔八日己丑口 / 工匠造碣人武元炭"。但据功德题记，其兄弟与侄共四人，备镌或始施从长庆元年（824）起至大和八年（834）成，如果早时已有经本，更将此刻碑提前至公元 824 年左右。

此碑文字的镌刻显然较为粗简，有些字笔画间或有破崩之处，但线画的水平较高一些。最重要者是其经本年代之早。原知石刻较早为房山刻经，其大历年间（769）为甲（丁兰）本，大和年间（831–834）两经为丙本②，都是无十恩德内

---

① 此碑侧《般若波罗蜜多心经》上方刻四男子，下方刻一女携两童。此碑收藏于河北保定墨香阁，笔者原此原文呈第二届疑伪经国际学术会以后，曾到刘先生墨香阁观摩原碑。本文题铭文字也得刘先生相助，就此致谢！

② 张总、全藏：《〈父母恩重经〉刻写及雕版经本新探》，房山石经博物馆等编《石经研究》，北京：北京燕山出版社，2016 年。

容之本。具十恩德之本数量本来就少，原知成武县五代后汉乾祐本（948）已属最早，上图本为五代后周显德（959），法藏写本相近。但此本较成武本还要早114年。而且山东石刻本多前具十恩德名、后有地狱内容而无十八地狱名①，特征明显。由此可知不同系统经本有长期共存时段，石刻经本中山东作品极为突出。

2. 成武县五代后汉乾祐元年（948）碑碣

此碣原石略厚于一般碑，实为方形碣，四面刻铭，原存于大田集黎家庄。题墓上碑碣，由冯氏家族所施造，经本亦具早期特征。题记中反映了重要的家族墓地情况。其帽顶应为庑殿形，现已失。残高162厘米，碣下原有基座，以榫相接。现存石榫部分高15厘米，宽46厘米，厚24厘米。座为长方形，碣体四面刻字。阳面上为佛龛，高35厘米，宽30厘米，镌一佛二菩萨三尊像，龛两侧及下部镌冯氏家族及书丹工匠姓名多人。其经文37行，行50余字，字径近1厘米。龛像与经文之间、碑侧与经文之前，都有题记。最关键处为"重开旧穴，为造新坟"，可知是用作墓碣。其先祖官职世系追溯南朝梁，高祖冯思义为梁朝监国骠骑将军、曾祖冯琛、祖冯恭、父冯审琼。子孙等则有：子冯知谦妻某氏、弟冯知鲁妻王氏、冯知段妻秦氏。下辈还有外甥等以及工匠题名。经前一行半

---

① 此本直说地狱，内容也简化一些。原石系此经本正文与敦煌上图本、法藏本更相似且全些。原石系河北正定墨香阁收藏。

说明其时地为（南瞻部州）大汉国单州金乡县高平乡郭满村的孤子——冯知谦与弟知鲁，于乾祐元年十月为三（亡）祖考妣而造石碣一所兼镌父母恩重经一卷，下接经文。其上方题记还有造功德一龛即碣上佛像之龛。

曹凌已注意到此处十恩德名处先有"咸具偈赞"，实际诸恩德名后却没有，因而析其或呈过渡形态。但时地相近的宁阳县乾祐三年（950）本中，十个赞颂只有一个前有"赞曰"，宁阳县古衙署所存本全无"赞曰"，北宋本则同乾祐本。此本后无不孝子入地狱，亦无十八地狱名，却有"造经一至万卷得离地狱"的内容。现知两敦煌本有十八地狱名，而山东铭镌本与黑水城本 TK119 皆无。因为此种标题存本不多，狱名是否为必具部分已经存疑。又此石碣较上海图书馆藏后周显德本还要早十年，而其后三年的宁阳刻本就具有了十恩德赞词，且后含地狱内容①。所以，综合几个细节来看，其过渡特点并不若初成的印迹明显。而且，石刻本也与写本相似，各本自具细节变化，可知并无"标准本"的存在。

3. 敦煌本：上海图书馆 119 号（812569）与法藏伯 3919 号 A2

上图本共具 103 行，行 17 字，约 1751 字，略多于山东大和本。此卷具五代后周"显德六年（956）三界寺沙门戒轮书记"题记。内容有父母十恩德与地狱内容。

---

① 此无"造一至万卷经"。

伯3919号A2号写出多经，其经后也有三界寺戒轮题记。所以，两者虽然装帧形式不同，但抄写出处却有近同，因而年代也相去不远。但法藏此本实抄两种《父母恩重经》，于具十恩德名本之后，又抄无十恩德名之本，内容同于《大正藏》85册所收，可惜止于近结尾处，即流通分与其句。有趣的是，山东兖州金口坝所存诸经石中，有一此经残石，仅存八行，可缀成为经后部，较此写所缺略多，即稍有重复，余可补足，分见下注 ①。

4. 日本杏雨书屋羽326号 ②

---

① 归儿骂詈。低头含笑。妻复不孝子。复五楠夫妻和合同作五逆。彼时唤呼。急疾取使。十唤九违。尽不从顺。骂詈嗔恚。不如早死。强在地上。父母闻之。悲哭懊恼。流泪双下。啼哭目肿。汝初小时非吾不长。但吾生汝。不如本无。佛告阿难。若善男子善女人。能为父（写本为"若父"。以上为重复部分）母受持读诵书写父母恩重大乘摩诃般若波罗蜜经一句一偈。一径耳目者所有五逆重罪悉得消灭。永尽无余。常得见佛闻法。速得解脱。阿难从座而起。偏袒右肩。长跪合掌。前白佛言。世尊此经云何名之。云何奉持。佛告阿难。此经名父母恩重经。若有一切众生。能为父母作福造经烧香请佛礼拜供养三宝。或饮食众僧。当知是人能报父母其恩。帝释梵王诸天人民一切众生闻经欢喜。发菩萨心。嘤哭动地。泪下如雨五体投地。信受顶礼佛足。欢喜奉行。
参徐可然《兖州金口坝佛教碑刻研究》，曲阜师范大学2012年硕士论文，第27、28页。《敦煌宝藏》132册，第145页。台北：新文丰出版公司，1984年。
② 羽326号被编者从《父母恩重经》改订为《报慈母十恩德并父母恩重经》，显然是不了解此经本中具有含十恩德名目类型。武田科学振兴财团：《杏雨书屋藏敦煌秘籍·目录册》，2009年，第119页。图版刊于《敦煌秘籍》影片册四，2011年，第478-480页。

　　为李盛铎原藏，虽是残本，却显然为敦煌此经增加了分量。此本首尾残，共存有 57 行。起自十恩德词"一者怀担守护恩，二者临产受苦恩"，止于报恩内容的"左肩担父，右"①。

　　5. 黑水城出土 TK120 号与 TK139 号等

　　前者首残尾全，附有长篇题记，说明是西夏男子呱呱为亡父中书相公七七斋作大法会，施造多种经。后者亦属此类经本，但存文更多，虽然不全②。此批经中还有两件具十恩德颂词之本，即 TK119 号与 TK240 号，后者仅三行，前者内容多而且有精妙的扉画。近年在德宝拍卖会上还出现了西夏文《父母恩重经》的残叶，虽然很少，但通过初步识别校理，可以看到其对应于 TK120 号③。

---

　　①　杏雨书屋藏羽741号定名为《报慈母十恩德文第二》，首题"十月报恩词第二"，尾题"慈母报无门"，应属讲经文报恩词类，不属此经。又，杏雨书屋所藏三件《佛说父母恩重经》，即羽 152 号、羽 230 号、羽 426 号，都属此经无十恩德内容本。《敦煌秘籍·目录册》，2009 年，见索引第 289 页，条记见第 63、90、148 页。

　　②　新井慧誉：《黑水城发见の《父母恩重经》俄 TK139（略称黑 139）について》，载《加藤纯章博士还历纪念论集》，东京：春秋社，2000 年，第 341-359 页。俄 TK119K 号题《报父母恩重经》，同俄 TK240 都具十恩德名并颂词，虽则后者只存两三行。

　　③　高山彬：《芷兰斋藏西夏文〈金刚经〉与〈父母恩重经〉残叶》，载《上海书评》，2015 年 5 月 3 日。

6. 山东省巨野县碑

北宋熙宁七年（1074）河东薛氏造此经碑，用作墓碑。所铭此经，是一种节略本。虽具有十恩德标题，但删去了不少内容，致使存本极简，不足400字。后面没有地狱等内容。其十恩德的序次与多数经本不同，但与上海图书馆藏本相同①。

二、经本比较

此处对《父母恩重经》的录文校对，是以唐大和八年本为底本，与五代本、宋代本、黑水城本进行对比。其中五代本有三本，为乾祐元年本、上图本、伯3919号本。以下各本《父母恩重经》比较，有增减变动的地方，均用黑色加粗标明，需补出残字加下划线。

_____

① 此文中第四为"回干就湿恩"，第五为"咽苦吐甘恩"。较多数经本的第五"回干就湿恩"提前，而上图本"回干就湿恩"却在第六。张涌泉说伯3919号十恩德序次有乱，其实排列有四种不同，详另文。

禹城大和八年（834）本	法藏与上图（956）敦煌本	成武乾祐元年（948）本
佛說父母恩重經 如是我聞。一時佛在王舍城伊沙崛山中。與諸比丘眾二萬八千人俱，及諸菩薩，無量無邊，八部四眾，圍繞世尊，時有聖者，名曰阿難。問于如來，父母恩德。彼諸菩薩，咸共贊言：善哉善哉！爾時，如來告阿難曰，諦聽諦聽！父母恩德，有其十種，何等者為十：	佛说父母恩重经 如是我闻。一时佛在王舍城伊沙崛山中。与诸比丘众二万八千人俱，及诸菩萨，无量无边，八部四众，围绕世尊，时有圣者，名曰阿难。问于如来，父母恩德。彼诸菩萨，咸共赞言：善哉阿难！尔时，如来告阿难曰，谛听谛听！父母恩德，有其十种，何等为十：	佛说父母恩重经一卷 如是我闻。一时佛在王舍城者闍崛山中。与大比丘众□□百五十人俱，菩萨摩诃萨三万八千人。无量无边，天龙八部四众，围绕世尊。时有圣者，名为阿难。问扵如来，父母恩德，彼诸菩萨，咸共赞言，善哉善哉。尒时，佛告阿难，汝今谛听，当为汝说。父母恩德，有其十种重恩。咸其偈赞。阿难□□言。世尊，何等为□□□。答言：
一者懷擔守護恩； 二者臨產受苦恩； 三者生子忘憂恩； 四者咽苦吐甘恩； 五者回幹就濕恩； 六者乳哺養育恩； 七者洗濯不淨恩； 八者遠行憶念恩； 九者為造惡業恩； 十者究竟憐憫恩。	一者怀担守护恩； 二者临产受苦恩； 三者生子忘忧恩； 四者咽苦吐甘恩； 五者乳哺养育恩； 六者回干就湿恩； 七者洗濯不净恩； 八者为造恶业恩； 九者远行忆念恩； 十者究竟怜悯恩。	一者怀胎守护恩； 二者临产受苦恩； 三者生子忘忧恩； 四者咽苦吐甘恩； 五者回干就湿恩； 六者乳哺养育恩； 七者洗濯不净恩； 八者远行忆念恩； 九者为造恶业恩； 十者究竟怜愍恩。
佛告阿難：我觀眾生，雖沾人品，心行愚蒙，不思耶娘有大恩德，	佛告阿难：我观众生，虽居人品，心行愚蒙，不思耶娘有大恩德，	尒时佛告阿难，我观众生，惟露人品，心行愚昧，不思爹娘有大恩德，

不生恭敬，棄恩背恩。無有人慈，不孝不義。阿娘懷子，十月之中，起坐不安，如擎重擔，食飲不下，如長病人。月滿生時，受諸苦痛。須臾好惡，恐畏無常，如煞豬羊，血流遍地。受如是苦，生得此身。咽苦吐甘，抱持養育，洗屎洗尿，無憚劬勞，忍熱忍寒，辭辛苦；干處兒臥，濕處母眠；三年之中，飲母白血。嬰孩童子，乃至盛年，奬教禮儀，婚嫁官學，被求資業。攜荷艱難，勤苦至終，不言恩絕。男女有病，父母病生。子若病除，慈母方差。如斯養育，願早成人。及其長成，翻為不孝。尊親共語，應對愉降，拗眼掜睛。欺凌伯叔，打罵兄弟，毀辱親情，無有禮儀。不遵師範，父母教命，元不依從；兄弟共言，故相拗戾。出入來往，不啟尊人，語高踈，擅意為事。父母訓罰，伯叔論非，童幼衿憐，尊人遮護。漸漸成長，狠戾不調，不伏虧達，返生嗔恨。棄諸勝友，朋附惡人。

不生恭敬，弃恩背恩，无有人慈，不孝不义。阿娘怀子，十月之中，起坐不安，如擎重担，食饮不下，如长病人。月满生时，受诸苦痛。须史好惡，恐畏无常，如煞豬羊，血流遍地。受如是苦，生得此身。**洗濯不净**，无憚劬劳，忍热忍寒，不辞辛苦。干处儿臥，湿处母眠；三年之中，饮母白乳。婴孩童子，乃至盛年，奖教仪礼，婚嫁官学，被求资业，携荷艰**辛**，勤苦至终，不言恩绝。男女有病，父母病生。子若病除，①慈母方差。如斯养育，愿早成人。及至成长，翻为不孝。尊亲共语，应对**愉**，拗眼掜睛，打骂兄弟，毁辱亲情，无有礼仪。不遵师范，父母教命，元不依行。出入来往，不启尊人，言语高跳，擅意为事。父母训罚，伯叔论非，童幼衿怜，尊人遮护。渐渐成长，不调，不伏亏违，反生嗔恨。弃诸胜友，朋附惡人，习以性成，遂为狂计。被人诱进，逃窜他邦。

不生恭敬，弃恩背义，无有人慈，不无不义，**慈母**怀子，十月之中，起坐不安，如擎重担，饮食不下，如长病人。月满生时，受诸痛苦。须史**产出**，恐**已**无常，如**杀**猪羊，血流遍地。受如是□，□□□□□净，无憚劬劳，忍寒忍热，不辞辛苦；干处儿臥，湿处母眠；三年之中，饮母白血。婴孩童子，乃至**成**年，奖教礼仪，婚嫁营谋，被求资业。携荷艰辛，勤苦**百倍**，不言恩绝，男女有病，父母病□。子若病除，慈母方**愈**。如斯养育，愿早成人。及至长成，尊亲**共識**，应对**降声**，□**眼泪**□，欺凌伯叔，打骂兄弟，毁辱亲情，无有礼仪，不遵师长，父母教命，**无**不依从；兄弟共言，故相违戾。出入来往，不启尊人，言语高踈，擅意为事。父母训罚，伯叔**语**非，童幼□怜，尊人遮护，渐渐成长，狠戾不调，不伏亏违，返生嗔恨。弃诸胜友，朋附惡人，习以性成，遂为□□。被人诱进，逃窜他**乡**，违背**爹**娘，离家别眷。

---

① 法藏本多"父"字。

習以性成，遂為狂計。被人誘進，逃竄他邦，違背耶娘，離家別眷。或緣經紀，或為征行。荏苒因循，便為婚娶，由斯留礙，久不還家。或在他鄉，不能謹慎，被人謀點，橫事鉤牽，枉被刑科，牢獄枷禁。或遭病患，厄難纓纏，困苦饑羸，無人看視。被他嫌賤，委弃街衢，因此命終。無人救療，膨脹爛壞，日曝風零。糞他鄉土。便與親族，歡愛長乖。父母心隨，永憂念子。或因啼泣，眼暗目盲；或為悲哀，結氣成病；或緣憶子，衰變死亡。作鬼抱魂，不曾割捨。或復兒子，不崇學藝。朋逐異端，無賴粗頑，好習無益，鬥打竊盜，觸犯鄉閭。飲酒樗蒲，奸非過失，廣占衣食，嗜熟憎生，懶墮遊遊。倚街傍巷，帶累兄弟，惱亂耶娘。晨去暮還，尊親憂念。不知父母，動止寒溫。晦朔朝朝，永乖扶侍，安床薦枕，判不知聞，參問起居，從茲斷絕。父母年邁，形貌衰羸，羞恥見人，嗔呵欺抑。	荏苒因循，便为婚嫁，由斯留碍，久不还家。或在他乡，不能谨慎，被人谋点，横事钩牵，枉被刑科，牢狱枷锁。或遭病患，厄难缠缠，困苦饥羸，无人看待。被他嫌贱，委弃街衢，因此命终。无人救疗，膨胀烂坏，日曝风吹，白骨飘零。粪他乡土。便与亲族，欢爱长乖。父母心随，永怀忧念。或因啼泣，双眼俱盲；或为悲哀，气结成病；或缘忆子，衰变死亡。作鬼抱魂，不曾割舍。或复儿子，不崇学艺，朋逐异端，无赖粗顽，好习无益，斗打窃盗，触犯乡间。饮酒樗蒲，奸非过失，	或因经纪，或为政行。荏苒因循，便为婚娶，由斯留碍，久不还家。或在他乡，不能谨慎，被人谋害，横事钩牵，枉被刑科，牢狱枷禁。或遭病患，厄难缠身，困苦饥羸，无人看待，被人嫌贱，委弃街衢，因此命终，无人救疗，膨胀烂坏，日暴风吹，白骨飘零。□他乡土，便与亲族，欢爱长乖，父母□□，永怀忧念。□□□泣，眼暗目盲；或为悲哀，气咽成病；或缘忆子，衰变死亡，作鬼抱魂，不曾割舍。或复儿子，不崇学艺，朋逐异身，

或複父孤母寡，獨守空房，猶若客人，無處居停，寄居他舍。應**貪**饌物，供養尊親。每**作**羞慚，畏人怪笑。若持財食，供給妻兒。醜拙疲勞，無避羞恥；妻妾約束，每事依從，尊者瞋呵，全無畏伏。或複作女，適配他人，未婚之時，咸皆孝順；婚姻已記，不孝遂增。父母微嗔，即生怨恨。夫婿打罵，忍受甘心。異姓他宗，情深眷重。自家骨血，卻以為疏。或隨夫婿，外郡他州，離別耶娘，無心戀慕。斷絕消息，音信不通，令使耶娘，懸腸閣肚。父母恩德，無量無邊；不孝之愆，卒陳難盡。介時大眾，聞佛所說，父母恩重。舉身投地，胸槌自撲，身諸毛孔，悉流逬血。悶絕躄地，良久乃蘇。高聲唱言，苦哉！**苦哉！**痛哉！**痛哉！**	带累兄弟，恼乱耶娘。晨去暮还，尊亲忧念，不知父母，动止寒温；晦朔朝，永乖扶侍，安床荐枕，判不知闻，参问起居，从兹断绝。父母年迈，形貌衰羸，羞见**他人**，嗔呵欺打。或复父孤母寡，独守空**堂**。**由**若客人，寄居他舍。应**索**饌物，供养尊亲。每作羞慚，畏人怪笑。若持财食，供给妻儿。丑拙疲劳，无避羞恥；妻妾约束，每事依从，尊者瞋呵，全无畏**惧**。或复作女，适配他人，未婚之时，咸皆孝順；婚姻以讫，不孝还增。父母微嗔，即生怨恨；夫婿打骂，忍受甘心。异姓他宗，情深眷重。自家骨肉，却以为疏。或随夫婿，外郡他州，离别耶娘，无心恋慕。断绝消息，音信不通，令使耶娘，悬**心忆念**。父母恩德，无量无边；不孝之愆，卒陈难尽。介时大众，闻佛所说。父母恩重，举身投地，**浑**槌自扑，身诸毛孔，悉皆**流**血。闷绝躄地，良久乃苏。高声唱言，苦哉！痛哉！	父孤母寡，独守空房，**由**若客人，　　寄居他舍，供养尊亲。每作羞慚，**恐**人怪笑。若持财食，供给妻儿，□□□□，**不**避羞耻；妻妾约束，每事依从，尊**长**瞋呵，□无畏伏。□复是女，适配他人，未**嫁**之时，咸皆孝順；婚姻以讫，不孝遂增。父母微嗔，即生怨恨；夫**罣**打骂，忍受甘心。**自家骨肉，却以为疏。****异姓他宗，情深眷重**，或随夫**罣**，外郡他州，离别**爹娘**，无心恋慕，断绝消息，音信不通，令使**爹娘**，□□□□，□□□德，无量无边；不孝之愆，**杂**陈难□。介时大众，闻佛所说，父母恩重，举身投地，**槌胸**自扑，身诸毛孔，悉皆**流**血。闷绝躄地，良久乃苏。高声唱言，苦哉！痛哉！

我等今者，深是罪人，曾来不觉，冥若夜遊；今日知非，心膽俱碎。惟願世尊，哀潜救拔，雲何報得父母深恩？ 介時，如来即以八種深重梵聲，告大眾言：我等當知，假使有人，左肩擔父，右肩擔母，皮穿至骨，骨穿微髓，绕須彌山，經百千劫，血流没膝，由不能報父母深恩。假使有人，遭饑饉劫，為扴耶娘，盡以其身，臠割碎壞，經百千劫，由不能報父母深恩。假使有人，為扴耶娘，手執利刀，剜其眼睛，經百千劫，由不能報父母深恩。假使有人，為扴耶娘，亦以利刀，割其心肝，不辭苦痛，經百千劫，由不能報父母深恩。假使有人，為于耶娘，打骨出髓，百千茅戟，一時刺身，經百千劫，由不能報父母深恩。假使有人，為扴耶娘，百千刀輪，扴自身左右出入，經百千劫，由不能報父母深恩。假使有人，為扴耶娘，吞熱鐵丸，遍身燋爛，經百千劫，由不能報父母深恩。	我等今者，深是罪人，曾来**未**觉，冥若夜游；今**悟**知非，心胆俱碎。惟愿世尊，哀愍救拔，云何報得父母深恩？ 介时，如来即以八种深重梵声，告大众言：**汝**等当知，假使有人，左肩担父，右肩担母，皮穿至骨，骨穿彻髓，绕须弥山，經百千劫，血流没膝，由不能报父母深恩。假使有人，遭饥馑劫，为扴**父母**，尽以其身，离割碎坏，經百千劫，由不能报父母深恩。假使有人，为扴耶娘，手执利刀，割其眼睛，經百千劫，由不能报父母深恩。假使使有人，为扴耶娘，亦以利刀，割其心肝，不辞**痛苦**，經百千劫，由不能报父母深恩。假使有人，为于耶娘，打骨出髓，百千茅载，一时刺身，經百千劫，由不能报父母深恩。	我等今者，深是罪人，**从**来不觉，冥若夜游；今**悟**知非，心胆俱碎。惟愿世尊，哀愍救拔，云何報得父母深恩？ 介时，如来即以**六种梵音**，告诸大众，**舍沙等**当知，假使有人，左肩担父，右肩担母，**研皮至骨，穿骨**彻髓，绕须弥山，**百千**□□，□□□□。由不能报父母深恩。假使有人，遭饥馑劫，为扴**爹娘**，尽以其身，离割碎坏，經百千劫，由不能報得父母深恩。假使有人，为扴**爹**娘，手执利刀，割其眼睛，**献于如来**，經百千劫，由不能報得父母深恩。 假使有人，为扴**爹娘**，打骨出髓，**百千劫□**，载一时刺□，　　　　由不能报父母深恩。假使有人。为扴**爹娘**，百千**刀**轮，扴自身内，左右出入，經百千劫，<u>由不能报父母深恩</u>。假使有人，为扴**爹娘**，吞热铁丸，遍身燋烂，經百千劫，由不能報得父母深恩。
時諸大眾，聞世尊語，痛割於心，諦思無計，同發聲言，深心慚愧。我等今者，雲何報得父母深恩？佛言：佛子：欲得報父母深恩，為扴父母，書寫此經；于扴父母，讀誦此經。為扴父母，受持齋戒；為扴父母，懺悔罪愆。為扴父母，供養三寶；為于父母，佈施修福。若能如斯，名為孝子，不作此行，是地獄人。	时诸大众，闻世尊语，痛割于心，谛思无计，同发声言，深心惭愧。我等今者，云何報得父母深恩？ 为扴父母，**忏悔罪愆**。为于父母，读诵此经。为于父母，**布施修福**。若能如斯，名为孝子，不作此行，是地狱人。	时诸大众，问世尊语。痛割扴心，谛思无计。同发声言，深心惭愧，我等今者，云何报得父母深恩？ 佛言佛□：欲**得報恩**，为扴父母，书写此经；为扴父母，受持斋戒；为扴父母，忏悔罪愆。为扴父母，供养三宝；为为扴母，布施修行。若能如斯，名曰孝子，**不作斯行，堕扴地狱**。

佛告阿難，不孝之人，身壞命終，墮阿鼻地獄，其獄縱廣八萬由旬。罟鐵□鐵□□□□，其地燋熱，熾火洞燃，猛烈炎爐。雷奔電爍，融銅燒鐵，流注罪人。銅狗鐵蛇，恒常煙燭，燠燒煮炙，脂膏燋燃。苦痛哀哉！難堪難忍，鉤戟槍梢，劍刀風輪，如雨如雲，空中亂下。或斫或刺，苦罰罪人，歷劫受殃，無時間歇。又命更入餘地獄中。	佛告阿难，不孝之人，身坏命终，堕阿鼻地狱，其狱纵广八万由旬。**铁为罗网**，其地**赤铁**，炽火烔燃，猛烈炎炉。雷奔电烁，**烧铜铁汁**，流注罪人。铜狗铁蛇，恒吐烟焰。**苦哉哀哉！**难堪难忍，钩戟枪梢，剑刃刀轮，如雨如云，空中乱下。或斫或刺，苦罚罪人，历劫受殃，无时间歇。又令更入余地狱中，**遍历诸苦，其数十八：**	佛言，若有善男子、善女人，为於父母敬造斯经，是真报得父母深恩也。能造一卷，得见一佛；能造十卷，得见十佛；能造百卷，得见百佛；能造千卷，得见千佛；能造万卷，得见万佛。缘此人造经力故，是诸佛等，咸当拥护，令其人父母，得来生天，离地狱苦。
頭戴火盆，鐵車分烈，腹肚骨肉，遼亂縱橫。一日之中，千生萬死。	一者饮铜地狱，二者黑绳地狱，三者尖石地狱，四者沸屎地狱，五者火车地狱，六者铁床地狱，七者铜柱地狱，八者铁锯地狱，九者铁地狱，十者铁窟地狱，十一者铁丸地狱。十二者剑轮地狱，十三者拔舌地狱，十四者灰河地狱，十五者镬汤地狱，十六者热铁地狱，十七者黑暗地狱，十八者寒冰地狱。①遍诸地狱，受大苦痛，腹肚骨肉，撩乱纵横。一日之中，千生万死。皆由五逆不孝之愆。	
爾時阿難，口諸大眾，天龍夜叉羅刹，人非人等，聞佛說法，身毛皆豎，悲泣哽咽，不能自裁。同願言，我等從今，盡未來際，寧碎此身，由如微塵，誓不違於如來聖教。 寧以鐵領，圍還纏身，百千萬段，皮肉筋骨，皆零落，終不違於如來聖教。	爾時阿難及諸天龍鬼神，夜叉羅刹，人非人等，聞佛所說，身毛皆豎，悲泣哽咽，不能自裁。皆發願言，我等從今，盡未來際，寧碎此身，由如微塵，誓不違於如來聖教。寧以百千劫，拔出其舌，長百千由旬，鐵犁耕之，流血成河，終不違於如來聖教。寧以銼領，斬斫其身，百千萬段，皮肉筋骨，皆悉零落，終不違於如來聖教。	尔时阿难，及诸大众，天龙鬼神夜叉罗刹、人非人等。闻佛所说，身毛皆竖，悲泣哽咽，同发愿言，我等从今未来际，宁碎此身，由如微尘，誓不违於如来圣教；宁拔其舌，长百千由旬，铁犁耕之，血流成河，终不违於如来身，百千万段，皮肉筋骨，悉皆零落，终不违如来圣教。

---

① 法藏本从十八地狱名后至最后"佛告阿难此经名《父母恩重》"的内容皆无。

阿難從座，安詳而起，白世尊言，此經當何名之，云何奉持？佛告阿難，此經名《父母恩重經》，以是名字，汝當奉持。爾時大眾，聞佛所說，皆大歡喜，信受奉行。 佛說父母恩重經一卷。	阿難從座，安詳而起，白世尊言，此經當何名之，云何奉持？佛告阿難，此經名《父母恩重經》，汝當奉持！爾時大眾，聞佛所說，皆大歡喜，信受奉行。 佛說《父母恩重經》一卷	阿難從座，安詳而起，白佛言：世尊，此經當何名之？云何奉持？佛告阿難：此經名為《父母恩重經》，以是名字，汝當奉持！尒時大眾，聞佛所說，父母恩德，並生孝順，□頂□信受，歡喜奉行。
大和八年岁次甲寅四月壬午朔八日己丑□ 工匠造碣人武元发	正月十九日三界寺沙弥戒轮书记	乾祐元年（948）

日本杏雨书屋（羽 326）本	巨野北宋删节本	黑水城 TK139 号本
前缺 一者怀担守护恩；二者临产受苦恩； 三者生子忘忧恩；四者咽苦吐甘恩； 五者回干就湿恩；六者洗濯不净恩； 七者乳哺养育恩；八者远行忆念恩； 九者为造恶业恩；十者究竟怜悯恩。 佛告阿难：我观众生，虽沾人品，心行愚蒙，不思耶娘有大恩德，**不生恭敬，弃恩背恩**，无有人慈，不孝不义。如擎重担，饮食不下，如长病人。月满生时，受诸苦痛，须史好恶，恐畏无常，如煞猪羊，血流遍地。 **受如是苦，生得此身**，咽苦吐甘，抱持养育，洗濯不净，无惮劬劳，忍热忍寒，不辞辛苦。干处儿卧，	如是我闻。一时佛在王舍城者闍崛山中。与大比丘众三万八千人俱及诸菩萨，无量无边，八部四众，围绕世尊。时有圣者阿难，问于如来。父母恩者，其事云何。彼诸菩萨，感共赞言：善哉！善哉！尔时，如来告阿难曰：汝今谛听谛听，父母恩者，共有十种。阿难曰：何者名为十种恩？一曰**怀胎**守护恩。二曰临产受苦恩。三者生子忘忧恩。**四者廻干就湿恩。** **五者咽苦吐甘恩。六者乳哺养育恩。** **七者洗濯不净恩。**八者远行忆念恩。 九者为造恶业恩，十者究竟怜悯恩。	（前缺）八者远行忆念恩； 九者为造恶业恩；十者究竟怜悯恩。 佛告阿难：我观众生，**在于人世，不思父母有大恩德**，无有人慈，不孝不义。**我略说之，汝当善听。**佛言世间众生，阿娘怀子，十月之中，起坐不安，如擎重担，饮食不下，如长病人。月满生时，受诸苦痛。

湿处母眠；三年之中，饮母白血。婴孩童子，乃至盛年，将教仪礼，婚嫁管学，被求资业。携荷艰辛，勤苦至终，不言恩德。男女有病，父母病生。子若病除，慈母方差。如斯养育，愿早成人。及其成长，翻为不孝。尊亲共语，应对偷棒，拗眼掀睛。欺凌伯叔，打骂兄弟，毁辱亲情，无有礼仪。不遵师范，父母教命，元不依行；兄弟共言，故相拗棹。出入来往，不启尊人，言语高跷，擅意为事。父母训罚，伯叔论非，童幼矜怜，尊人遮护，渐渐成长，狠戾不调，不伏亏违，反生嗔恨。弃诸胜友，朋附恶人，习以性成，遂为狂计。被人诱进，逃窜他邦。荏苒因循，便为婚嫁，由斯留碍，久不还家。或在他乡，不能谨慎，被人谋点，横事钩率，枉被刑科，牢狱枷锁。或遭病患，厄难缠萦，困苦饥羸，无人看视。被他嫌贱，委弃街衢，因此命终。无人救疗，膨胀烂坏，日曝风吹，白骨飘零，粪他乡土。便与亲族，欢爱长乖。父母心随，永怀忧念。或因啼泣，双眼俱盲；或为悲哀，气结成病；或缘忆子，衰变死亡。作鬼抱魂，不曾割舍。或复儿子，不崇学艺。朋逐异端，无赖粗顽，好习无益，斗打窃盗，触犯乡间。饮酒樗蒲，奸非过失，带累兄弟，恼乱耶娘。晨去暮还，尊亲忧念。不知父母，动止寒温，晦朔朝，永乖扶侍，安床荐枕，判不知闻，参问起居，从兹断绝。父母年迈，形貌衰羸，羞见他人，嗔呵欺打。或复父孤母寡，独守空堂，由若客人，寄居他舍。		须臾好恶，恐畏无常，如煞猪羊，血流洒地。**且生一个，苦尚如斯，何况更多，十男五女有此苦，生得此生，但长顽愚，不思父母**，咽苦吐甘，抱持养育，洗濯不净，不惮劬劳，忍热忍寒，不辞辛苦；干处儿卧，湿处母眠；三年之……（后缺）

应索馔物，供养尊亲，每作羞惭，畏人怪笑。若持财食，供给妻儿，丑拙疲劳，无避羞耻；妻妾约束，每事瞋呵，尊者瞋呵，全无畏伏。若复作女，适配他人，未婚之时，咸皆孝顺；婚姻以讫，不孝还增。父母微嗔，即生怨恨。夫婿打骂，忍受甘心。异性他宗，情深眷重，自家骨肉，却以为疏。或随婿夫，外郡他州。离别耶娘，无心恋慕。断绝消息，音信不通，令使耶娘，悬心忆念。父母恩德，无量无边；不孝之偿，卒难难尽。介时，大众闻佛所说，父母恩重，举身投地，胸膛自扑，身诸毛孔，悉皆流血。闷绝躄地，良久方苏。高声唱言，苦哉！痛哉！我等今者，深是罪人，曾来不觉，冥若夜游；今悟知非，心胆俱碎。惟愿世尊，哀愍救拔，云何报得父母深恩？介时，如来即以八种深重梵声，告大众言：汝等当知；假使有人，左肩担父，右（后缺）	（中原删略） **若善男子善女人。佛言善男子善女人，为于父母能造父母恩重之经，若是造此经者，是真报父母恩也。**能造一卷得见一佛，能造十卷，得见十佛。若造百卷万卷，得见百万佛。缘此人造经力故，是诸佛等，常当拥护，令其父母速得生天离地狱苦。 尔时阿难及诸大众，天龙鬼神、夜叉罗刹、人非人等，闻佛所说，身毛皆竖，悲泣哽咽，不能自裁。同发誓愿：我等从今，向尽于未来际，宁碎此身，由如微尘，不违于如来圣教。 阿难从座而起，白佛言，世尊当何名之？云何奉持？佛告阿难，此经名为《父母恩重之经》。以是名字，汝当奉持。尔时，大众闻佛所说，皆大欢喜。信受奉行。	（中缺） 若能为于父母，书写读诵是报恩经，是为父母报回干就温恩。 若能为于父母，精勤修行常行十善，是为报父母乳哺养育恩。 若能为于父母，忏悔罪愆受持斋戒，是为报父母洗涤不净恩。 若能为于父母，救济贫病修桥掘井，是为报父母为造愿业恩①。 若能为于父母，刺血书写是报恩经，是为报父母究竟怜悯恩。 佛言，善男子善女人，如上修是真孝顺男女，则为报父母深恩，若不尔者，非孝顺子，与诸禽兽无有异也。 佛告阿难，不孝之人，身坏命终，堕阿鼻地狱，**不尔者，非孝顺子与诸禽兽无有异也②。**

---

① 此上数句实际原为西夏文，内容恰能配合。由芷兰斋从德宝2014年秋拍卖会购入的西夏文《父母恩重经》残叶译出的。笔者参照高山杉《芷兰斋藏西夏文刻本〈金刚经〉与〈父母恩重经〉残叶》文中所译而补，载上海《东方早报》，2014年5月3日。德宝此次拍卖还有一批西夏文此经被另一藏家购藏，详情未知。

② 此句应为衍文。

		尔时阿难及诸大众，天龙八部，人与非人，闻佛所说，身毛皆竖，悲泣哽咽，不能自胜。同发愿言：我从今日，乃至未来，宁碎此身，由如微尘，终不违于如来圣教。复作誓愿，宁自千劫，拔出其舌，长百由旬，铁犁耕之，血流成河，终不违于如来之语。说是语时，众中二万八千人得无生法忍。阿难白佛言，世尊当何名此经？我等云何奉持？佛告阿难，是经名为《父母恩重经》，以是名字，汝当奉持。尔时阿难及诸大众，闻佛所说，皆大欢喜，信受奉行。佛说《父母恩重经》

八件之中，日本杏雨书屋羽 326 号残本仅存 57 行。黑水城本两皆残其一尤甚，且存文显示实为异本。存字较多者，恰好可比定为十恩德标题本，但其余文字却不同，有些部分可能差别较大，实可作为异本。巨野县北宋本只有头尾与十恩德名，是节略本。因而可资比较者为三敦煌本与两山东碑碣石刻。又因敦煌本中三件即上海图书馆本与法藏伯 3919 号均很接近（杏雨书屋本存字与法藏本更似，也有一处即"饮母白血"反而同于山东石刻本）。其抄写者都有三界寺戒轮题名。所以实质主要是山东禹城及成武本与敦煌本的对比。而年代上成武本与敦煌两本十分接近，其前后者则各有百年上下。

从上表所列中，已经可以相当清楚地体现出了此三种的差池之处。与《父母恩重经》其他经本不同，此三本的差别相当大。最大即敦煌本具有十八地狱，成武与巨野本有造经一至万卷报恩内容。黑水城本虽然词句不同，却也有此层意思。而且后段的区别很多。前面中段则相对近同一些。如十恩德之标题，禹城与成武两石刻倒是比较接近。后两者各有错落之处。中间大段可以说时间早的禹城本倒是相对完整的，成武与敦煌本各有不少缺句。

十恩德的名题此数经本中就有四种不同排列。禹城与成武两石刻相同，法藏本与杏雨书屋本又同。上图巨野本各为一种。其中还不包括因残而难辨排列的黑水城西夏本，但从仅具的后三条可知其经本类型可归于此。

十恩德名题排列表列

山东禹城与成武本	法藏与杏雨书屋本
一者怀胎守护恩；二者临产受苦恩；三者生子忘忧恩；四者咽苦吐甘恩；五者回干就湿恩；六者乳哺养育恩；七者洗濯不净恩；八者远行忆念恩；九者为造恶业恩；十者究竟怜愍恩。	一者怀担守护恩；二者临产受苦恩；三者生子忘忧恩；四者咽苦吐甘恩；五者乳哺养育恩；六者回干就湿恩；七者洗濯不净恩；八者远行忆念恩；九者为造恶业恩；十者究竟怜悯恩。
上图本	**巨野本**
一者怀担守护恩；二者临产受苦恩；三者生子忘忧恩；四者咽苦吐甘恩；五者乳哺养育恩；六者回干就湿恩；七者洗濯不净恩；八者为造恶业恩；九者远行忆念恩；十者究竟怜悯恩。	一曰怀胎守护恩；二曰临产受苦恩；三者生子忘忧恩；四者回干就湿恩；五者咽苦吐甘恩；六者乳哺养育恩；七者洗濯不净恩；八者远行忆念恩；九者为造恶业恩；十者究竟怜悯恩。

此四种排列中，山东两石刻即禹城与成武本是最为通行的序次。其他数种则各有变化，无论敦煌抄写或山东刻本，

都有些变化。西夏本汉文中仅存后三条。如果增加上一种西夏文本的四条（其中"远行"若插入西夏文的三四条之间），仍对应第一种。即后来诸《大报》等经本亦通行者。可知其恩德序次开始有些摇摆，后来仍是趋于一致的。更有趣的是后面排比句内容部分。首先是譬喻不能报得深恩句，最初根源是出自印土真经中肩担父母的数句话①：

假使有人，左肩担父，右肩担母，皮穿至骨，骨穿彻髓，绕须弥山，经百千劫，血流没膝，由（犹）不能报父母深恩。

假使有人，遭饥馑劫，为于父母，尽以其身，脔割碎坏，经百千劫，由（犹）不能报父母深恩。

假使有人，为于耶娘，手执利刀，剜其眼睛，经百千劫，由（犹）不能报父母深恩。

假使有人，为于耶娘，亦以利刀，割其心肝，不辞痛苦，经百千劫，由（犹）不能报父母深恩。

假使有人，为于耶娘，打骨出髓，百千茅戟，一时刺身，经百千劫，由（犹）不能报父母深恩。

假使有人，百千刀轮，于自身内，左右出入，经百千劫，由（犹）不能报父母深恩。

假使有人，为于耶娘，吞热铁丸，遍身燋烂，经百千劫，由（犹）不能报父母深恩。

①　八种梵音，山东成武本为"六种"。

禹城本全，成武本少"割其心肝"句。上图本少"刀轮"与"热铁丸"句；法藏本少"刀轮句"。最早经本最全，且早那么多年，多少有点奇怪。这段排比句最多者达到了8句，即增出了有人为父母"剜身燃灯，供养如来"的"剜身燃灯"句。八句有两种排列，身灯句或在第6或在第8。这已是较晚的经本如大报或小报经了①，有趣的是TK119经前的版画三叶，前面八个小画面绘七种报恩，无身灯。佛后六个小画面（其上一个画面正是入地狱场景），正是报得父母深恩六种行为，即其后还有排比句，佛言佛子：欲得报父母深恩：

为于父母，书写此经；为于父母，读诵此经。
为于父母，受持斋戒；
为于父母，忏悔罪愆。为于父母，供养三宝；
为于父母，布施修行。

有趣的是这个版画佛像两侧的七种伤身体仍不能报父母深恩与六种为父母报恩行为的画面，在禹城本经文中都已述出了。其六句中成武本缺"读诵"句。但是上图本与法藏本皆缺"书写""斋戒""供养"三句。此段施造本经的功德之后内容，体现出了该经本最大的差别。

---

① 新井慧誉：《小报经〈报父母恩重经〉（俄TK119，略称黑119）について》有介绍。第127—164页。TK119的卷首扉画，并未加入分析。还有大足宝顶《大方便佛报恩经变》中，具有此数种故事画面雕刻。

即山东成武乾祐元年本增讲了造此经一卷至一万卷的功德，山东巨野县北宋节略本有同样的内容文字。但在敦煌本两件存世经本中却是一段在地狱受惩的内容，还附上了十八地狱之名。此处底本倒是非常简单的几句话。不仅如此，最后数种描述，阿难及天龙等，同发愿言不违如来圣教部分。禹城本则只缺"造经见佛"段的内容，不违圣教处少了"犁舌"一句。当然成武本也无此段而是以造此经一至万卷的内容代替了。成武本与位置相距不远、年代也相近的北宋巨野本相似。

> 尔时，阿难及诸天龙鬼神，夜叉罗刹，人非人等，闻佛所说，身毛皆竖，悲泣哽咽，不能自裁。皆发愿言，我等从今，尽未来际，宁碎此身，由（犹）如微尘，誓不违于如来圣教。宁以百千劫，拔出其舌，长百千由旬，铁犁耕之，流血成河，终不违于如来圣教。宁以锉锥，斩斫其身，百千万段，皮肉筋骨，皆悉零落，终不违于如来圣教。

发愿部分三句，禹城本缺"拔舌以犁耕"句。成武本三句皆有但词句稍短于上图本，法藏本则此处内容全无。上图本与法藏本十八地狱名等次序也有些不同。

但前面成武本较禹城本在中间少一大段话。即"无赖粗顽，好习无益"至"羞耻见人，瞋呵欺抑"。比较来看，此段在多数敦煌本中都有，内容仍不像是后来增出。所缺少的不是一完整的段落，所以很可能是属于抄写或刻凿时脱落的情况。

讲十八地狱的段落主要见于敦煌上图本与法藏本，成武本无，而禹城本仅余一句"头顶火盔，铁车各烈。腹肚骨肉，辽乱纵横。一日之中，千生万死"，其后部同于上图与法藏本十八地狱后的句子，前部"头顶火盔，铁车各烈"为独具。由此可以见出一种演进。似是增入十八地狱名时，并非全段接后，而是插入，留下一两话作为此段的结束，稍加修订，从而形成了目前所见的状况。

总之，禹城本除了书写一至万卷经书和十八地狱名外，仅有地狱描述处极简。而敦煌本则有：佛告阿难，不孝之人，身坏命终，堕阿鼻地狱，其狱纵广八万由旬。铁为罗网，其地赤铁，炽火洞燃，猛烈炎炉，雷奔电烁，烧铜铁汁，流注罪人。铜狗铁蛇，恒吐烟焰。燠烧煮炙，脂膏燋燃。苦哉哀哉！难堪难忍，钩戟枪梢，剑刃刀轮，如雨如云，空中乱下。或斫或刺，苦罚罪人，历劫受殃，无时间歇。又令更入余地狱中，遍历受苦，其数十八。

> 一者饮铜地狱，二者黑绳地狱，三者尖石地狱，四者沸屎地狱，五者火车地狱，六者铁床地狱，七者铜柱地狱，八者铁锯地狱，九者铁网地狱，十者铁窟地狱，十一者铁丸地狱。十二者剑轮地狱，十三者拔舌地狱，十四者灰河地狱，十五者镬汤地狱，十六者热铁地狱，十七者黑暗地狱，十八者寒

冰地狱。遍诸地狱，受大苦痛，腹肚骨肉，撩乱纵
横。一日之中，千生万死。皆由五逆不孝之愆。

综上所述，可知此本即具十恩德标题本呈现相当大的区
别。两个内容差别之一即增衍出造此经一至万卷，获极大功
德。此内容还见于山东巨野北宋本。而敦煌本则有地狱内容，
一大段严酷惩诫，后附十八地狱名。最奇即山东禹城本，此
处略简些，却是不同于百年后的山东石刻本，较敦煌本来说，
抽去了十八地狱之名，整段地狱惩诫内容语句，更接近于晚
期本。这些情况也是此经本近些年来最重大的发现与最重要
的区别。禹城本出现年代之早，竟然一下早了百余年。虽然
显示出少许早期特色，但其内容相当完全，铭刻尽是"耶娘"
而未用地方特色"爹娘"，字的写刻较差，使其不能免除疑
点，但更可疑处似为"地狱"前后的词句，细微差别处与敦
煌本及山东石刻不似，反与后来晚期经本很是接近。敦煌本
与山东碑刻本的区别也是一目了然，地狱及十八地狱名，敦
煌及酒泉等处之地域，也是形成重要特色之处。禹城本在功
德题记的后段也参用了经文后段，以担父母与剜眼睛来说不
能报父母深恩，接着以书写此经能报深恩，并用"刊石铭经，
传为不朽"来证明一点。

参考文献：

秃氏佑祥：《〈父母恩重经〉之分类》，《宗教研究》第 5 卷 4 号，
1928 年。

罗宗涛：《敦煌变文风俗事物考》，附题为姚秦鸠摩罗什译《佛说报父母恩重经》一卷（1969 年）。

牧田谛亮：《疑经研究》，京都大学人文科学研究所，1976 年。

郑阿财：《敦煌写本〈父母恩重经〉研究》，载《法商学报》第 18 期，1983 年。后收入《敦煌文献与文学》，台北：新文丰出版公司，1993 年。《〈父母恩重经〉传播的历史考察》，载《佛教文献与文学》，上海古籍出版社，2011 年，第 1–25 页。

小川贯一：《〈大报父母恩重经〉的变文与变相》，载《印度学佛教学研究》13-1，1965 年，第 13–57 页。

马世长：《〈父母恩重经〉写本与变相》，载《1987 年敦煌石窟研究国际讨论会文集·石窟考古编》，辽宁美术出版社，1990 年，第 128–133 页。

张涌泉：《敦煌变文集校议》，以下同作者：《以父母十恩德为主题的佛教文学艺术作品探源》，载《原学》第 2 辑，1994 年。《敦煌本〈佛说父母恩重经〉研究》，载《文史》1999 年第 4 期，第 65–86 页，收入《张涌泉敦煌文献论丛》。又《敦煌本〈佛说父母恩重经〉探源》，载《关于〈佛说父母恩重经〉的几个新本子》，上海古籍出版社，2011 年，第 237–308 页。

张总：《疑伪经典与佛教艺术》，敦煌研究院编《2000 年敦煌学国际学术讨论会文集·石窟艺术卷》，甘肃民族出版社，2003 年，第 259–266 页。

新井慧誉：《〈父母恩重经〉的介绍与研究》，《印度学佛教学研究》总 100 卷，2000 年。以下氏著《敦煌本〈父母恩重经〉校异》，

《二松学舍大学论集》22，1979年，第77-110页。《〈父母恩重经〉（丁兰本）校异》，载《佛教学》37，1995年，第23-43页。《〈父母恩重经〉丁兰本与古本的比较研究》，载《智丰合同教学大会纪要》第46辑第23号，1997年，第89-104页。《〈大报父母恩重经〉校异》，载《丰山学报》第41号，1998年，第1-41。《〈小报经报父母恩重经〉（俄TK119）略称黑119》，载《二松学舍大学论集》第43号，2000年3月，第127-164页。《黑水城发现〈父母恩重经〉俄TK139（略称黑139）について》，载《加滕纯章博士还历纪念论集》，春秋社，2000年，第341-359页。《〈父母恩重经〉（报本）的特征》，载《二松学舍大学论集》，2001年3月，第175-184页。《房山石经的〈父母恩重经〉》，《印度学佛教学》第51卷1号，2002年，第37-43页。《房山石经〈父母恩重经〉的新资料（丁兰本）房40B特征分析》，《二松学舍大学论集》1996年，第95-109页。《房山〈父母恩重经〉（古本）的新资料房4房5房7探考》，《二松学舍大学论集》，2000年第227-247页。

冈部和雄：《〈父母恩重经〉中的儒教、佛教、道教》，载《世界宗教研究》1996年第2期。第21-25页。

孙修身：《佛说〈报父母恩重经〉版本研究》，载《段文杰敦煌研究五十年纪念文集》，世界图书出版公司，1999年，第239-249页。《大足宝顶与敦煌莫高窟佛说父母恩重经变相的研究》，载《敦煌研究》1997年第1期，第57-68页。《成武本〈父母恩重经〉之意义》，《北京图书馆馆刊》1998年第3期，第80-81页转24页。《成武县白浮图村〈父母恩重经〉碑校补》，载《敦煌研究》1997年2期，第128-

137 页。

胡文和：《四川道教佛教石窟研究》，四川人民出版社，1994 年，第 284-292 页。

胡良学：《宝顶大佛湾第 15 龛刻石之管见》，载《敦煌研究》1998 年第 4 期，第 38-46 页。

侯冲：《宗赜〈孝行录〉及其与大足宝顶劝孝石刻的关系》，《中国佛学》第 2 卷第 2 期，第 5-194 页。

姚孟君：《〈父母恩重经〉的历史考察与文化诠释》（台湾中正大学 2003 年硕士学位论文）。

兰利琼：《〈父母恩重经〉研究》（河北师范大学 2012 年硕士学位论文）。

曹凌：《中国佛教疑伪经综录》，上海古籍出版社，2011 年，第 358-373 页。

附记：本文曾在上海师范大学第二届疑伪经国际学术会发表（2016）。

明清以降木版观音图像生产与岁时年画

蒋家华 ①

内容提要：明清以降，随着雕版印刷业的蓬勃发展，加快了文化传播的速度并改变了图文传播的方式，由以前效率低下的手抄文本演化为高效的活字雕版印刷图文生产。在这些印刷图像中，除了大量宗教性的观音插图，还包括具有装饰性功能的岁时观音年画。本文的讨论将从明清时期以来木版观音图像生产与岁时观音年画两个方面展开讨论。

关键词：木版；观音；图像生产；岁时年画

一、明清时期木版观音图像生产

明清以降，基于活字雕版印刷技术的广泛施用，使得文

---

① 蒋家华，哲学博士，深圳职业技术大学教授。研究方向：佛教美术。

化不再是过去官方、世家大族的垄断态势，而是能够在社会上进行较大范围的普及。据《世界图书》统计："我国从两汉至五代，共出版图书二万三千多部，二十七万多卷，而仅宋代出书就达一万一千多部，十二万四千多卷，相当于宋代以前历代出书总数的近一半。"① 此数据说明宋代的图书出版已经呈现爆发式增长，可以说是直接与活字印刷技术的广泛施用密切相关。

在古代图书雕版印刷出版流通的过程中，需要了解几个重要的生产环节。其一，刻印作坊的选择。刻印作坊专门承接书籍的刻绘与印刷环节，直接把单一文本转变为复制文本，以便于广泛流通。同时，作坊中优秀的刻印工匠是客户委托任务完成的直接保证。其二，赞助人环节。赞助人是为刻本提供资金资助的人。可以说，没有赞助人的资金支持，印刷品的出版是无法实现的。其三，印刷品的功能与流通。印刷品的去向成为文化产品传播的基本管道。在下面的研究中，笔者将以晚明以来虬川黄氏观音版画图像生产为个例来展开讨论。

（一）虬川黄氏刻工

在"不计其数"的佛教版画刻绘作品中，很少有留下版刻作坊的名号，更别说刻工之名了。尽管"很少"，但亦非

---

① 高信成著：《中国图书发行史》，上海：复旦大学出版社，2005 年，第 45 页。

没有踪迹。宋元以来，无论是官刻还是私刻，大多沿用了五代刊书的体例，需要记载缮写人的姓名。同时，雕印"刻工姓名，皆记于版心，或在上方，或在下方"①。例如在《中国版画全集·佛教版画》图版九七《汉文妙法莲花经观音普门品》（西夏）中，竖栏内题"杭州宴家重开大字观音普门（下缺）"，题文表明了经文刻绘的作坊字号来自"宴家"，刻工坊号位于版心竖栏位置。② 自古以来由于工匠身份地位的低微，社会对技艺的轻视，造成众多技艺高超的刻工籍籍无闻，鲜为人知。尽管有"物勒工名，以考其诚"的古训，正如个别学者认为的那样，一些古代刻工往往在所刻书的版心下方，或序、跋、目录之末尾，署上自己的名字，以便同雇主计算工酬，并示职责。而他们的署名往往漫不经心，变化多端，有名无姓、有姓无名、同音借代、简化省略，不一而足，这给研究者带来极大的困难，至于要弄清他们的事迹生平，更是难上加难了。③ 在本文的研究中，笔者将以明代画家丁云鹏绘《观音三十二相》版画图谱为例来考察晚明以来虬川黄氏刻工的基本情况。

---

① 钱大镛：《文明在·凡例》。

② 《中国美术全集》编辑委员会编：《中国美术分类全集·中国版画全集》第1卷《佛教版画》图版九七，图版说明第33页。

③ 刘尚恒：《〈虬川黄氏宗谱〉与虬村黄姓刻工》，载《江淮论坛》1995年第5期，第105页。

1.《观音三十二相》的绘刻

明代画家丁云鹏绘版画图谱《观音三十二相》刻于明天启二年（1622）之前。由于版画图谱是"幼博氏施本"，说明该图谱的赞助人为明代制墨名家程大约。程大约，字幼博，又名君房、士芳，岩寺人。岩寺位于安徽歙县，是明代木版雕刻的重镇。根据民国许承尧撰的序文可知，《观音三十二相》图谱旧版在岩寺镇一故家楼上存放，以《程氏墨苑》校观，知出丁南羽笔，且精美更胜《墨苑》，剞劂（即雕刻）技亦入神。《程氏墨苑》为明代程大约资助刊刻，画家丁云鹏绘稿。序文尽管描述版刻"剞劂技亦入神"，但仍没有交待刻工的情况。据目前安徽博物馆藏民国二十八年（1939）方光远抄录许承尧的序文来看，交待《观音三十二相》版画图谱刻工是"剞劂出黄"，并盛赞"虬村黄氏技亦入神，所谓下真迹一等，真可宝也"。[①] 由此可见，《观音三十二相》版画图谱的赞助人程大约、图绘者丁云鹏、虬村黄氏刻工，成为《观音三十二相》版画图谱作品生产环节的关键人物群像。

明代画家丁云鹏（字南羽）很早就参与了版画的绘图工作。除了《观音三十二相》之外，他还是《程氏墨苑》的主要绘图者。其中《程氏墨苑》中佛教版画《三生图》《金鸟》

① 参见郝颜飞：《刻绘双绝〈三十二观音〉雕版》，载《文物鉴定与鉴赏》2013年第3期，第44页。另，虬村，又作虬川，原名仇村，在歙县之西。

中就有"南羽"的印记。① 笔者观察《程氏墨苑》中《三生图》《金鸟》的线条风格，几乎与《观音三十二相》版画图谱如出一辙，甚或更加精致，是画家的绘画水平同时也是刻工高超技艺的体现。此外，无论从时间（万历间）还是地域（徽州歙县岩寺）来考察，其中赞助人程大约、画家丁云鹏、《观音三十二相》版画图谱、刻工虬村黄氏等这几个因素几乎重叠在一起，意味着四者之间有着密切的关联。

2. 黄氏刻工

明万历年间，徽州剞劂（雕刻）业发达，镌刻图书的技术全国独树一帜，其中徽州歙县虬川黄氏刻工的技艺远近闻名。据周芜《徽派版画史论集》所书，其中有《黄姓刻工考证》和《黄氏所刻书目》专篇。《黄姓刻工考证》录《虬谱》中黄氏 21 世至 26 世全部男丁字号、行年，以及 27 世至 33 世外迁的黄姓男丁和当时已知有刻书书目的黄姓刻工，总计达 33 人；《书目》录自明正统至清道光初黄姓刻工所刻书目 241 种，涉及黄姓刻工 189 人。② 由此可见虬川黄氏家族刻工从业队伍的庞大，同时表明家族代际之间"剞劂"技艺的有序传承。此外，据郑振铎《中国古代木刻画史略》书中

----

① 徐小蛮：《徽派名作〈程氏墨苑〉中的佛教版画》，载《江淮论坛》1994 年第 1 期，第 82 页。

② 参见周芜著：《徽派版画史论集》，合肥：安徽人民出版社，1983 年。材料转引自刘尚恒《〈虬川黄氏宗谱〉与虬村黄姓刻工》，载《江淮论坛》1995 年第 5 期，第 106 页。

强调，徽派的木刻画家，以黄氏一族最为著名。吴氏《状元图考》云："绘与书双美矣，不得良工，徒为灾木。属之剞劂，即歙黄氏诸伯仲，盖雕龙手也。"① 歙县黄氏刻工技艺之精良可见一斑。

黄氏刻工所镌刻的作品比较繁多，时间从明到清均有记载，部分作品罗列如下：

黄铤万历十年（1582）刻郑之珍撰的《新编目莲救母劝善戏文》。黄组约万历十年刻了《孔圣家语》。②

黄鏻于万历三十二年（1604）刻墨谱《程氏墨苑》。

黄锡于万历四年左右（1576）刻《闺范图说》。

黄镐于万历三十四年（1606）刻《古列女传》。

黄应组刻《坐隐图》和《孔圣家语图》。

黄应光、一楷、一彬、一凤等刻《北西厢》《琵细记》《院纱记》。

黄德时刻《玉簪记》《泊如斋博古图》，与德

---

① （明）顾鼎臣、顾祖训撰：《明状元图考》（全5册），明万历三十五年（1607），（明）吴承恩、黄文德刻崇祯增修本。（转引自郑振铎著《中国古代木刻画史略》，上海：上海书店出版社，2006年，第100页。）

② 参见郑振铎著：《中国古代木刻画史略》，上海：上海书店出版社，2006年，第101页。

懋合刻《考古图》。

黄一中、建中刻陈老莲绘《博古牌》《水浒牌》等。

黄一遇刻汪晋毂《黄山图》。

黄昇中刻《徽州府志》山水图十六幅，与方中合刻康熙本《休宁县志》山水图十一幅等等。

黄仕瑄、黄仕瑗、黄镰、黄钢、黄铼、黄锐、黄钺、黄铆等人有刻绘嘉靖版《徽州府志》中的插图。①

根据上面黄氏部分刻工的姓氏名字考察，"黄铤、黄镐、黄鳞、黄鏞、黄镰、黄钢、黄铼、黄锐、黄钺、黄铆"等人的名字偏旁都有个"金"字，这是刻意与雕刻行业的属性相关。名字上有着雕刻业的烙印，这是从事剞劂业的祖辈、父辈们对后辈从业者的厚望。

在虬川黄氏刻工的雕绘工艺中，往往具有严密的分工，其中刻绘插图和刻绘文字就由不同的刻工完成。如弘治本《徽州府志》与嘉靖本《徽州府志》的插图与文本分别由不同的刻工镌刻。②

---

① 转引自蒋元卿《徽州黄姓刻工考略》，载《江淮论坛》1980年第4期，第110—111页。

② 蒋元卿：《徽州黄姓刻工考略》，载《江淮论坛》1980年第4期，第108页。

最后需要交待的是，徽派虬川黄氏刻工不仅善于镌刻文字，还是徽派版画的创建者，他们本身也是版画创作的木刻艺术家，有着"新安黄氏"和"古歙黄氏"之称。[①] 从某种层面上说，他们中的个别人物已经突破了传统工匠的角色，具有了"现代"艺术家的底色。

（二）赞助人

上文以明代程大约赞助的《观音三十二相》版画图谱为例详细介绍了虬川黄氏刻工的情况。接下来将重点探讨一下观音版画的相关赞助人。以佛教题材的版刻委托为例，赞助人（包括团体）的身份比较复杂，既有官方机构，也有寺院，还有以个人为主的功德主。根据目前观音木刻版画图文资料遗存，有相当作品标注了刻绘作品赞助人的信息。尤其是那些标示了赞助人信息的佛教版刻作品，从文物价值的角度则显得尤其珍贵。笔者同样以《中国版画全集·佛教版画》中收录的历代观音图像为样本，拣择出其中具有赞助人信息的观音图像进行讨论，现罗列如下：

图版三二《千手千眼观世音菩萨曼荼罗》，五代刻印。图像边饰下端分别刻"弟子道照""雕刻印施"字样。[②] 可

---

① 蒋元卿：《徽州黄姓刻工考略》，载《江淮论坛》1980年第4期，第109页。

② 《中国美术全集》编辑委员会编：《中国美术分类全集·中国版画全集》第1卷《佛教版画》图版三二，图版说明第11页。

知该观音图像的赞助人兼功德主的身份是位叫"道照"的出家僧人。

图版三八《应现观音像》（日本镰仓时摹本），北宋开宝七年（947）刻印。陀罗尼真言后题"天下大元帅吴越国王钱俶印造"。① 根据题文可知该观音图像的赞助人为北宋吴越国王钱俶。

图版五八《佛顶心观世音菩萨大陀罗尼经》，北宋崇宁元年（1102）刻印。经末有"崇宁元年石处道同妻梁氏镂版印施"。② 从题文考察，该经的赞助人为一对姓石、梁的夫妇。

图版七八《如意轮观音菩萨坐像》，南宋嘉定十七年（1224）刻印。纸背墨书"贞应三年六月日女竹"。③ 题记只知道观音图像是贞应三年前印制的，"女竹"字样不知道是否为人的名字还是其他标记，赞助人身份不明。

图版一○二至一○四《圣观自在大悲心总持功能依经录等三经合刊》，西夏仁宗大庆、人庆、天盛年间（1141–1167）刻印。后续发愿文是西夏仁宗为纪念其父亲崇宗皇帝李乾顺而写的。④ 很明显此经刊印的赞助人为西夏仁宗皇帝。

---

① 《中国美术全集》编辑委员会编：《中国美术分类全集·中国版画全集》第 1 卷《佛教版画》图版三八，图版说明第 13 页。

② 同上，图版五八，图版说明第 20 页。

③ 同上，图版七八，图版说明第 26 页。"贞应"为日本年号，处于后堀河天皇时代，在镰仓幕府（1192–1333）执政期间。

④ 同上，图版一○二至一○四，图版说明第 35 页。

图版一七二、一七三《妙法莲花经观世音菩萨普门品》，明洪武二十八年（1395）刻印。载发愿文为"洪武乙亥岁京都应天府沙福智刊"。① 沙福智应该指的就是赞助人或召集人。

图版二〇〇至二〇二《佛顶心观世音菩萨大陀罗尼经》，明永乐三年（1405）刻印。经末题记"大明国北京羽林前卫弟子张福先同妻郑氏惠连……造三生经一百卷……永乐三年正月初一日施"。② 赞助人为羽林前卫军张福先与妻郑氏惠连捐造。从印刷数量来看，一百卷还是很多的。

图版二〇三《佛说高王观音经》，明永乐十年（1412）刻印。经末题记"奉佛信士男善人刘福顺命工刊造……永乐十年岁在壬辰八月吉日施"。③ 赞助人为刘福顺。

图版二一四《出相观世音菩萨普门品》，明宣德七年（1432）刻印。题记："……京都顺天府奉三宝弟子，志慕大乘法，所有净资，刊造大藏经，印施广流……宣德七年秋九月初九弟子智凯，焚香陈所愿"。④ 赞助人为寺院僧徒。

图版二一六《白衣大悲五印心陀罗尼经残页》，明宣德

---

① 《中国美术全集》编辑委员会编：《中国美术分类全集·中国版画全集》第1卷《佛教版画》图版一七二至一七三，图版说明第59页。
② 同上，图版二〇〇至二〇二，图版说明第69页。
③ 同上，图版二〇三，图版说明第69页。
④ 同上，图版二一四，图版说明第73页。

（1426–1435）。经名下有"庆府印施"。^① 庆府庆靖王朱
㮵为皇族弟子，明朝府（皇族）刻佛经成为社会的主要赞助
力量。

图版二一九、二二○《妙法莲花经观世音菩萨普门品》，
明宣德八年（1433）刻印。尾有宣德八年佛弟子范福奇施资
刻经长跋。^② 赞助人为佛家弟子范福奇。

图版二二三《佛顶心大陀罗尼经咒》，明正统四年（1439）
刻印。卷末莲花牌记内题"顺天府大兴县居贤坊居住信佛
女许氏慧秀谨发诚心舍财印施《佛顶心大陀罗尼经》一十
卷"^③。赞助人为信佛女许氏慧秀。

图版二二五至二二七《大佛顶心出相陀罗尼经》，明正
统十二年（1447）刻印。另印木记，题"奉佛信士何觉端同
室人路氏惠秀，为祈子嗣，谨许《佛顶心陀罗尼经》一千卷，
愿降吉祥感应。正统十二年二月吉日"。^④ 赞助人为佛教徒
何觉端同室人路氏惠秀。

图版二六三《出相观世音菩萨普门品经》，明万历十八
年（1590）刻印。经牌题"大明慈圣宣文明肃皇太后万历庚
寅年正月吉日发心刊版印施"。^⑤ 赞助人为宣文明肃皇太后。

---

① 《中国美术全集》编辑委员会编：《中国美术分类全集·中
国版画全集》第1卷《佛教版画》图版二一六，图版说明第74页。

② 《中国美术全集》编辑委员会编：《中国美术分类全集·中
国版画全集》第1卷《佛教版画》图版二一九，二二○，图版说明第75页。

③ 同上，图版二二三，图版说明第76页。

④ 同上，图版二二五至二二七，图版说明第77页。

⑤ 同上，图版二六三，图版说明第88页。

图版二六五、二六六《出相观世音菩萨普门品经》，明万历三十年（1602）刻印。龙牌题"当今皇帝谨发诚心印造《出相观世音菩萨普门品经》一藏五千四十八卷，专为保佑圣体万万安增延万万寿消灾保安凡向时中吉祥如意，大明万历壬寅二月吉日印施"。赞助人为宫中皇室与群臣，他们的目的是为暴病的神宗祈福。①

图版二九〇《妙法莲花经观世音菩萨普门品》，清康熙三十五年（1696）刻印。康熙十九年杭州陈延龄等捐资原刊。②赞助人是陈延龄等人。

图版三一八《叶衣观自在菩萨经》，清乾隆二十四年（1759）刻印。题"大清乾隆二十四闰六月初四"，内府刻本。赞助人应该为官府。③

图版三二九、三三〇《观世音应化灵异图像》，清嘉庆四年（1799）刻印。清成亲王府诒晋斋刻本。赞助人是清成亲王府。④

在上面的观音版画图像赞助人的罗列中，赞助人的身份涉及各个阶层，不同的职业。既有个人，还有团体。在个人方面，有皇帝、皇太后、文人、和尚、羽林军、普通居士等等。团体方面有皇室或群臣官员，还有寺院僧侣等。总之，这些

---

① 《中国美术全集》编辑委员会编：《中国美术分类全集·中国版画全集》第1卷《佛教版画》图版二六五、二六六，图版说明第89页。

② 同上，图版二九〇，图版说明第98页。

③ 同上，图版三一八，图版说明第107页。

④ 同上，图版三二九、三三〇，图版说明第111页。

观音版画的赞助人几乎涵盖了整个社会层面。

（三）木版观音图像的功能

上面考察了木版观音图像的个别作坊刻工与赞助人，下面将继续讨论这些图像产品的基本功能与流向。图像的功能与流通对于考察观音版画从赞助、刻绘生产到图像消费的各个环节均具有重要意义。同时，通过这些木版观音图像也可以考察出这些图像消费的出发点是基于宗教性功德供养用途还是出于世俗功能化的装饰、岁时图像消费性质，需要从这些图像产品的流通环节进行考察。

1. 弘法

木版观音图像作为佛教印刷品，很大一部分存在于《大正藏》经文插图中。其中《大正藏》图像部就有数量不少的观音版画图像。根据目前的《大正藏》遗存统计，至少发现有唐宋以来印刷的版本达 17 部之多。这些经藏的刊刻既有官方委托，也有民间的自发刻印。雕刻经历的时间短则数年，长则百年以上。木刻观音图像作为经藏的插图，其功能主要是作为弘法之用途。这些经藏一旦刊印之后，便分拨给一些寺院或官方收藏。另外，还有大量版刻经藏传播到了海外，如朝鲜、日本等地。① 因此，木刻观音图像在弘法性流通方

---

① 参见肖东发《汉文大藏经的刻印及雕版印刷术的发展——中国古代出版印刷史专论之二（下）》附表 1 "中国古代大藏经雕印情况一览"、附表 2 "汉文大藏经国外刻印本一览"，载《编辑之友》1990年第 3 期，第 66-67 页。

面是个重要的传播手段。

2. 功德供养

木版观音功德图像主要是基于信众供养的用途进行流通印制。以密宗陀罗尼为例，相关的陀罗尼印刷数量非常大。如五代时期，吴越国王钱俶于显德三年（956）雕造的《一切如来心秘密全身舍利宝健印陀罗尼经》印数达 84000 卷。钱俶所施印的陀罗尼主要是以功德供养的形式瘗藏于佛塔之中。在"《中国版画全集·佛教版画》收录的历代观音图像"遗存统计中，木刻观音图像一共收录有 59 件，其中陀罗尼观音插画就占 14 幅之多。这些陀罗尼除了瘗藏于佛塔，更多的是通过焚化来进行消灾祈福。因此，这类木刻陀罗尼图像主要是在社会民众中作为功德供养（包括消灾祈福）的用途而进行广泛传播与流通。

此外，在前文关于"赞助人"的研究中，笔者罗列了《中国版画全集·佛教版画》近 30 位赞助人施刻的观音图像。这些赞助人施刻观音图像的目的，绝大部分都是出于功德供养。同时，这些版画观音图像能够在不同阶层的社会中进行流通。

二、岁时木版观音年画

在木版观音图像中，除了具宗教性功能的图像，还有大量民间流通的岁时木版观音年画，这部分图像消费具有浓郁的民俗意味。在下面行文中，将对这部分岁时木版观音年画进行深入考察。

在讨论岁时木版观音年画之前，先来认识岁时图像。

岁时图像顾名思义是指藏家根据不同的时间、月份、季节悬挂、张贴不同的图像。在明代学者文震亨著《长物志》中载："岁朝宜宋画、福神及古名贤像。元宵前后宜看灯傀儡。正、二月宜春游、仕女、美、杏、山茶、玉兰、桃、李之属。三月三日宜宋画真武像。清明前后宜牡丹芍药。四月八日宜宋元人画佛及宋绣佛像……皆随时悬挂，以见岁时节序。"①由此可见，在明代社会，图像在世俗社会的使用颇为讲究。在《长物志》中，提到"四月八日"这一特殊时间"宜宋元人画佛及宋绣佛像"。农历四月八日是佛诞日，悬挂佛像再自然不过。岁时与节日紧密相关。关于节日的宗教意义，杨庆堃认为：

> 节日也是决定社会价值的标志，因为节日庆典发挥了不断重申社区价值的功能……清明节的扫墓意味着对祖先供奉的责任。七夕是女孩子们祈求今后婚姻幸福的日子。鬼节象征着社区对那些无后的孤魂野鬼有香火供奉的责任。正如马林诺夫斯基敏锐地指出的那样："宗教在文化价值认知上打下了

---

① （明）文震亨著，陈植校注：《长物志校注》，南京：江苏科学技术出版社，1984年，第333页。

它的烙印，并通过公共习俗来强化它。"①

由此可见，从宗教角度看，节日隶属神圣时间范畴，相对世俗世界时空是一种时间隔断。不同节日承载了不同的社会价值和意义。因此，在神圣时间里，岁时图像实际上承担了公共习俗的文化价值功能。

（一）民间岁时木版年画

中国民间的岁时年画起源很早，可以追溯到远古时期人类的自然崇拜和神灵信仰观念，其本质仍然属于巫术崇拜。以中国远古时期留下的狩猎岩画为例，这些图像以动物、人物为基本内容，表现了狩猎的场面。② 在贡布里希看来，对图画威力的普遍信仰所留下的最悠久的古迹，换句话说，原始狩猎者认为，只要她们画个猎物图——大概再用他们的长矛或石斧痛打一番——真正的野兽也就俯首就擒了。③ 贡布里希提到的这种图像巫术观念，实际上指的就是英国人类学家弗雷泽所说的"交感巫术"中"同类相生"或"果必同因"

---

① ［美］杨庆堃著，范丽珠等译：《中国社会中的宗教：宗教的现代社会功能及其历史因素之研究》，上海：上海人民出版社，2006 年，第 99 页。

② 岩画发现于内蒙古砂口格尔敖包沟山崖上，乌兰察布的山石间。参见王伯敏著：《中国绘画通史》（上册），北京：生活·读书·新知三联书店，2018 年，第 20 页。

③ ［英］贡布里希著，范景中译：《艺术的故事》，北京：生活·读书·新知三联书店，1999 年，第 42 页。

的"相似律"巫术原理。① 在原始人看来，这些岩画图像中取得的狩猎胜利，可以帮助他们在现实中获得猎物。相似的巫术原理同样反映在中国民俗岁时年画中，门神年画就是个典型的例子。东汉王充（27–约97）《论衡·订鬼》中引古籍《山海经》云："沧海之中有度朔之山，上有大桃木，其屈蟠三千里，其枝间东北曰鬼门，万鬼所出入也。上有二神人，一曰神荼，一曰郁垒，主阅领万鬼；恶害之鬼，执以苇索而以食虎。于是黄帝及作礼，以时驱之，立大桃人，门户画神荼、郁垒与虎，悬苇索以御；凶魅有形，故执以食虎。"② 另《汉书·景十三王传》也载："广川惠王越，殿门有成庆画，短衣大袴长剑。"颜师古作注说："成庆，古勇士也。"③ 由此可见，王充提及的二神人"神荼""郁垒"实际上成为中国门神的主要来源。另一方面，"年画"一词直到晚清道光年间（1821–1850）才出现。据李光庭《乡言解颐》载："扫舍之后，便贴年画，稚子之戏耳。"④ 可见，年画概念的形成经过了很漫长的过程。根据以上文献，可以说年画是起源于汉代，过渡于唐宋，盛行于明清。笔者推想，唐宋时期印刷技术的成熟，为年画在底层社会的广泛传播提供了技术条件。年画在题材上非常丰富，包括门神类、吉庆类、风情类、

----

① [英]弗雷泽著，徐育新等译:《金枝》，北京: 大众文艺出版社，1998 年，第 19 页。

② （东汉）王充:《论衡·订鬼》。

③ （东汉）班固:《汉书·景十三王传》。

④ （清）李光庭:《乡言解颐》。

戏曲类、符像类、杂画类等等。其中符像类年画是以佛、道、儒神像和道符图像为主要内容。

在岁时民间年画图像中，最喜闻乐见的图像当数春节民间木版年画。木版年画所承担的民间习俗文化价值功能非常强大，体现了除旧岁、开启新的一年。这些岁时年画以家庭为单位，不同的神祇图像张贴不同的空间位置，以实现民众美好的愿望。引用杨庆堃的话说，"宗教对传统家庭的影响随处可见。走进任何一间屋子，迎面而来的是贴在门上的彩印或手绘的门神，门神的作用是保护家宅和家庭成员，辟邪驱鬼。挨着门的地方摆放着土地爷的供桌，土地爷保护全家平平安安，并且监视着家庭成员，恪守宗教道德和社会规范，约束自己的行为，而天官总供在院子里。给家庭带来财产和富裕的财神通常置于厅堂和正房里。不可不提的是灶王爷，灶王爷总供在做饭的炉子上边和旁边，他在年末要向天上的最高层——玉皇大帝报告该家庭及其成员一年的行为举止，来决定这个家庭应该得到奖赏还是受到惩罚。在那些对宗教信仰非常虔诚的家庭里，还会供奉观音菩萨或其他神像，以保佑家庭幸福。"[1] 杨庆堃先生的细致观察，为我们展现了岁时木版神祇图像——门神、土地爷、天官、灶王爷、玉皇大帝、观音菩萨或其他神祇。由于这些神祇的身份和功能的

---

① ［美］杨庆堃著，范丽珠等译：《中国社会中的宗教：宗教的现代社会功能及其历史因素之研究》，上海：上海人民出版社，2006 年，第 41 页。

不同，在居家建筑张贴的位置也不同，但他们总的功能是"保佑家庭幸福"为旨归。

民间木版年画的图像生产几乎在全国各地都有作坊，其中包括观音图像在民间社会有着广泛的传播与流通。这些木版观音图像的样式如纸马，或为独立的装饰图像或为家庭宗教性的民间供养神祇，大都是庶民以家庭为空间单位进行使用与传播，具体的图像资料可以参见《中国木版年画集成》（22卷）中关于明清以来全国各地的一些主要年画生产地、作坊以及图像的流通情况①，此处不再论述。

（二）岁时木版观音年画

民间木版岁时年画，是中国民俗传统典型的体现，其中观音年画是其中重要的图像题材。在木版观音年画题材中以南海大士、送子观音、天地全神（含观音）等为基本内容。其中观音的胁侍善财童子独立出来作为民间的招财童子，成为民间财神中的一员，并受到欢迎。木版观音年画属于年画中符像类题材，其张贴主要是用于驱邪、祈福的功能。木版观音年画的形式涉及纸马、独立神像画、全神像等，主尊身份主要有送子观音、南海大士、白衣观音等等。

1. 纸马观音

纸马属于旧俗祭祀所用的神像纸，祭祀完成即刻焚化，

① 冯骥才编：《中国木版年画集成》（22卷），北京：中华书局，2006年（22卷本《中国木版年画集成》自2006年以来，分不同时间陆续出版）。

又称为甲马或神马。如唐代《博异志·王昌龄》载："见舟人言，乃命使赍酒脯、纸马献于大王。"[1] 明代吴承恩小说《西游记》第四八回："祝罢，烧了纸马，各回本宅不题。"[2] 总之，纸马属于纯祭祀用品。这类观音题材最主要的特点是造型粗犷，极具民间特色。如民国时期河北内丘《南海大士》神马，一组三身南海观音神像就是典型例子，如下图1。图中三身观音以纯线条形式呈现，单色，造型粗糙。虽然都名为南海大士（大士一般是对观音的别称），但是在具体造型特征上还是有所差别。三幅相较而言，第一幅就显得简单一些，第三幅略微复杂。这种纸马一般是以"刀"为单位售卖，价格极其低廉，售卖的对象一般为平民百姓。

图1：河北内丘木版纸马《南海大士》（民国）

---

① （唐）谷神子：《博异志·王昌龄》。

② （明）吴承恩：《西游记》第四八回。

此外，独立性造型、色彩比较复杂的纸马观音图像如近现代河北内丘木版神马《救苦救难观世音菩萨》（图2），在图像表现上就比图1复杂得多。具体体现在画面以木版套色进行印刷，层次比较丰富。同时图像造型更趋复杂，在图像的左、右下方还刻印观音的左右胁侍善才与龙女，左上方刻有观音榜题。

图2：河北内丘木版纸马《救苦救难观世音菩萨》（近现代）

在纸马观音年画图像中，送子观音题材特别受到欢迎。关于送子观音的经典来源，最初来自《正法华经》卷10中观音能满足信众"求男求女"愿望的经文。《正法华经》卷10云："佛复告无尽意菩萨……若有女人，无有子姓，求男求女，归光世音，辄得男女，一心精进自归命者，世世端正颜貌无比，见莫不欢，所生子姓而有威相，众人所爱愿乐欲见，殖众德本不为罪业。"①尽管送子观音的经典溯源很早，但是她最终演化成中国典型的民间神祇。送子观音之所以广受民间欢迎，与中国古代儒家农业社会的"香火"文化观念相关，即家族血脉需要通过子嗣来传承。如下图清代纸马《白衣送子观音》（图3）。

图3：纸马《白衣送子观音》（清）

---

① （西晋）竺法护译：《正法华经》卷10，《大正藏》第9册，第129页中。

在上图中，白衣观音纸马同样采用了南海观音的图像范式，所不同的是怀中抱有一个孩童。需要引起注意的是，送子观音多以白衣观音命名。白衣观音是三十三观音之一，且见于密教经典，民间借用过来，成为显密杂糅化的民间神祇图像。相似的纸马送子观音案例还可见于清早期绛州木版年画《（送子）观音菩萨》（局部）（图4）。

图4: 绛州木版年画纸马《（送子）观音菩萨》（局部）（清早期）

在上图中，同样是以观音菩萨实际是指涉白衣送子观音。画面中观音神情庄严，怀抱孩童，一副民间神祇形象。从版画的线条、周围配景观察，图像民间特色浓郁。画面中送子观音从"南海"移植到了帐幔之中，善财、龙女侧面相对，列居观音两侧，是典型的偶像式构图。鹦鹉、净瓶居于硕大的圆形背光之后。

还有一幅绛州木版纸马年画《白衣观音》（图5），由于图像不全，笔者猜测，也很可能还是白衣送子观音。

图5：绛州木版年画《白衣观音》（清）

关于白衣送子观音，在《白衣观音菩萨送婴儿下生宝卷》插图中，画面更加复杂，情节也愈加丰富，除了具备完整的南海观音图像配置外，画面下角还形象地增加一对求子的供养人夫妇。因此，我们可以把这类观音题材统称为"白衣送子观音"。可见，白衣送子观音题材除了在年画中呈现，还出现在个别文学版画插图中。

2.天地全神像木版观音岁时年画

观音神祇年画类型中，还有一种"天地全神像"组合。在这类图像中，观音不是作为主尊出现，而是与道教、儒家、民间神祇共同组合成一种受民间欢迎的众神集合图像。如下图中朱仙镇木版年画《吉星高照》图局部（图6）、朱仙镇木版年画《天地全神》线稿图（图7）。

图 6：朱仙镇木版年画　　　图 7：朱仙镇木版年画
《吉星高照》线稿图　　　《天地全神》线稿图

　　在上面两幅全神像岁时图像中，观音均不是作为独立的主尊出现，而是以"众神集合"的形式出现在画面中。《吉星高照》（图 6）观音居于图像的最上面居中位置，观音前面有莲花，背后有竹子。靠画面最边缘的两侧是善才、龙女。观音左右的另外两位神祇应该是文殊菩萨与普贤菩萨，与观音一道组合成华严三大士。在《天地全神》（图 7）中，画面中上部分最中间位置应该是密教神祇千手观音菩萨，最左上角为南海观音菩萨，旁边摆放有净瓶，其身后两边分别是善财童子和鹦鹉。总之，上面两图是中国民间年画中很流行的"全神像"图像样式，满足了民众对多样神祇崇拜的心理需求，并成为中国乡土民众宗教信仰的基本底色。

（三）观音胁侍招财童子

在中国民间木版年画中，还有一个种类，即由观音胁侍善财童子演化而来的民间招财童子图像。善财童子从观音图式中独立出来成为民间极受欢迎的招财神祇——招财童子。招财童子之所以受到欢迎，跟佛教中善财童子的身世相关。另外，善财在《善才龙女宝卷》中是道教神祇赐福天官座下的弟子。笔者收集到一幅梁平木版年画纸马《招财童子》（图8），画面具有鲜明的民间纸马特色。

图8：梁平木版年画纸马《招财童子》（近现代）

在上图中，善财童子作为观音的胁侍弟子独立出来成为主尊，并更名为招财童子，更加符合民间对财富的心理诉求。

画面中招财童子头梳双髻，带有典型民间儿童的装扮特色。图像表现以线条刻印，纸张为民间质量粗糙的普通红纸，成本低廉，适宜大量印制，与上文中纸马《南海大士》表现相似，符合民间纸马木版印刷的基本特色。

　　除了民间祭祀用的观音纸马、全神像题材，还有节庆性质强烈、装饰意味浓郁的独立观音木版年画。这类观音年画题材往往造型相对细腻，色彩丰富，对比鲜明，采用套色木刻，体现喜庆的岁时年画特色。如下面这幅河北武强《南海大士》年画（图9），具有强烈的喜庆装饰色彩。

图9：河北武强民间木版年画《南海大士》（近现代）

在上图中，年画构图沿用了通行的南海观音构图范式，以正面偶像的结构居于画面正中。观音左右站立善才、龙女胁侍二童子。念珠、净瓶、鹦鹉、莲花、竹子、岩石、祥云等等图像元素，已经成为相对固定、通用的南海观音图像元素组合样式。这类独立、装饰性的木版观音图像样式还很多，本文不再展开讨论。

从写经题记看敦煌地区的佛顶尊胜陀罗尼信仰 ①

陈凯源 ②

内容提要：敦煌写经题记作为记载书写者身份、写经时间、写经目的等内容的重要材料，其对研究敦煌社会历史背景、各阶层民众生活及信仰心态具有重要价值。通过对敦煌《佛顶尊胜陀罗尼经》及相关写经文献题记的整理与分析，可发现唐宋时期佛顶尊胜陀罗尼信仰在敦煌地区广泛流行，敦煌民众不仅抄写相关佛经，还举行相关仪轨活动。从敦煌写经题记所记录的情况来看敦煌佛顶尊胜陀罗尼信仰具有信仰群体的广泛性、信仰动机的功利性特点。

---

① 基金项目：高等学校学科创新引智基地计划资助"长安与丝路文化传播学科创新引智基地"（项目编号：B1803）；陕西省石窟寺保护研究中心开放课题"唐长安对敦煌石窟影响研究"（C2021−003）。

② 陈凯源，陕西师范大学历史文化学院博士研究生，主要研究方向为敦煌学。

关键词：敦煌文献；写经题记；《佛顶尊胜陀罗尼经》；佛顶尊胜陀罗尼信仰

《佛顶尊胜陀罗尼经》，又称《尊胜陀罗尼经》《尊胜经》。据记载该经早在北周保定四年（564）已由阇那耶舍译出，名为《佛顶尊胜陀罗尼并功德经》，但此译本并没有流传下来，仅见于经录当中。[①] 唐高宗在位期间，杜行顗、地婆诃罗、佛陀波利等人又陆续翻译《佛顶尊胜陀罗尼经》，此经遂开始在中国广泛流传。[②]《佛顶尊胜陀罗尼经》篇幅不长，其内容可分为意译与音译两部分。意译部分主要讲述善住天子命终之后，将受七度畜生恶道之苦，帝释天怜悯其业因，于是到佛陀处，恳请佛陀救济善住天子，佛陀为他们宣说佛顶尊胜陀罗尼及持诵功德。音译部分则为尊胜陀罗尼的咒语，这也是此经最重要的内容。

《佛顶尊胜陀罗尼经》最大的特色是兼济生灵与亡者，

[①] （唐）智昇撰，富世平点校：《开元释教录》卷十四《别录中有译无本录第二之一》，北京：中华书局，2018年，第970页。

[②] 唐宋时期《佛顶尊胜陀罗尼经》的六个佛经译本分别为：佛陀波利译《佛顶尊胜陀罗尼经》、杜行顗译《佛顶尊胜陀罗尼经》、地婆诃罗译《佛顶最胜陀罗尼经》、地婆诃罗译《最胜佛顶陀罗尼净除业障咒经》、义净译《佛说佛顶尊胜陀罗尼经》、法天译《佛说一切如来乌瑟腻沙最胜总持经》。除佛经外，另有善无畏译《尊胜佛顶瑜伽法仪轨》、不空译《佛顶尊胜陀罗尼念诵仪轨》、若那《佛顶尊胜陀罗尼别法》等仪轨。

尤其特别强调经中尊胜陀罗尼的破地狱功能。① 随着中原地区佛顶尊胜陀罗尼信仰的兴盛，敦煌地区的佛顶尊胜陀罗尼信仰亦逐渐发展起来。敦煌藏经洞中就保存有 304 号《佛顶尊胜陀罗尼经》及其相关文献的写经，石窟壁画中亦有 8 铺佛顶尊胜陀罗尼经变，这些历史遗存都是佛顶尊胜陀罗尼信仰在敦煌传播与发展的见证。②

敦煌藏经洞中发现的有部写经中保存有写经题记，主要记述文献抄写年代、地点、抄写者、抄写缘由等相关信息，这些题记是研究敦煌地区佛教史、民众佛教信仰和社会生活的重要资料。③ 敦煌藏经洞中保存的《佛顶尊胜陀罗尼经》及其相关文献的写经中保存有不少题记，这些题记对于了解唐宋时期敦煌地区佛顶尊胜陀罗尼信仰的发展情况有着重要意义。本文拟通过对这些写经题记的收集、整理和探讨，考

---

① 刘淑芬：《灭罪与度亡——佛顶尊胜陀罗尼经幢之研究》，上海：上海古籍出版社，2008 年，第 12 页。

② 关于敦煌《佛顶尊胜陀罗尼经》写经与经变的相关研究，可参看李小荣：《敦煌密教文献论稿》，北京：人民文学出版社，2001 年，第 42–73 页；王惠民：《敦煌佛顶尊胜陀罗尼经变考释》，《敦煌研究》1991 年第 1 期，第 7–18 页；[日] 下野玲子著，牛源译，刘永增审校：《莫高窟第 217 窟南壁经变新解》，《敦煌研究》2011 年第 2 期，第 21–32 页；[日] 下野玲子：《敦煌仏顶尊胜陀罗尼经变相图の研究》，东京：勉诚出版，2017 年；陈凯源：《敦煌佛顶尊胜陀罗尼经变的样式演变》，载刘中玉主编《形象史学》第二十一辑，北京：中国社会科学出版社，2022 年，第 233–260 页。

③ 赵青山：《敦煌写经题记的史料价值》，《图书与情报》2013 年第 6 期，第 138–140 页。

察敦煌地区的佛顶尊胜陀罗尼信仰的发展情况及特点。以下所陈管见或有未当，敬请方家教正。

一、敦煌佛顶尊胜陀罗尼写经中的题记

敦煌佛顶尊胜陀罗尼写经中保存有不少抄写者留下的题记信息，这些题记多写于写经的卷尾，少数也写在卷首、卷中和卷背，而题记中的内容在一定程度上反映当时佛顶尊胜陀罗尼信仰的发展状况，故将这些题记进行整理分析具有重要意义。

从敦煌写经内容角度来看，敦煌佛顶尊胜陀罗尼文献中的题记可以分为记事性题记和祈愿性题记两类，前者多为记录抄校点读之内容，后者则记录了写造者的愿望和目的。

（一）记事性题记

记事性题记指题记内容是对制作、使用、说明文献的事实的记录①，当中包括诵读、供养、校勘等方面。

1. 诵读

诵读佛经是人们积累功德、消灾灭罪的常见方式之一。S.4723《佛顶尊胜陀罗尼神咒》背面题："戌年十月二十四

---

① 朱瑶：《敦煌汉文文献题记整理与研究》，北京：中国社会科学出版社，2016年，第49页。

日法辩写记，日诵五行。"

2. 供养

抄写佛经是佛教供养的其中一种途径，人们认为供养佛经可以得到无量功德。S.4962《佛顶尊胜陀罗尼咒》尾题："怀智一心供养。"又，BD.02509《佛顶尊胜陀罗尼经》背面题："念我语者，受我语者，用我语者，我若不□，誓当不转。若见此经，尽敬供养。"在佛教中，佛、法、僧三宝是常规的供养对象，而这里提到看见《佛顶尊胜陀罗尼经》就能受到供养。显然这是一种鼓励人们念诵、受持《佛顶尊胜陀罗尼经》的做法。

3. 校勘

《法苑殊林》卷十七《敬法篇》云："纵有抄写，心不至殷。既不护净，又多舛错。共同止宿，或处在门檐，风雨虫寓，都无惊惧。致使经无灵验之功，诵无救苦之益。"①抄写佛经不认真乃至抄写错误，都会影响抄经的功德。因此，佛经抄写完成后，会有校勘的工作。敦煌写经中就保存不少校勘的痕迹和相关题记。BD.03953《佛顶尊胜陀罗尼经》尾就题有"勘了"二字，这是该写本抄写后，再经校勘所做的一个记号。

---

① （唐）释道世，周叔迦、苏晋仁校注：《法苑珠林校注》，北京：中华书局，2003 年，第 580 页。

4. 记录写造情况

记录写造情况主要指题记记载的是写经的写造者、写造时间等内容。S.0165《尊胜陀罗尼咒》尾题："常信咒本。"S.5914《佛顶尊胜陀罗尼咒》尾题："午年十一月十一日，比丘某写敬记。"P.3184V（1）《佛顶尊胜咒本》尾题："甲子年八月七日于阗太子三人来到佛堂内讲法华经第四卷。"P.3919B（5）《佛说加句灵验佛顶尊胜陀罗尼神妙章句》尾题："三界寺观音院僧戒轮书记。"BD.03736《佛顶尊胜陀罗尼经》尾题："佛□□□。李员信经一。"BD.03907《佛顶尊胜陀罗尼咒》尾题："弟子王，发愿雕印。"BD.14476《佛顶尊胜陀罗尼经》尾题写："弟昆王为姊写。"BD.14805《加句灵验佛顶尊胜陀罗尼》题记云："龙纪初祀（889）太岁作噩学夏六月蕟生七叶、奉命而为禄之。"日本国会图书馆WB32（7）《佛顶尊胜陀罗尼咒》尾题："潜融。"除民间百姓和僧侣抄写《佛顶尊胜陀罗尼经》外，我们还能发现官员抄写该经的情况，如 BD.08034-2《佛顶尊胜陀罗尼神咒》尾题："破落官、前同河西节度副使、银青光禄大夫、试鸿胪卿、兼肃州刺史杨颙写施。"

5. 杂写

杂写指在写经上题写看似无关的内容，这类题记字数较少，可能是人们随意题写或专门做记号而题。如日本国会图书馆 WB32（22）《佛说佛顶尊胜陀罗经咒》背面题："敕归义军节度使瓜沙等州。"BD.05337《佛顶尊胜陀罗尼经》

背面杂写"贫贱"二字，而 BD.08112-2《佛顶尊胜陀罗尼咒》背面仅见"张"一字。

（二）祈愿性题记

祈愿性题记是对写经的目的与所寄托的愿望的表达和申说。这类题记尽管也记录了经典的写造时间和写造者等记事性信息，但其内容偏重于表达写经的目的和愿意。①

北大 D.077《佛顶尊胜陀罗尼经》尾题："净信佛弟子斛斯敬善身于沙州充别敕健儿，随减净财，为阿嬢写《佛顶尊胜陀罗尼经》一卷，开元五年（717）四月八日写。"上图094《佛顶尊胜陀罗尼经》尾题："开元五年（717）岁（次）丁巳十一月六日，清信佛弟子氾感儿减削净财，为其亡妻公孙敬写。愿亡者神生净土，见佛闻法，合家去离三灾九厄，福命延长，及自既身，法界苍生，咸登仙界。"这两件《佛顶尊胜陀罗尼》同为开元五年敦煌信众为亡人追福、为家人祈求平安、增福延寿所抄写的写经。

罗福苌《古写经尾题录存·佛顶尊胜陀罗尼经》有这样一则题记："信心弟子释门法律绍进，比爱年当相充，月忌本命，恐有妖灾逼逐。此身迎新，敬写此经。愿怨家欢，更莫相仇。年衰厄月，逐经音而霞散；福集云臻，随佛声而赴会。田蚕倍收，六畜愿无宛厄。当来此世，同共众生，普获福分。"

---

① 朱瑶：《敦煌汉文文献题记整理与研究》，北京：中国社会科学出版社，2016年，第67页。

该题记是针对逢本命年、求避冲煞灾害，为能给自身造成伤害的鬼神以及冤亲债主写《佛顶尊胜陀罗尼经》以求建立功德，希望通过这种方式收买他们以为自身寻求庇护。①

除为亡人、家人、自己祈福外，我们还发现有抄写《佛顶尊胜陀罗尼》以求国王万岁、天下太平的题记，藤井53—东文53—饶目宗教类3《佛顶尊胜陀罗（尼）》②题记曰："雕印施者奉为国王万岁，天下溢宁，五谷丰登。"

另外，S.0086《淳化二年四月廿八日马丑女回施疏》中写道："奉为亡女弟子马氏，名丑女，从病至终七日，所修功德数……转《妙法莲华经》十部……《佛顶尊胜陀罗尼》六百遍……将奉为亡过三娘子资福，超拔幽冥，速得往生兜率内院……"该文书是马丑女的家人为马丑女设供、转经时使用的回施疏，里面提到马丑女家人为马丑女转念的经典中就包括了《佛顶尊胜陀罗尼》。其目的是希望她能远离阴间，往生兜率内院。北大D.184《杨廷光发愿疏》载："又愿家内平安，设一七人供，写《药师经》一卷、《无常经》一卷、《观世音经》一卷、《菩萨戒经》一卷、《多心经》一卷、《尊

---

① 李正宇：《再论晚唐五代北宋时期的敦煌佛教》，《南京晓庄学院学报》2013年第6期，第99页。

② 该文献见于《日本公私收藏敦煌遗书叙录（二）》一文。关于此题记需要补充的一点是，题记上虽提到"雕印"，但施萍婷认为此件实际上不是印本，而是写本。施萍婷：《日本公私收藏敦煌遗书叙录（二）》，《敦煌研究》1994年第3期，第99页。

胜经》一卷。右件供并写经，愿家内大小平安，无诸灾障。今因两次，请为表叹。十月廿三日弟子杨廷光疏。"该经疏中提到的经典可谓是显密并重，佛教信众将《尊胜经》与其他显教的佛经一同抄写供养，以求全家大小平安，无诸灾障。

二、比丘惠銮写经题记相关问题的探讨

在众多与佛顶尊胜陀罗尼相关题记中，S.2566与S.4378V写本是比较特殊的两件，因为这两件文献是有明确题记纪年由比丘惠銮抄写的写经。S.2566《佛顶尊胜加句灵验陀尼启请》尾题："比丘惠銮今者奉命书出，多有拙恶，且副来情，谨专奉上，伏乞受持，同沾殊利。时戊寅岁一月十七日在沙州三界寺观音院内写《大悲心陀罗尼》《尊胜陀罗尼》同一卷毕。"S.4378V《佛顶尊胜加句灵验陀尼启请》尾题："比丘惠銮今者奉命书出，多有拙恶，且副来情，谨专奉上，伏乞受持，同沾殊利。时己未岁十二月八日江陵府大悲寺藏经内，写《大悲心陀罗尼》《尊胜陀罗尼》同一卷了。"

学界曾对这两则题记中的"己未岁"和"戊寅岁"的具体年份进行探讨，主要有两种观点，一是认为己未岁为公元899年，戊寅岁为公元918年；二是认为己未岁为公元959年，戊寅岁为公元978年。两件写经的具体年代尚无定论，但可以确定的是它们应是9—10世纪的写经。惠銮为何要将在江陵抄写的佛经带到敦煌，为何时隔多年仍专门抄写《大悲心

陀罗尼》《尊胜陀罗尼》这两类文献，这是我们想要探讨的问题。

（一）惠銮从江陵前往敦煌的原因

江陵，又名荆州，即现在湖北荆州，中古时期，江陵府为当时南中国中部以及长江中游最大的都市。[①] 隋唐时期是中国佛教发展最为繁荣的时期，作为当时南中国中部最大的都市，江陵是佛教重要的传播地点。佛教天台宗创始人智顗就是荆州人，开皇十三年（593）智顗在荆州开坛讲法，形成天台宗的荆南正法；唐代玄奘西行取经前曾在荆州说法，由此开启他的弘法事业；神秀曾迁移荆州，随后创立禅宗北宗。[②] 然而到晚唐五代时期，由于藩镇割据、黄巢起义以及其他战乱破坏的原因，荆州地区的佛教受到一定程度的打击。荆州佛教虽然因其自身深厚的历史仍较为繁荣，但已经远不如前，同时期五代十国中其他政权的佛教发展已经比荆州发展要好。[③] 相比而言，此时偏于西北一隅的敦煌，由于历来重视佛教，而且当时敦煌的政治环境较为安定，吸引不少中原僧人前来巡礼圣迹。

[①] 严耕望：《唐代交通图考》第四卷《山剑滇黔区》，台北："中央研究院"历史语言研究所，1986年，第1079页。

[②] 徐文武：《论隋唐时期佛教在荆州的传播》，《荆楚学刊》2013年第5期，第5-10页。

[③] 张跃飞：《五代荆南政权的佛教》，《中国社会历史评论》第十五卷，天津：天津古籍出版社，2014年，第57-73页。

其实在惠銮到敦煌之前，荆州与敦煌的联系早在南朝梁武帝天监年间已经存在。敦煌文书 S.0081《大般涅槃经·卷第十一》的写本末尾就有这样的题记："天监五年七月廿五日，佛弟子谯良颙，奉为亡父，于荆州竹林寺敬造大般涅槃经一部。愿七世含识，速登法王无畏之地。比丘僧伦龚、弘亮二人为营。"不过，晚唐五代时期由于战乱不断，致使中原各地道路不通。这一时期的著名诗僧齐己在《夏日寓居寄友人》一诗中云："北游兵阻复南还，因寄荆州病掩关。"① 又，敦煌文书 S.2094《金刚般若波罗蜜经》末尾有天复八载的年号，天复为唐昭宗的年号，但此年号仅使用四年（901–904）。904 年昭宗改年号为天祐，所以不存在天复八载这样的年号。这一现象的出现，从侧面反映出晚唐时期，战乱频繁导致交通不畅，中原年号更改的消息未能及时传到敦煌。

在南北交通如此不便的情况下，惠銮仍要北上敦煌，很可能是因为中原战乱导致荆州佛教衰落，惠銮一心求法希望能到敦煌潜心学佛。惠銮在北上时，把自己在荆州所抄的 S.4378V 号写经也带到敦煌，想必这件写经在惠銮看来具有十分重要的地位。而惠銮在荆州和敦煌都抄写包含尊胜陀罗尼和尊胜启请文内容的文献，一方面说明这类文献在惠銮心中的重要性，另一方面也反映出荆州与敦煌两地相距甚远，

---

① （清）彭定求等编，中华书局编辑部点校：《全唐诗》卷八百四十四，北京：中华书局，1999 年，第 9611 页。

但两地佛顶尊胜陀罗尼信仰的盛行程度与影响力应是一致的。更进一步地说，即使在全国南北交通不便的情况下，佛教文化的交流在全国范围内依旧是通行无阻的。可视惠銮为晚唐五代时期荆州与敦煌两地佛教文化交流的使者，他从荆州到敦煌的活动，无形中推动了敦煌佛顶尊胜陀罗尼信仰的发展。

（二）惠銮写经的用途

除 S.2566 和 S.4378V 为明确的由惠銮抄写的写经外，近年来有学者指出藏经洞还保存有第三件比丘惠銮的写经，即世界民间藏敦煌文献海华堂 HHT040。[①] 将上述三件写经进行对比，可发现三件写经的内容相同，而且笔迹相似，应该都出自同一人之手，即比丘惠銮。S.2566 和 S.4378V 写经均抄写有《大悲启请》《千手千眼观世音菩萨广大圆满无碍大悲心陀罗尼神妙章句》《佛顶尊胜加句灵验陀罗尼启请》以及《佛顶尊胜加句灵验陀罗尼》四种文献，而 HHT040 中抄写了《大悲启请》《千手千眼观世音菩萨广大圆满无碍大悲心陀罗尼神妙章句》以及《佛顶尊胜加句灵验陀罗尼启请》，其中《佛顶尊胜加句灵验陀罗尼启请》后半部分已经丢失，结合 S.2566 和 S.4378V 两件写经，可推测 HHT040 写经已佚部分应还抄有《佛顶尊胜加句灵验陀罗尼》。简言之，现发

---

① 于华钢主编：《世界民间藏中国敦煌文献》（第二辑），北京：中国书店，2017 年，第 11 页。

现三件惠銮写经,其抄写时间虽不一致,但所抄内容完全相同。

对于惠銮抄写的三件写经,从写经内容组合的情况来看,这三件写经不仅抄有尊胜陀罗尼,还抄有大悲陀罗尼及二者相应的启请文。启请文是用于佛教法会或仪式中的一种文体,尊胜启请文即尊胜法会或其相关仪式上使用的文本。而从写经形态上来看,这三件写经又可以分为两种不同的形式,S.4378V、S.2566属于一般的卷轴装写经,HHT040则是册子装写经。在敦煌藏经洞出土的文献中,绝大部分是卷轴装,另有少部分其他形式的写经,册子装属于少部分其他形式写经中的其中一种。从9世纪前半期开始,册子装写经开始大量出现,由于它比卷轴装和折本更便于携带,往往用来抄写通俗佛经,或是陀罗尼咒、愿文文范、佛赞文等类似文献。①

敦煌文献中保存有三幅"尊胜咒坛"图分别为S.painting174、S.2498、BD.06125。以S.painting174"尊胜咒坛"图为例,该图像中心画一莲花,写有"佛"一字,表示咒坛的主尊佛,围绕中心的莲花画有东西南北四门,并标有小字,方位关系明确。各门标有"天王"二字,意为四天王守护四门之意。在各门中画有香炉、水器、瓶、灯等物品,并用小字标注。该坛城图一一标识出尊神、法器、供物所安放的空

---

① [日]藤枝晃著,徐庆全、李树清译:《敦煌写本概述》,《敦煌研究》1996年第2期,第104页。

间位置，是一幅标准的坛城设计图。在《佛顶尊胜陀罗尼经》及其相关的仪轨中均有关于作坛的内容，而"尊胜咒坛"图即根据其相关作坛内容而绘制的坛城图。①

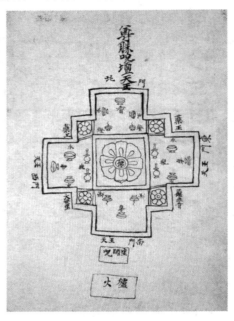

S.painting174 "尊胜咒坛" 图（采自 IDP 国际敦煌项目）

　　在佛教里，启请是举行仪轨等法事活动中不可或缺的步骤，它具有启请诸佛菩萨降临道场、见证成就的作用。唐开元年后，依据《佛顶尊胜陀罗尼经》发展出一些破地狱的仪轨，称为"尊胜法"。惠銮所抄写的尊胜启请文与"尊胜坛图"

---

　　①　沙武田：《敦煌画稿研究》，北京：中央编译出版社，2007 年，第 338-341 页。

白描画稿的发现，说明当时敦煌社会存在着与佛顶尊胜陀罗尼相关联的仪轨法事。HHT040 作为汇抄有尊胜类和观音类册子装的写经，其装帧相比卷轴装更适合翻阅和使用，很可能就是当时敦煌佛教寺院为民众举行相关佛教仪轨法事活动时经常用到的文本，而"尊胜坛城图"则可作为在仪轨法事活动中社坛做法的参考设计图，二者相互配合使用。由此，我们推断惠銮所抄的写经，是惠銮或其他僧侣在佛教仪轨法事活动场合下所使用的文本。

三、写经题记所见敦煌佛顶尊胜陀罗尼信仰的特点

佛顶尊胜陀罗尼信仰传入敦煌之后，由于《佛顶尊胜陀罗尼经》所提到的灭罪、破地狱为信众所重视，因此在敦煌地区快速传播，并得到了一定的发展。从敦煌写经题记所记录的情况来看，敦煌佛顶尊胜陀罗尼信仰具有以下几个特点。

（一）信仰群体的广泛性

《佛顶尊胜陀罗尼经》作为宣传、弘扬佛顶尊胜陀罗尼信仰的重要载体，归根到底，其服务的对象主要是在敦煌当地生活的民众。从佛顶尊胜陀罗尼写经的题记中可以看到抄写佛顶尊胜陀罗尼文献的既有如斛斯敬善（北大 D.077）、氾感儿（上图 094）这样为家人祈愿荐福的清信佛弟子，又有法辩（S.4723）、怀智（S.4962）这类佛教僧人，还有

"前同河西节度副使、银青光禄大夫、试鸿胪卿、兼肃州刺史"及由于敦煌被吐蕃占领而自称为"破落官"的杨颢（BD.08034-2）。这说明尊胜信仰的信仰群体涉及僧俗两众、官员平民。李正宇指出唐宋时期敦煌佛教覆盖敦煌社会的各个阶层，上自节度使、敦煌王，各级官员、僧官、僧尼，下至农工兵商、奴婢佣作、男女老少。[①] 从写经题记记录的情况来看，敦煌佛顶尊胜陀罗尼信仰的信仰群体亦如整个唐宋时期敦煌佛教一样，涵盖敦煌社会的各个阶层。但总的来看，抄写佛顶尊胜陀罗尼文献的群体主要为一般老百姓和佛教僧尼，上层官员或世家大族抄写的情况虽有，但并不常见。

（二）信仰动机的功利性

敦煌民众虔诚信仰佛教，广作功德，信众并不完全依靠佛教义理，而是以经像崇拜为中心，侧重开窟造像、写经诵经、礼拜斋戒等信仰实践活动。各种各样的信仰实践活动是敦煌民众日常生活中很重要的一部分，而各类信仰实践活动都有其目的，不可避免地具有很强的功利性与实用性。[②] 从佛顶尊胜陀罗尼文献的题记可看出，敦煌民众抄写《佛顶尊胜陀罗尼经》祈求的内容十分广泛，多与日常生活中的衣食住行，

---

① 李正宇：《唐宋时期的敦煌佛教》，载郑炳林主编：《敦煌佛教艺术文化论文集》，兰州：兰州大学出版社，2002年，第367页。
② 党燕妮：《晚唐五代宋初敦煌民间佛教信仰研究》，兰州大学2009年博士学位论文，第180-181页。

以及个人和家人的生老病死相关。另外，还存在祈愿国泰民安、五谷丰登的情况，这是佛教护国佑民思想的重要体现。由此可见，敦煌信众抄写《尊胜经》的目的和动机具有强烈的功利性色彩。

（三）与佛教其他信仰的交融性

李小荣指出："隋唐五代宋初的密教信仰具有极大包融性"[①]，这一点在佛顶尊胜陀罗尼写经的题记中亦能体现。比丘惠鉴所抄的三件写经，其内容完全一致，均为佛顶尊胜陀罗尼类和观音类文献，佛顶尊胜陀罗尼的破地狱与观音的往生净土是惠鉴将二者结合的重要原因。而在不少发愿文中亦提到，敦煌民众乐于将《佛顶尊胜陀罗尼经》与其他不同类型的佛经一起抄写，以期达到襄灾祈福的目的。可见，在信众心中，不同宗派的经典并没有太大的区别，只要经中的功能可以满足内心的需求，他们都会一并抄写，这体现出敦煌佛顶尊胜陀罗尼信仰的交融性。

四、小结

抄写佛经作为佛教信众一种表达自身信仰的重要方式，

---

① 李小荣：《敦煌密教文献论稿》，北京：人民文学出版社，2001 年，第 379 页。

信众往往会在佛经中留下抄写年份、目的及与当时社会背景有关的题记内容，这些题记为我们研究佛教的传承、民众的信仰心理等问题提供了宝贵的原始材料。通过对敦煌佛顶尊胜陀罗尼写经中的题记的分析，我们可发现，唐宋时期佛顶尊胜陀罗尼信仰在敦煌地区广泛流传，敦煌信众抄写《佛顶尊胜陀罗尼经》以求得各种功德和福报。而比丘惠銮写经的相关内容，不仅可视为敦煌与中原佛教交流的见证，亦说明了敦煌地区佛顶尊胜陀罗尼仪轨法事活动的盛行。从敦煌写经题记所记录的情况来看，敦煌佛顶尊胜陀罗尼信仰具有信仰群体的广泛性、信仰动机的功利性以及与佛教其他信仰的交融性这三个特点。也正是基于以上三个特点，佛顶尊胜陀罗尼信仰在敦煌社会中长期流行，并得到敦煌民众的广泛信奉。

论中国古代的佛教版画 [①]

黄　豪 [②]

内容提要：佛教版画产生于隋唐时期，是最早的雕版印刷品之一，它的出现宣告了中国古代版画的产生。佛教版画长时间占据了中国古代版画的主导地位，其创立的很多形式被后来的图书所继承，其使用的套印等先进技术开创了中国古代版画界和绘画界的新局面。佛教版画的兴盛也拉近了佛教与信徒之间距离，有利于佛教的健康传承。

关键词：佛教；版画；印施

与佛教寺塔等外来的佛教艺术不同，中国古代的佛教版画是佛教传入中国后的特有产物，它产生在绘画、雕刻和印

① 基金项目：本文系国家社科基金一般项目"明清时期西南地区佛教劝善与乡土社会治理研究"（20BZJ011）阶段性成果。

② 黄豪，哲学博士，西华师范大学历史文化学院副研究员，研究方向为中国佛教。

刷术的发展基础之上。佛教版画不仅在中国版画史上具有非
常重要的地位，同时也构成了中国印刷史的重要组成部分。

一

　　关于佛教版画的出现，有一条广为引用却又争论不断
的材料，唐冯贽的《云仙杂记》卷五"印普贤象"条载：
"玄奘以回锋纸印普贤象，施于四众，每岁五驮无余。"①
这条材料不仅仅被用来证明版画的出现，还被用以证明中国
雕版印刷术的开始。关于这条材料的真伪一直争论不休，现
在大部分的学者都倾向于认为即使著作年代有疑问，但玄奘
印普贤像的说法依然可信。② 这条材料向我们透露了几点信
息，首先，玄奘印的是单幅的普贤像，并不是经文；第二，
印普贤像的目的是施于四众弟子；第三，印刷的数量巨大。
肖东发先生曾经做了一项计算，认为玄奘普施普贤像每年五
驮，换算成纸张相当于 20–25 万枚，这样五年就可达到百万
枚 ③；第四，尽管目前还不知"回锋纸"是什么，但可以肯

---

　　①　（后唐）冯贽：《云仙杂记》卷五，四部丛刊续编景明本，
第 7 页。

　　②　参见李致忠著：《历代刻书考述》，成都：巴蜀书社，1990 年，
第 7 页。

　　③　参见肖东发著：《中国图书出版印刷史论》，北京：北京大
学出版社，2001 年，第 55 页。

定这是一种适合于印刷的纸。玄奘于贞观十九年（645）取经回国，麟德元年（664）圆寂，印普贤像之事当在这期间。如此大规模地印刷菩萨像，说明唐初的印刷水平已经达到一定程度，而专门用来普施于四众，说明当时可能已经盛行这种印佛像普施的方式。如此则将版画和雕版印刷术的出现定在此时是不妥当的，因为印刷术从发明到应用必然经历了一个长期的过程。但不管怎样，印刷术的出现与佛教关系极大是毋庸置疑的。美国学者卡德就曾有这样的论断："无论何国文字，无论何种方言，其初期之印刷，殆无不与圣经有关系。易言之，即与世界三大宗教皆有关系也，中国最早之印刷，即为佛经与佛像图画。"[①] 直接点明佛教开创了中国的印刷术，版画即是其主要的形式。

要制出一件完整的印刷品需要两个基本条件：模板和纸张。关于模板，向达先生引用《法苑珠林》中王玄策受菩提寺佛印之事和唐义净《南海寄归内法传》中关于造泥制底、拓模泥像、印绢纸随处供养的记载，认为中国印刷术与佛教有密切关系，其来源受印度影响为多。[②] 而郑振铎先生则认

① ［美］卡德著，刘麟生译：《中国印刷术源流史》，西安：陕西人民出版社，2015 年，第 28 页。

② 参见向达：《唐代刊书考》，载《中央大学国学图书馆年刊》（1931 年改为《江苏省立国学图书馆年刊》），1928 年；洪荣华主编：《历代刻书概况》，北京：印刷工业出版社，1991 年，第 9 页。

为中国的版画来源应该追溯到汉代的石刻画像和画像砖。①
郑振铎先生认为汉代石刻画像半浮雕和阴线浅刻的手法和后
来的木刻画相似。画像砖的制作办法是用事先刻好的模子压
印在未经烧成的湿砖上而成，这种方法和后来的印刷术很接
近。应该说，郑振铎先生的见解是正确的。王玄策和义净之
事发生在唐代，按前面的介绍，此时印刷术已经成熟，何来
反过来受到西域的影响？事实与此恰恰相反，彼地的印佛像
之法应该是从中国传过去的。②中国自古就有象征权力的玺
印，上面刻有文字和图案，开始时印在泥土上，因之称为"封
泥"。发展到汉代已经出现刻有各种图案的画像石，这些图
案包括人物、房屋、禽鸟、走兽以及"四灵"等，线条明快、
简洁大方、生动逼真。这些画像石有很多是相同的，系用同
样的模子在砖上压印而成。到南北朝、隋唐之际，"盛行一
种捺印佛教图像的印模，即将佛像刻在印模上，依次在纸上
轮番捺印"③。佛教崇拜偶像，有"像教"之称，所以一经
传入中国，佛教马上借用中土的制印之法制作佛像印模，而
这种技术离版画的发明事实上只有一步之遥。对此，卡德也

---

① 参见郑振铎著：《中国古代木刻画史略》，上海：上海书店
出版社，2010年，第8页。
② 参见肖东发著：《中国图书出版印刷史论》，北京：北京大
学出版社，2001年，第53页。
③ 参见肖东发著：《中国图书出版印刷史论》，北京：北京大
学出版社，2001年，第51页。

持同样的观点，他说："敦煌所发现之佛像模印，殆为印章与木刻之过渡物品，总计敦煌吐鲁番及其他突厥斯单地方发掘所得者，无虑数千幅，亦有见于写本书每页之首端者，且有整卷发现者如大英博物馆所藏手卷，长七十寸，即有同样佛像四百六十八个。"① 这种相对简单方便的绘制佛像的方式受到当时佛教界的喜爱，卡德说："镂花板模印，佛教徒尤为喜爱之，敦煌石室中所发现者，有镂花板模印之纸张丝布及画壁。"②

造纸术的不断改进最终促成了印刷术的发明。东汉蔡伦改进了造纸术，造出来适合书写、价格低廉的纸，但这种纸并不适合印刷。到南北朝时期，广泛采用帘床抄纸器，用这种技术能造出均匀细化的薄纸。广泛采用的涂布技术和染黄技术，又使纸张的质量和吸墨能力不断提高。印刷术的出现就建立在这些物质基础上。从南北朝至隋唐，一两百年的时间完全可以实现印刷术的发明。所以，明代学者胡应麟在《少室山房笔丛》中的那段话是可信的："雕本肇自隋时，行于唐世，扩于五代，精于宋人。"③ 因此，尽管目前还没有发

① ［美］卡德著，刘麟生译：《中国印刷术源流史》，西安：陕西人民出版社，2015年，第40页。
② ［美］卡德著，刘麟生译：《中国印刷术源流史》，西安：陕西人民出版社，2015年，第40页。
③ （明）胡应麟：《少室山房笔丛》，甲部《经籍会通四》，明万历刻本。

现隋代印刷术的实物佐证，但不能就此否认隋代已经出现了雕版印刷。

　　印刷术既然是在压印佛像印模之法上实现的，很可能最开始的佛教印刷品就是佛像（即版画），而非佛经。一者，佛教崇拜偶像，有现实的需求；二者，一部经文动辄几卷甚至几十上百卷，非一两张纸所能印刷，比起佛像来说，佛像的印刷更方便快捷。所以向达先生说："（印刷术）语其演化之概，当为由像印以进于禁咒，由禁咒进步，始成为经文之刊印。"① 但李致忠先生则持完全相反的观点，他认为："先是雕版印书，继而雕版印像，先易后难，顺理成章。"②李致忠先生此说看似有理，但却忽略了以下事实。宋郑樵在《通志》中说：

　　　　图经也，书纬也，一经一纬相错而成文……即图而求易，即书而求难。古之学者为学有要，置图于左，置书于右；索象于图，索理于书，故人亦易为学，学亦易为功。③

----

　　①　　向达：《唐代刊书考》，载《中央大学国学图书馆年刊》（1931年改为《江苏省立国学图书馆年刊》），1928年；洪荣华主编：《历代刻书概况》，北京：印刷工业出版社，1991年，第9页。

　　②　　参见李致忠著：《历代刻书考述》，成都：巴蜀书社，1990年，第5页。

　　③　　（宋）郑樵：《通志》卷七十二《图谱略第一》，清文渊阁四库全书本。

可见中国自古图书并重，有文就有图，印刷书籍和印刷图像，并不存在哪一个困难、哪一个容易的说法。佛教对图像的重视非常明显，最开始传入中土的就是佛像而非佛经。加上前朝就已存在佛像印模捺印的事实，因此对于佛教来说，版画的出现比佛经印刷的出现可能更早，至少不会晚于后者。所以肖东发先生就曾说：

> 所以雕版印刷从一开始出现，就总伴随着佛像插图，无论是佛像、经咒，还是上图下文的发愿文，都可以作为版画艺术的滥觞之作。①

卡德进一步指出了这些佛像版画的来源和用处，他说："当时富人还愿，喜于神位前绘制佛像，佛像之下端，则系以施主之姓名。贫者不能觅人绘像，自乐于施用绘像之副本，此项印刷品之来源，大概如此。"② 可见，佛教版画是当时中下层社会表达其信仰的一种普遍方式。

除去前面提到的玄奘以回锋纸印刷普贤像的文献记载，我们还可以找出一些唐代佛教版画的实物遗存。1944 年在成都望江楼附近的唐墓中发现了一纸梵文《陀罗尼经咒》的印本，佩戴在女尸手臂上的银镯中，印刷时间大约在 8 世纪

---

① 参见肖东发著：《中国图书出版印刷史论》，北京：北京大学出版社，2001 年，第 142 页。

② ［美］卡德著，刘麟生译：《中国印刷术源流史》，西安：陕西人民出版社，2015 年，第 57 页。

以后。同样的陀罗尼经咒后来在陕西、敦煌，甚至韩国和日本不断被发现。① 这些陀罗尼经咒要么陪葬在墓穴中，要么藏在塔里，既有梵文也有汉文，造型大致一样，即中间印制图像，四周环以经咒。当然也有单页版画的印刷品，单单敦煌出土的雕印菩萨像就有上百件之多，时间也在唐五代早期。最有名的一幅佛教版画是咸通九年（868）王玠雕印的《金刚般若波罗蜜经》卷首扉画，这也是有确切年代可考的第一幅佛教版画，其卷末题记上注："咸通九年四月十五日王玠为二亲敬造普施。"和玄奘印普贤像一样，这里的版画同样是用来普施四众，说明当时印刷的数量一定很多。而在前面提到的成都唐墓中发现的陀罗尼经咒上也刻有类似的文字"唐成都府成都县龙池卞家印卖咒本"。说明这个时候已经有专门的店铺印刷此类版画用以贩卖。联系到这种做法还远播到日本和朝鲜半岛，我们可以想象，唐五代时期的佛教版画业一定很兴盛，民众对这种版画的需求量也很大。只是由于唐武宗和周世宗毁灭佛法，造成大量佛教版画湮灭，我们今天能看到的只是很小的一部分。值得一提的是，此一时期南方的吴越国也印刷了大量的佛教版画。据张秀民先生统计："钱弘俶与延寿所印佛教经像、咒语，有数字可考者，

---

① 参见程国亮：《雕版拓印术在印刷史上的应用考析——兼论早期佛教经书与版画的刊印》，《出版发行研究》2020 年第 10 期。

共计六十八万二千卷（或本）。"① 这里的经咒中当也有图像。这样，六十八万二千卷可以说全是佛教版画，数量相当惊人。

及至宋元，佛教版画已发展到相当的程度，不仅民间和僧人在雕刻版画，政府和寺庙也在积极雕刻。北宋政府主持雕刻了世界上第一部刻本大藏经——《开宝藏》，随后各大寺院纷纷效仿。有宋一代，共雕刻了六部大藏经，佛教图文并重的特点在大藏经里也得到了体现。

> 每经卷首常附《佛说法图》一幅，佛菩萨僧徒各具特色，每藏共刻图版多块，轮换印刷。②

所以在大藏经中存在着大量的佛教版画。这种方式被后来的刻版大藏经所继承，因此，各朝刊刻的大藏经中有数量颇巨的佛教版画。这一时期的寺庙专门成立了印经机构，不仅刻印大藏经，也大量雕刻版画。前面提到的永明延寿，《永明道迹》说他：

> 念世间业苦众生不能解脱，专以念佛劝人同生净土，乃印弥陀塔四十八万本，劝人礼念。世称宗

---

① 张秀民：《五代吴越国的印刷》，《文物》第 12 期，1978 年 12 月；洪荣华主编：《历代刻书概况》，北京：印刷工业出版社，1991 年，第 44 页。

② 肖东发著：《中国图书出版印刷史论》，北京：北京大学出版社，2001 年，第 142 页。

门之标准，净业之白眉。①

能够刊印四十万本版画，没有专门的印经机构是不可能完成的。在山西应县木塔中，也出土了数幅单独刻印的佛画，其中还有彩印。此一时期民间也盛行印刷版画。孟元老《东京梦华录》载：

其锢路、钉铰、箍桶、修整动使、掌鞋、刷腰带、修幞头帽子，补角冠，日日供打香印者，则管定铺席、人家牌额，时节即印施佛像等。②

这些杂货铺平时做些修修补补的活计，逢年过节就开始印施佛像版画。宿白先生等人也曾提到过这些铺子：

此外，众安桥南街东的"开经书铺贾官人宅"和棚前南街西经坊的"王念三郎家"似乎是专刻零本佛经的。③

从兼职刻印到专门经营，说明市场需求是很大且频繁的。

① （宋）大壑辑：《永明道迹》卷一，《卍新纂续藏经》第86册，第58页。

② （宋）孟元老撰，杨春俏译注：《东京梦华录》，北京：中华书局，2020年，第260—261页。

③ 宿白：《南宋的雕版印刷》，《文物》第1期，1962年1月；洪荣华主编：《历代刻书概况》，北京：印刷工业出版社，1991年，第164页。

也有个人印施的。《龙舒增广净土文》载：

> 　　王日休劝予为西方二图，愿发大菩萨心者，稍
> 大写刻板，小者印十，大者印一。小者循门而施，
> 大者择而与之。小者以劝仆妾之徒，大者以劝识字
> 人，若能以全部刻板广传，其为福德不易量也。因
> 附口业图于后，若并以印施，使知所劝戒尤善。①

印制大小不同形制的版画，小幅的施于仆妾，大幅的施
于识字人，可知大幅的版画是刻有经文的，大略类似于以前
的佛像四周绕以经咒的版画了，而小的那种很可能就是单幅
画像。由此可见分类已经非常详细。宋代的寺院中还开始出
现了一种灵签，专门用以为信众祈福看卦。这种灵签采用上
图下文的形式，分别刊刻图像和文字来解释签名。这种灵签
在各大小寺院都有，数量当不在少数，据说某些寺庙有数十
种以上不同颜色的灵签。

　　降至明清，版画的发展经历了由鼎盛到衰落的阶段。
自从宋代版画突破了题材只涉及佛教内容的局限之后，明清
更是达到了有书就有图的地步，特别是到了明末，版画迎来
了其发展的黄金时期。"差不多无书不插图，无图不精工"②。

---

① 　（宋）王日休撰：《龙舒增广净土文》卷十二，《大正藏》
第47册，第288页。
② 　郑振铎著：《中国古代木刻画史略》，上海：上海书店出版社，
2010年，第51页。

除了延续以前的单张佛画、扉页画像、卷首画像之外，这一时期甚至出现了专门的版画册，如成化间所刻的《天神灵鬼像册》，乃是宏伟的大册的天堂诸神和地狱诸鬼的图像，规模甚大，包罗甚广，较之元刊的《搜神广记》尤为其气魄浩大。①

此一时期的雕刻技术也不断前进，万历十年（1582）刊行的《新编目连救母劝善戏文》被认为是具有转折意义的一套版画，徽州版画风格由此从粗犷转向精细。套印、饾板、拱花等新技术在此时也开始运用，相信这些技术也曾用于印刷佛教版画，甚至是最先用于佛像印刷。清代的佛教版画尽管已经式微，但也出现了如《造像量度经》这样的上品，郑振铎先生称其"木刻插图甚精"②。《造像量度经》由当时内阁总管仪宾的工布查布于乾隆七年（1742）编译，这部经对佛像的姿态、服饰、尺寸、法座、背光及各部分的比例都做了严格而详细的规定。为使官方、私人的佛教造像务必统一，这部经以乾隆皇帝的名义颁布，发行全国。为了更详细地说明造像的"量度"规则，当时绘制了细致的《造像量度

---

① 郑振铎著：《中国古代木刻画史略》，上海：上海书店出版社，2010年，第46页。

② 郑振铎著：《中国古代木刻画史略》，上海：上海书店出版社，2010年，第177页。

图像》，成为官方和民间刻版画和雕像的标准参考书。[①] 值得注意的是，这个时候由于西方传教士来华传教的影响，中国人逐渐了解并开始接受基督教，这种情况也反映在佛教版画中。康熙年间刻印了《慈容五十三观》，内容是关于观音菩萨的各种变相。令人惊讶的是，清人居然把耶稣像作为观音菩萨的变相之一，刊刻在这部书里面。这一方面反映出西方基督教对中国社会的影响已经很深，更说明中国人民向来都善于将外来文化融入中国的本土文化当中。清代的佛教版画尽管出现了些许"余辉"，但是整体下滑的趋势仍不可避免。"一句话，佛教美术到了清代，每况愈下。佛教版画也不例外"[②]。

二

佛教版画的形式经历了一个从简单到复杂、从单一到多样的过程。

最开始的佛教版画是单幅整版图像，如玄奘印施的普贤像，这种佛、菩萨像一般是用来礼拜或者做法事。早在道安的时候，前秦统治者苻坚就赠送给道安很多法器，其中就包

---

① 参见王伯敏著：《中国版画通史》，石家庄：河北美术出版社，2002 年，第 172 页。

② 王伯敏著：《中国版画通史》，石家庄：河北美术出版社，2002 年，第 174 页。

括坐像、弥勒像、金缕绣像、织成像等，每次举行法会，道安都要把这些佛像摆出来，用幢幡装饰。① 其后慧远更是在402 年召集僧俗信众于阿弥陀佛像前，共同发愿往生西方阿弥陀佛极乐净土。可见在两晋时期僧人就已经开始供养佛像。在佛像前观想、发愿的方式，特别是慧远及其弟子在佛像前发愿祈求往生这种做法很可能对民间有极大的影响，从而引起效仿。如此，则僧人和民间对佛像的需求是非常强烈的，只不过在当时由于技术和财力的限制，大部分信众都无法实现在自己家里安置佛像的愿望。等到印刷品成为普及之物之时，信众自然会迫不及待地将印制的佛、菩萨像请回家里供养、观想。玄奘印施的普贤像应该就是为了适应这种需求而印制的。再者，佛教本来就有写经、抄经得福报的说法，《增一阿含经》云："若有书写经卷者，缯彩花盖持供养，此福无量不可计，以此法宝难遇故。"② 有些经典则明确要求书写供养佛经，《小品般若波罗蜜经》云：

> 善男子、善女人若不能受持读诵般若波罗蜜，
> 如所说行，当书写经卷，供养恭敬，尊重赞叹，以
> 好华香、涂香、末香、烧香、杂香，衣服、幢幡、

---

① 参见 [荷] 许理和著，李四龙等译：《佛教征服中国》，南京：江苏人民出版社，2003 年，第 239 页。
② （东晋）瞿昙僧伽提婆译：《增一阿含经》卷一，《大正藏》第 2 册，第 550 页。

伎乐供养。①

佛教甚至有为写经而献身的说法,《菩萨本行经》云:"梵天王时,为一偈故,自剥身皮而用写经。"②可见佛教对写经、抄经的推崇。写经是如此,绘制、刻印佛像同样如此。及至宋元以降,这种印经施于僧俗两界的做法依然盛行。

密宗兴盛起来后,出现了一个印刻密宗咒语的高潮,前文提到的在成都、西安等地发现的陀罗尼经咒就是其代表。这些经咒版画的形式是中间佛像(或供养人图像),外面绕以经咒,称为"内图外文"形。这类形式的版画主要以密宗经咒为主,因为经咒短小,可以在一版的内容上同时安排图像和经咒。而最有名的那幅咸通九年(868)王玠雕印的《金刚般若波罗蜜经》则是另外一种形式的代表,即右图左文。之所以采用这种形式,主要是因为随着长卷佛经的刻印,前面两种形式已经不适用这种采用卷轴装的经卷。在很长时间里,中国的图书都是采用卷轴装,阅读的时候从右到左展开。这种右图左文式的版画实际上就是刻在经文的卷首,和后来采用经折装的扉页画是一个道理。当然这种形式也有变体,就是在卷轴中间也会插入版画,类似于后来书中的整页插图,如五代吴越国刻印的《宝箧陀罗尼经》。早期佛教版画还有

①　(后秦)鸠摩罗什译:《小品般若波罗蜜经》卷二,《大正藏》第8册,第545页。

②　失译《菩萨本行经》卷三,《大正藏》第3册,第119页。

一种形式，即上图下文式。这种形式的版画一般也是单幅，上面刻印佛、菩萨等像，下面刊印文字，文字一般是对图像的注解或是有关图像的经文，如隋大业三年的《敦煌隋木刻加彩佛像》，五代的《大圣文殊师利菩萨》等。这些形式都被后来的版画所继承并发展。早期版画的数量在整部图书或经卷所占比例较少，到了后来就增加了很多，甚至有些图书的插图版画动辄上百幅，版画在书中所占的篇幅也大了。早期的版画几乎都是单面，到了后期则发展出双面连式、多面连式、月光式、上下两层楼式、三层楼式中心圆形插图式，甚至连环画的形式。王伯敏先生更是将明代书籍的插图归纳为七种，分别是：上图下文、一面图一面文、一折画一二图、长卷式、自由体、图形多样化等款式。① 总之，到了后期，版画的形式已经多种多样，不拘一格、不守陈规。

佛教版画的题材以佛教内容为主，并兼及其他。佛、菩萨、天王像等是佛教版画的主要题材，这类题材在佛教版画中最早出现，所占的数量也是最多的，这其中佛像版画所占的比例最大。之前提到的《金刚经》《陀罗尼经咒》等都有释迦佛的说法图。这幅图在很多地方都以相同或相近的形式出现在扉页画、大藏经里。关于佛像在其他场景的版画也比较常见，或独坐，或四众围绕。菩萨像是经常刻印的一种题材，

---

① 王伯敏著：《中国版画通史》，石家庄：河北美术出版社，2002年，第85页。

前面多次提到的玄奘刻印的就是普贤菩萨像。此外，五代后晋的曹元忠施印了包括观世音菩萨像、普贤菩萨像、阿弥陀佛像、文殊师利菩萨像等在内的版画，曹元忠，还刊印了有名的《大圣毗沙门天王像》。法器、法物等也是佛教版画的重要题材。这类题材出现得也比较早，在发现的《陀罗尼经咒》中，经常可以看到。1967年在西安发现的《陀罗尼经咒》，整个经咒分为三层，最中间是佛为供养人摸顶的图像，图像四周各围绕十三行经咒，经咒外面有金轮、莲花、金刚杵、斧钺、海螺、锡杖等法器。除此之外，寺塔、祥云、大海等佛教建筑、佛教象征物也是佛教版画的重要题材。

除了佛教题材之外，人物像也是中国古代佛教版画的题材。宋绍定年间刻印的《妙法莲华经·观世音普门品》，采用上图下文的形式，图中九人，没有一位佛、菩萨。而明永乐年间刻印的《妙法莲华经·观世音普门品》，描绘的是观世音菩萨化身居士为众说法，全图也是以人物为主，菩萨只是被放到左上角很小的空间上。至于明宣德三年刻印的《神母大孔雀明王经》，名为十二大天母，她们或吹笛，或弹琴，或弄琵琶，实际上全是世间女子的写照。与此类似的还有明景泰年间刻印的《释氏源流》。之所以出现这种版画，大概是因为在家居士在佛教事务中地位的上升和佛教越来越普及到普通大众。

房屋、山石、树木等是佛教版画的又一题材。上面提到的几幅版画大都有这些景物。这些景物在佛教版画中有些是作为背景，如明永乐年间刻印的《妙法莲华经·观世音普门品》；有的则占据了整个版画的一半甚至以上，如明景泰年间刻印的《释氏源流》；有的佛教版画则全是由山石树木等自然景物构成，没有涉及一个人物，如《云栖纪事山图》。[①]整幅画由山、水、树木、房屋、亭子、小径和木船构成，浑然一体，自然天成。这种山水图出现在佛教版画中，并不是很少的部分，恰恰相反，数量可观。据王伯敏先生说：

> 考我国佛教绘画，当以尊像或佛传、本生及其他经变为题材，但是在经变或本生故事画中往往出现山水之图，这在敦煌莫高窟的壁画中比比皆是。[②]

因此，佛教版画并不仅仅局限在佛教题材，佛教题材只是其中的一部分。如果说在前期版画中，佛教题材的比重还较大的话，那么到了后期，特别是明清之际，佛教色彩则慢慢变淡，世俗的成分开始加重，甚至占了主要部分。

三

诚如卡德、向达等先生所说，中国印刷术的发展与佛教有着密切的关系。而在某种程度上，中国版画的起源和发展

---

① （明）祩宏：《云栖法汇（选录）》卷二十三，《嘉兴藏》第 33 册，第 175 页。

② 王伯敏著：《中国版画通史》，石家庄：河北美术出版社，2002 年，第 39 页。

则完全是从佛教开始的。"如石刻，丝织品摩印，镂花板摩印，印章摩印等，皆为雕版印刷术之先声，而推行上项方法尤力者，则为佛教寺院"[1]。可以说，佛教版画主导了中国版画的形成和发展。从最早的文献记载到已经出土的版画实物，无不证明上述论点是符合实际的。一直到宋代以前，中国古代版画题材几乎没有超出佛教范围，因此，中国版画的早期史就是半部中国佛教版画史。

佛教版画开创的在经中、书中附插图的方式为后来的图书刊刻者们所遵循，其确立的上图下文、右图左文、里图外文等形式也影响了后来图书的形式。宋代开始，版画被广泛运用到世俗读物上，儒家经典、医书、农书、兵书等都大量插入版画。至于到"无书不插图"的明清时期，插图更被大量运用到小说、戏曲刊物中。有人曾做过统计，《古本戏曲丛刊》的1–3集，明刻本的插图竟然达到3800幅。[2] 至于整本画册和连环画的出现，则可算是版画发展的极致了。

佛教版画的出现适应了佛教传承的需要。对佛像的崇拜、印施佛像是信仰佛教的主要方式，因此，佛教版画的兴盛无疑使信众，特别是那些不识字的群体更加坚定了信佛之心。一句话，佛教版画拉近了佛教和信众的距离。

---

① ［美］卡德著，刘麟生译：《中国印刷术源流史》，西安：陕西人民出版社，2015年，第40–41页。

② 缪咏禾著：《中国出版通史》（明代卷），北京：中国书籍出版社，2008年，第290页。

潼南大佛寺摩崖造像及信仰民俗研究

任斯尔 ①

内容提要：潼南大佛寺始建于唐，其寺庙及摩崖造像后代续有增建和开凿，历经宋元，甚至明清。其中弥勒大佛（俗称"八丈金仙"）是目前全国最大的室内石胎通体贴金佛像，因"世界第一室内金佛""金佛之冠"的称号而享誉海内外，是弥勒信仰兴盛的重要表现。而以此为代表的众多摩崖造像及其所反映出的佛教信仰、道教信仰和民间信仰交融的信仰特质也是中国众多地区佛教信仰的缩影，具有一定的代表性。

关键词：潼南大佛寺；摩崖造像；信仰民俗

潼南大佛寺摩崖石刻位于重庆市潼南区西面的定明山北麓，地处涪江南岸的崖壁上，始凿于隋代，盛于唐宋，延续至民国，2006年被国务院批准列入第六批全国重点文物保

---

① 任斯尔，苏州大学社会学院中国史专业2023级博士研究生。

护单位。大佛寺摩崖石刻体量庞大，现存大小龛窟 126 龛，摩崖题刻 90 处，造像规模宏大，题材丰富，特征鲜明，具有不可忽视的历史、宗教和艺术价值。

一、潼南大佛寺的修造

潼南大佛寺摩崖石刻的出现要早于大佛寺的建立，先有摩崖造像，再有佛教寺庙，现存摩崖造像中即有隋开皇年间和大业年间的佛道造像多龛。而大佛寺的建立据载是唐代咸通年间。据《蜀中广记》载：

> 大佛寺在县南一百里，即古定明院，在下遂宁县南。唐咸通中建，前依岩石。宋治平间赐额定明，其崖上有石佛首。靖康丙午，道者王了知命工展开身，像高八十尺，下俯江流，寺前有石壁，立色如黄罗，故俗名黄罗帐。其左有石磴缘岩，人抚掌则鸣，其声如琴。又有合掌石，石左右向宛有指派介于湍流中。①

① （明）曹学佺撰：《蜀中广记》卷三十，上海：上海古籍出版社，1993 年，第 1468 页。

　　大佛寺在宋治平年间被赐额为定明院①，那时崖壁上只有未雕完的大佛头。又据大佛龛外右上壁冯楫所撰《皇宋遂宁县创造石佛记》所载，崖壁上的大佛头仅从头顶雕到鼻子就停工了。可知从唐咸通年间（860–874）到治平年间（1064–1067）近两百年的时间里，大佛寺的建设差不多是停滞的。直到北宋靖康丙午年（1126），道士王了知召集工匠续凿并开始建造大殿。才建了一层，王道士便于绍兴五年（1135）倏尔去世。寺里僧人德修继其遗志，协同道士蒲智用继续凿刻大佛像并修大像阁。在《皇宋遂宁县创造石佛记》下方有一则绍兴六年（1136）的题记，内容如下："岁在丙辰，蜀大饥，流亡填委沟壑者，几二百人。邑中任彦能悯其如是，效浮屠之法，火而葬之，复修胜会为之津济，证明者十有二人。绍兴六年族弟与道书"。是年大佛像尚在反复打磨，佛殿仍在修建，时逢蜀地暴发大饥荒，横尸荒野的饥民达几百人。邑中有人怜悯此等惨状，依佛教火葬的方式将他们安葬，并为其进行超度仪式。此事被记录在大佛龛外一侧，能证明此事者有十二人。

　　到了南宋绍兴辛未年（1151），五檐琉璃佛阁才建成完

---

　　①　据嘉定《赤城志》："定明院在县东五十里，周显德三年建。国朝治平三年赐额"，定明院为治平三年赐额，与咸淳《临安志》所记有出入。参见（宋）陈耆卿撰：（嘉定）《赤城志》卷二十七，台州丛书本，第845页。

工，而大佛像经过反复精细雕琢后，也宛如一尊栩栩如生的佛。第二年，德修远赴泸州，向泸南沿边安抚使冯楫化缘，请求他设法将大佛妆彩一番。冯楫欣然应允并捐出俸禄，使大佛表面得以贴金妆彩。至此，金身大佛和琉璃阁交相辉映。嘉庆《四川通志》云："今断碑所载，为绍兴廿载重修云，实古刹道场，赐名南禅定明寺也，使洞开后院，则建一弥勒阁者，巍然尊者。"[1] 如此金碧辉煌，巍然雄伟，世所罕见。

值得指出的是，2011 年在维修大佛的过程中，工作人员在大佛龛左壁、大致与眼睛平行的位置发现了一处此前未注意到的两则新题记，一是"七月廿一日两人／长庆四年／十一月十七下手三人／至十二月廿日"，字体近似楷书，字大小不规则，字径 3.5 至 18 厘米；二是"丙午年三月三十日，下半身……中江……至四月十五日"[2]。两则题刻上下排列，字体大小不一，应为当时开凿佛首时由工匠所刻，其中"长庆四年"题记解开了大佛始凿之谜。长庆四年即公元 824 年，为唐穆宗李恒在位时所用年号，比曹学佺所记"唐咸通（860-874）中建"早了近乎半个世纪。这则题记很好地回答了冯楫"不知何代开凿"的疑问，也为研究大佛的开凿年代提供了珍贵的依据。而"丙午年三月三十日下半身……

---

① （清）常明修，杨芳灿等纂：（嘉庆）《四川通志》卷四十二，清嘉庆二十一年（1816）刻本，第6403页。

② 徐林：《重庆潼南大佛维修中的新发现》，《中国文物报》2013 年 6 月 28 日，第 5 版。

中江……至四月十五日"题记正好与冯楫《皇宋遂宁县创造石佛记》中"靖康丙午，池内忽生瑞莲。是岁，有道者王了知自潼川中江来化邑人，命工展开像身，令与顶相称"的内容相吻合。文中"道者蒲智用，协力增建佛阁，通为五层，尽用琉璃，以覆护百尺像"清楚地记载了佛阁的建造时间与缘由。该"大像阁"经相关专家考察鉴定为我国最早使用全琉璃顶的古建筑，把我国使用全琉璃顶的年代向前推进了两个朝代，时间达 200 多年，在我国建筑史上占有非常重要的一页。①

潼南大佛寺建成后，前后共经历了多次妆金。第一次为南宋绍兴壬申年（1152）。大佛龛外右侧镌刻的《皇宋遂宁县创造石佛记》中记载冯楫捐资为大佛通身贴金一事之前因后果，也是文献记载历史上为弥勒大佛妆金的第一人。

第二次为清嘉庆七年（1802）。大佛像左腿前侧石壁镌刻东 T12 碑记，首题横刻四字"名垂永远"，落款清嘉庆七年。正文竖刻《重装大佛金身序》，碑文称："近地有李君名思贵，好善乐施，目睹天庙像，灰隳穷久，心伤焉，有志未逮，适值匪贼逼临，霆为一方祈福，乃未几，而贼倏驰遁。此非佛力之广大，庇荫乃定乎？于是捐赀金匠，毅然一人独任之，未越岁而告成，清嘉庆七年（1802）四月佛诞日（农

---

① 徐林：《试论潼南大佛的价值及其影响》，《文史杂志》2014 年第 2 期。

历四月初八）上石。"此次为佛妆金共费"银七佰贰拾两整"。①
此次妆金是由当地人名李思贵者一人出资，共耗银七百二十
银两，第二年便妆金完成，并在当年的佛诞日刻石纪念。

　　第三次为清同治九年（1870）。由田兴伦撰、刘辅卿
所书《大佛装金记》载："西方有圣人曰佛，屏六尘，空
五蕴，去四相，扫三心，以清净为工夫，以性宗为了悟，以
涅槃为究竟，垂经典于贝叶，示奥法于县花，寂灭后而复以
象教，慈悲度人之意切矣。此地乃巉崖绝壁，下瞰涪江，灵
气蟠结，大佛庄严，不识防于何代。遐迩焚香顶祝，竞奔走
焉。历年久远，栋宇倾颓，金容凋敝，本朝嘉庆时，李公捐
资彩饰，焕然一新。迄今莫英迁流，风雨薄蚀，慈光未改，
法相蒙尘，何由肃瞻仰而妥神威？余昆弟等怦然心动，亦思
募化众善，大其规模，而囊金颇裕，独酸易成，未数月告竣，
费银若干，注列于左，非邀福也，非市善也，欲后之继美者
知其始末，便于踵事增华云尔。佛金三十六万九千，共去钱
六百鏰零五千二百文。画匠工价钱七十二鏰文，盖匠总共去
钱七十六鏰文。架木去钱八鏰文，零用去钱十八鏰文，漆去
钱五十三鏰文。龙山敦五田兴伦删，刘辅卿敬书。王石匠镌。
大清同治九年十月十五文毓廷、文毓兴、文毓兰同立。"碑
文记载了同治九年（1870）文氏三人捐资重妆大佛一事。此

---

　　①　徐林、廖学琼：《潼南大佛妆金史料调查与研究》，《石窟
寺研究》2020 年第 1 期。

事在民国《潼南县志》有载："大佛寺，清同治时里中文姓重装大像金饰，至今光彩灿然。寺岩有古迹，金石已分见各门。"① 民国《潼南县志》又说："文宗周城区人，性勤俭而乐施……大佛寺佛像，号称十丈，金饰剥落。宗周捐资千余鿼换装金像，至今光彩灿然。子毓兴有父风……"② 可见，为大佛妆金在当时影响非常大。文宗周为人勤俭，乐善好施，其子文毓兴也继承了这一秉性，"修路、施药、建庙、育婴、赈灾，诸善举甚多"③。此碑镌刻于大佛右腿右侧岩壁，详细记载了在此次妆金维修工程中所需的各项人力、物力开支。

第四次为民国十年（1921），大佛前殿左次间临近檐墙的栿壁顶端钉了一块木刻碑记匾，编号东T15，其内容为："《大佛装金彩化募捐碑记》序文勒石，兹不烦赘，谨将经理募捐次第例后。总领：夏吁门、邓万顺，住持：僧圆全，徒：明性，捐钱贰百串整。募捐首事：文玉田，来银九十四圆整。僧岳灵，来银一百一十四圆半，来钱八十六千文（下略）。屈廷权，来银一百零八圆半（下略）。舒兆南，来银二十四圆整。蒋益寿、沈耀先，来银九十伍圆整。僧普缘，

---

① 王安镇编：（民国）《潼南县志》卷一，民国四年（1915）刻本，第96页。

② 王安镇编：（民国）《潼南县志》卷三，民国四年（1915）刻本，第371-372页。

③ 王安镇编：（民国）《潼南县志》卷三，民国四年（1915）刻本，第372页。

来银二十二圆整（下略）。洪顺合，来银二十圆整。王静宣，来银六十五圆整。陈凤华、胡森荣，来银一佰一十四圆整。唐伯钟，来银十二圆整。周宴林、齐聚源，来银九十一圆整。邓义和，来银十四圆半。"碑文罗列了募捐首事文玉田、僧岳灵及屈廷权等十五位。碑下部栿壁上分布以"天地玄黄"为序的天字号、地字号、玄字号、黄字号、宇字号、宙字号、洪字号、荒字号、日字号、月字号、晨字号、盈字号等35个字号排序的捐资者姓名名录及捐资金额。据统计碑记载各种姓氏捐资者达2099人①，镌刻时间为民国十年（1921）。另，大佛殿外右壁镌刻东T24《通明首相武圣帝君装大佛金身序》有记载："唐子景鉴倡首阔修大殿，坊圆果证而仙去。邓生利成换檐七重，焕然一新，红册早已注名。陈生凤华、禹僧岳灵，性素慷慨，心具慈仁，睹佛金之黯淡，欲装修而无由因之，约集合邑善士同来赞襄义举，此心此志何其诚也。今廖生定一来坛请某作序，某何序乎？惟冀陈生倡之于前众义士，赞之于后果能遵某之训，应募而出功资富者，加以福泽贵者，升以禄位……民国十年岁次辛酉佛诞日，徐香浦书，众姓弟子立。"这篇序文内容与木刻碑记上所记人名与木刻碑所指"序文勒石，兹不烦赘"皆能一一对应。由此可见，《通明首相武圣帝君装大佛金身序》这篇序就是《大佛装金

---

① 徐林、廖学琼：《潼南大佛妆金史料调查与研究》，《石窟寺研究》2020年第1期。

彩化募捐碑记》中所指的序文，在大佛第四次妆修时由文人应邀撰写，末尾记录了此文由徐香浦书于辛酉佛诞日（1921年5月15日）。

2010年9月25日，中国文化遗产研究院联合敦煌研究院、中国地质大学、大足石刻研究院等多家单位，历时1年零8个月，完成了对大佛的妆金修缮工程。据统计，大佛贴金面积约280平方米，使用金箔30万余张[①]。这也是潼南大佛继南宋绍兴壬申年（1152）、清嘉庆七年（1802）、同治九年（1870）和民国十年（1921）四次妆金后的最近一次贴金。

二、潼南大佛寺摩崖造像题材

潼南地区的石窟造像大多开凿于中晚唐，主要有千佛寺、万佛崖、五硐岩、大佛寺摩崖造像，以大佛寺摩崖造像年代最早、规模最大。潼南大佛寺摩崖造像群的造像题材沿袭了盛唐时期中原北方地区流行的题材，在盛唐已有的基础上又有了新的发展，也是唐代石窟艺术中最复杂的一个阶段。主要题材为以下六种：

（一）大佛像

大佛寺即因其中有弥勒大佛而得名。这尊弥勒大佛俗称

---

① 《潼南大佛本体保护修复工程》，《中国文物报》2013年11月1日，第8版。

"八丈金仙"，是目前全国最大的室内石胎通体贴金佛像，因"世界第一室内金佛""金佛之冠"的美称享誉中外。隋唐以来，弥勒信仰愈盛，兴起了营造弥勒大像之风，尤其在川渝地区，盛唐以后各地争相营造大佛像，并且一直延续到了宋明。

（二）佛说法像

这一题材多以释迦佛与阿弥陀佛为主尊，造像组合一般为一佛二弟子、一佛二菩萨、一佛二弟子二菩萨二力士、一佛二弟子二菩萨二天王二力士等，主尊多呈结跏趺坐姿，少见立姿。这类造像题材主要见于广元千佛崖、观音岩、皇泽寺，巴中南龛、北龛、西龛，安岳卧佛院、千佛寨、蒲江飞仙阁，合川龙多山、濮岩寺等石窟及摩崖造像点。潼南大佛寺西岩的佛说法像与广元千佛崖、观音岩和皇泽寺的多龛造像题材一致，且造像风格非常接近。

（三）三世佛像

这类题材在南北朝时期就已十分常见，在唐宋时期已经非常流行。由阿弥陀、释迦及弥勒所组成的称纵三世佛，由阿弥陀、药师佛及释迦所组成的称横三世佛。李静杰在其关于唐宋时期三佛的造像组合的文章里有全面翔实的研究成果，他认为唐代流行由阿弥陀、释迦、弥勒、药师佛其中三者组合的三佛造像多分布在四川丹棱、夹江、邛崃等地，自初唐至宋仍然比较流行，成为石窟寺中的主要造像。[1] 潼南大佛寺西岩第 65 号龛的三世佛像与如下造像风格极为相似：丹棱刘嘴盛中唐第一组合右龛，夹江千佛岩第 33 号龛、第 111 号龛、第 114 号龛，乐山大佛岩壁盛唐三佛龛，邛崃天宫寺中晚唐第 51 号龛、夫子岩第 18 号龛，眉山法宝寺乾德六年三佛龛。

（四）七佛像

十六国北朝时期，我国的佛教艺术尤其是石窟造像中有一种十分流行的题材——七佛[2]。在四川石窟造像中，七佛作为独立的造像题材多见于盛唐及中晚唐时期，造像多为结跏趺坐姿，也有少见立姿。潼南大佛寺的七佛龛有东岩 K3、西岩 K23，两龛造像均为结跏趺坐式。东岩 K3 与邛崃夫子岩 K12 造像风格相似；西岩 K23 由莲茎撑起的佛座样式、圆形身光与尖桃形头光相嵌套的背光以及造像形式与夫子岩摩崖造像 K2、K9 完全一致。学者符永利认为，从龛底生出 7 枝莲茎上托莲台的莲花化七佛出现于中晚唐[3]。

潼南周边地区包括巴中南龛、西龛、北龛，夹江千佛岩，

①　李静杰：《唐宋时期三佛图像类型分析——以四川、陕北石窟三佛组合雕刻为中心》，《故宫学刊》2008 年第 5 期。

②　魏文斌：《七佛、七佛窟与七佛信仰》，《丝绸之路》1997 年第 3 期。

③　符永利、刘超：《四川邛崃市盐水村夫子岩摩崖造像》，《敦煌研究》2020 年第 4 期。

合川龙多山等造像龛窟中均有出现七佛造像，且时代基本集中在中晚唐，可见此类造像在中晚唐时期十分盛行。

（五）观音菩萨像

观音造像随着石窟艺术的繁荣迅速兴起，尤其是唐代，川渝地区观音造像激增，造像组合也有了新的变化，除了单尊观音像，还有双尊与多尊观音并列造像频频出现。双观音造像几乎遍及全川，在川北的广元、巴中、南充，川西的绵阳、成都、眉山，川南的乐山、自贡，川中的内江，以及川东的广安、资阳、重庆等地，均有发现，其中相关遗存最多的是广元石窟群和蒲江石窟群，但唐代之后便不再流行 [①]。多尊观音以三尊式组合在川渝地区最为流行，盛行于初唐及中唐时期，晚唐以后较为罕见，且主要集中在川北、川西、川东一带，以广元最为集中 [②]。潼南大佛寺西岩的双观音及多观音并列造像应同属中晚唐时期造像。

（六）道教造像

潼南大佛寺东岩第 12、第 13 号龛根据纪年为隋代道教造像，是重庆地区最早的摩崖造像龛。潼南大佛寺的两龛隋代道教造像龛窟规模较小，造像题材包括天尊、胁侍、

---

① 邓新航：《唐宋时期巴蜀观音图像研究》，东南大学 2019 年博士学位论文，第 54 页。

② 邓新航：《唐宋时期巴蜀观音图像研究》，东南大学 2019 年博士学位论文，第 65 页。

蹲兽，服饰多外着双领下垂式对襟衣和交领内衫，胸前结带，与阆中石室观和绵阳西山观玉女泉的两处隋代道教造像风格相似①。

就造像题材来看，潼南大佛寺摩崖造像群的造像风格与川北广元、巴中、南充，川中邛崃、夹江、眉山，川西绵阳、成都，以及川东安岳、大足等地区的造像题材有极大的渊源，主要表现在造像内容与造像风格两方面。大足、潼南、安岳、资中，窟龛密布，时代延绵，自成一体。因此可以认为川中石窟是集中了四川石窟的精华所在，最具四川特色。②显然，川渝石窟的分布很大程度上受金牛道和米仓道的交通枢纽及嘉陵江、涪江流域水道交通影响。北方的石窟艺术由此传播于川渝各地，加之川渝本地显密混杂，题材多变，再加上包括道教在内的各种民间信仰，构成了独特的川渝石刻造像区。

三、潼南大佛摩崖造像所反映的信仰民俗

潼南大佛寺摩崖造像内容丰富、题材不一，集中反映了唐宋时期这一地区的民俗信仰情况。首先，潼南大佛是当时弥勒信仰兴盛的重要表现之一。随着净土思想的发展，弥勒

---

① 蒋晓春、郑勇德等：《四川阆中石室观隋唐摩崖造像》，《文物》2013 年第 7 期。

② 国家文物局教育处编：《佛教石窟考古概要》，北京：文物出版社，1993 年，第 154 页。

信仰衍展出弥勒净土信仰，包括弥勒人间净土信仰（下生信仰）和弥勒兜率净土信仰（上生信仰）[①]。上生信仰即愿求往生兜率天净土，信仰现今在兜率天说法的弥勒菩萨；下生信仰即信仰弥勒将下生此世界，在龙华树下听受说法成佛。南北朝时弥勒信仰大体上是上生信仰，但苦难的民众对弥勒下生救度众生更感兴趣，因为弥勒下生，人间即为净土。[②]随着鸠摩罗什翻译出《弥勒下生成佛经》，弥勒下生信仰便逐渐流传开来。初唐，智俨、玄奘、义净等人在长安和洛阳主持译出大量佛经，在众多高僧及义学僧的弘扬下，弥勒下生信仰在唐代得到了广泛普及，上至皇室贵族、文武百官，下至平民百姓，社会各个阶层的广大信众纷纷尊崇弥勒信仰，诸如抄写佛经、开龛造像，极大促进了弥勒下生信仰的传播，由弥勒信仰衍生出的弥勒造像也开始流行。

弥勒造像始于东晋，茂县有南齐永明元年（483）造的弥勒佛像，可见四川的弥勒信仰较早。[③]弥勒造像分菩萨像和佛像两种形式，早期以菩萨形象更为常见。造像一般分立像、交脚坐、倚坐、半跏思惟等姿态，在各个时期流行的姿

---

① 王雪梅：《弥勒信仰研究综述》，《世界宗教文化》2010 年第 3 期。

② 刘永霞：《中国弥勒信仰探因》，《天水师范学院学报》2006 年第 3 期。

③ 刘长久：《中国西南石窟艺术》，成都：四川人民出版社，1998 年，第 5—6 页。

势各不相同。北朝时期以交脚坐为主流，隋唐时期以倚坐为代表。唐代尤以兴造大型倚坐弥勒佛像为盛，这一时期，早先流行的弥勒立佛像和交脚像不再出现。自武则天执掌政权后，就开始宣称自己为弥勒下生。为此，僧人薛怀义、法明等编撰了四卷《大云经》献给武后，"言太后乃弥勒佛下生，当代唐为阎浮提主，制颁于天下"①。武则天下令将《大云经》颁告天下，宣称自己是弥勒佛的化身。据《新唐书》载："《大云经》言神皇受命事，春官尚书李思文诡言《周书》武成为篇辞，有垂拱天下治，为受命之符。后喜，皆班示天下。"② 不仅如此，武则天还曾自加尊号"慈氏越古金轮圣神皇帝"，令天下广造弥勒大佛。在此舆论造势下，弥勒下生信仰广为盛行，掀起了一股兴造弥勒佛像的热潮。据统计，唐高宗、武则天执政时期（655-704）龙门石窟的龛窟造像占龙门造像总数的近三分之二，其中尤以弥勒造像为主，出现了空前绝后的盛况。此时的弥勒造像，无论铜造、石造，几乎都固定为倚坐式，并逐渐程式化，这也是弥勒像区别于其他尊像的显著特点。川渝地区也兴起了开凿大佛的浪潮，从而成为我国开凿石刻大佛最多的地区，如阆中大像山弥勒

---

① （宋）司马光：《资治通鉴》卷二百四十，四部丛刊景宋刻本，第 2275 页。

② （宋）宋祁、欧阳修等：《新唐书》卷七十六，清乾隆武英殿刻本，第 702 页。

大佛①（唐元和年间完工）、合川涞滩二佛寺弥勒大佛②（始凿于唐，肩部以下为宋代续凿）、南部禹迹山弥勒大佛③（宋代雕凿）、荣县大佛④（晚唐或宋，其年代有待商榷）、重庆弹子石弥勒大佛⑤（元末明初雕凿）等，它们与潼南大佛一样成为中国石窟艺术晚期大佛造像中的重要代表，同时也是巴蜀地区弥勒信仰兴盛的重要标志。

其次，潼南大佛寺也有道教题材的造像，反映了这一地区道教传播的影响，揭示了佛道交融的信仰现状。潼南大佛寺东岩第16号龛为太一救苦天尊龛，龛内雕一天尊，立于双层仰莲台座上，饰圆形头光，杏眼微睁，头戴莲花冠，内着交领衣，胸前系带，腰带垂于座上，外披双领下垂式广袖大衣，下着长裙，裙摆覆足。左手于胸前托钵，右手上举，从动作形态推测，似持一拂尘于肩，手已残。身体颀长，神态高雅，颇具仙风道骨之姿。龛沿左侧竖刻"太一救苦天尊/述律铎尔直存道书"等字样。据王玉《浅析潼南大佛寺东岩

---

① 符永利、蒋晓春、张帆：《阆中大像山石窟的形制、题材与时代》，《考古与文物》2018年第6期。

② 黄理、任进、杨旭德、罗世杰：《合川涞滩摩崖石刻造像》，《四川文物》1989年第3期。

③ 曾中懋：《南部禹迹山大佛的维修和保护》，《四川文物》2000年第4期。

④ 袁金泉：《荣县大佛的建造史和修缮史略》，《四川文物》2001年第1期。

⑤ 范鹏：《南岸弹子石摩崖造像》，《红岩春秋》2020年第6期。

摩崖龛像》一文推测，此龛造像题材为南宋作品①。其造像风格写实，神态庄严肃穆，双目微启，似静默若有所思。

"太一"，也作"太乙"，《史记》载："天神贵者太一。"②道教中的太乙救苦天尊在南朝名士陶弘景所著《真灵位业图》中排名第一等级，也称寻声救苦天尊或十方救苦天尊等，是道教神系中一位举重若轻的先天尊神③。关于太一救苦天尊的来历，《太乙救苦护身妙经》有载：

> 东方长乐世界有大慈仁者，太一救苦天尊化身如恒沙数，物随声应。或住天宫，或降人间，或居地狱，或摄群邪，或为仙童玉女，或为帝君圣人，或为天尊真人，或为金刚神王，或为魔王力士，或为天师道士，或为皇人老君，或为天医功曹，或为男子女子，或为文武官宰；或为都大元师，或为教师禅师，或为风师雨师，神通无量，功行无穷，寻声救苦，应物随机。此圣在天呼太一福神，在世呼为大慈仁者，在地狱呼为日耀帝君，在外道摄邪呼为狮子明王，在水府呼为洞渊帝君。④

---

① 王玉：《浅析潼南大佛寺东岩摩崖龛像》，《文物鉴定与鉴赏》2018 年第 2 期。

② （汉）司马迁撰：《史记》卷二十八，清乾隆武英殿刻本，第 377 页。

③ 指在天地形成之时就已存在的神仙。

④ （明）张宇初、张宇清编修：《道藏》第 6 册，上海：上海书店出版社，1988 年，第 182–183 页。

　　传说太一救苦天尊的神妙之处，便是能救度在地狱中遭受苦难的众生。民间流传，凡人在危急之时，只要念诵天尊圣号，天尊即随声赴感，前往解救；凡人遭疾疫，重病缠身时，只要念诵天尊圣号，就能获得安宁①。寻声救苦，诸如此类，无一不显示着太一救苦天尊的神通无量、功行无穷。这与佛教地藏菩萨的观念是一致的。道教引入地狱观念，将太一救苦天尊设为拯救地狱的天神。由于他在道门内地位尊崇，大圣大慈，大悲大愿，在信徒中有极为深厚的信仰支持。太一救苦天尊的职能最初为救苦救难，到了宋代其职能发生了变化，侧重于为亡人修造功德，帮助离世之人出离阴境，祈求升天。在唐宋以后的道教斋醮仪式中，太乙救苦天尊是拔度亡魂主要朝拜祈请的对象②。四川安岳玄妙观第 61 号龛救苦天尊乘九龙像是现存最早的太一救苦天尊像，造像碑文表明此龛为唐人左识相在唐开元年间（713-741）为亡父所凿，意在祈请太一救苦天尊将其父从幽暗的地狱中解救出来，免受折磨，并得以升天。

　　四川民间认佛、菩萨为神仙，"仙佛合宗"。道教融合了巫术、方士、神仙，也掺入了佛教内容③。道教虽是中国

---

　　①　文豪：《关于道教的太一救苦天尊》，《天府新论》2005 年第 S2 期。

　　②　刘科：《太乙救苦天尊图像研究》，《宗教学研究》2014 年第 1 期。

　　③　王家祐：《四川道教摩崖造像述议》，《敦煌研究》1987 年第 2 期。

的本土宗教，但在石窟造像这一方面晚于佛教造像，却又不断借鉴吸收，融为己用。太一救苦天尊作为道教尊神，取代了佛教地藏王菩萨的职能，救亡救赎、十方救苦，无不体现着他济生度死的神格。这一造像题材作为单独的石窟造像出现在此处，也点明了太一救苦天尊作为民众尊崇的道教神祇，在民间影响极广，同时也证实了川东北作为五斗米道的势力范围，其影响一直不竭。

再次，大佛寺摩崖造像中除少量大龛为官吏支持开凿外，其余大量小龛多为平民开凿，这些龛像虽然大多雕刻粗糙，且多无题记，但从目前仅存的几则题记就可看出民众朴素、现实的信仰特质。如开凿于中晚唐的西岩 K65 纵三世佛龛，中尊释迦牟尼佛结跏趺坐于座上，身后为内圆外尖桃形头光与圆形身光相套的背光，头光与身光内层均为莲瓣纹，外层均饰一圈火焰纹。其座下有一则题刻，编号西 T9，内容为：

> 敬造三世佛，三身右弟子，唐辅愿平安，永为
> 供养，大中七年十二月 十三日记。

这则题刻记载了大中七年（853），有佛弟子为了表示自己的虔诚信仰敬造三世佛的事情。如果说这则题记说明了信众虔诚而朴素的信仰特征的话，另外一则编号为西岩 T2 的题记则表明了信众颇为现实的信仰特质。其内容如下：

> 遂州遂宁县古□□□为女四娘□在安居草市被
> 贼惊恐，与女造救苦观世音菩萨一身，愿林与女□

声罗高父子百年保首，贼盗不侵，灾障消除，富贵
不改。今蒙成就，敬养大庆，永为供养。大中八年
五月三日。

题记中说因为女儿被贼惊扰，所以为其造观音菩萨像一尊，祈求寿命天齐，盗贼不扰。从题记可以看出这是一个由大户人家出资捐造的观音像，除了祈求平安健康外，还希望能永保富贵，直观地反映了当时的人们对宗教神明的实际功利追求。

此外，位于东 K9 大佛龛外左壁下方，编号为东 T6 的"嘉庆七年造像记"记载了当时建修牛王菩萨金身神座的情况，后面罗列了参与此事的一众人等，落款时间是嘉庆七年。这则题记揭示了这一时期民间信仰的普及情况。

值得一提的是，潼南大佛寺西岩编号为 K17 和 K52 的两龛胡人造像，前者呈立姿，头扭向右侧，戴尖帽，深目高鼻，眉眼上挑，目光炯炯，颔下一圈浓密的络腮胡。着中原式右衽交领袍服，窄袖，外罩短衫，衣纹在腰间成"V"形，足履靴，腰束带。右手上举搭一包袱于右肩，左手下垂似握一酒壶，面带友善的微笑，俨然一副胡商形象。后者戴帽，留八字胡须，下颌须髯浓密，上着窄袖衣，外罩短袍，面容慈祥，一团和气。笔者认为，他们的身份解释为供养人更为恰当。在佛、道造像中，出资的供养人一般以造像的一部分出现在龛窟中，为了突出供养对象，其形象一般比主尊及胁侍小。这两龛造像作为西岩唯一的两龛世俗单人造像，反映

了大量外族人长期在唐朝生活，与汉人杂居后逐渐"汉化"的特征，是当时创造出的具有浓郁民族特色的、中外合璧的题材，也是唐代汉族与西域各族相互交融、兼容并包的历史佐证，更是佛教信仰普及化的很好证明。

四、结语

温金玉先生曾说："每一通碑都是一个信仰诉求的寄托，每一行字都是佛教文化的记录。"[①] 其实不仅是碑文，每一龛造像同样也都是一个（甚至无数个）信仰的表达。潼南大佛寺及其反映出的信仰民俗既有家国层面的信仰导向，也有个体人物的追求寄托。在一遍又一遍妆金弥勒大佛的过程中，在一次又一次捐造佛菩萨像的行为里，个体的信仰诉求被不断寄托，最终又都汇入民众信仰这股洪流中。站在这个角度上，说潼南大佛寺代表了中国近世社会众多佛教寺庙及以此为依托所形成的信仰民俗实不为过。

---

① 杨梅编著：《巴渝见在佛教碑题辑录》，成都：巴蜀书社，2020年，"序"第1页。

推进藏传佛教的中国化

——认识藏传佛教双重性的意义

魏　宁 ①

内容提要：宗教中国化既是当前中国宗教的发展方向，也是中国宗教与社会主义社会相互适应的内容。通过对藏传佛教传承历程的研究，结合实地考察，可以发现藏传佛教具有两个特征：制度性和弥漫性。藏族的宗教生活，是藏传佛教的二重性和其世俗化、简约化、礼俗化相结合的结果。制度性与弥漫性相结合的二元性是藏传佛教中国化的表现和传统。

关键词：藏传佛教中国化；制度性；弥漫性

---

①　魏宁，云南大学西南边疆少数民族研究中心博士研究生，研究方向：西南少数民族宗教。

一、问题的提出

改革开放 70 年来，宗教工作经过积极探索，稳步前进，探索出中国特色社会主义处理宗教问题的道路。首先，社会主义社会宗教的长期性和群众性，是中国宗教的两个特点[1]。其次，宗教往往可以调动一定的社会力量。历史上宗教也很容易被当作政治工具利用[2]。因而，坚持宗教中国化方向是积极引导宗教与社会主义社会相适应的重要任务。党的十八大以来，我们党坚持马克思主义宗教观，着眼于我国国情和宗教具体实际，推动我们党关于宗教问题和宗教工作的推进，特别是党的宗教工作理论创新取得新突破，形成了关于我国宗教问题和宗教工作的基本理论[3]。

藏传佛教作为一支与社会主义社会相协调的、中国化的、民族化的宗教系统在中国落地生根。李德成教授认为 10 世纪末藏传佛教已经完成了其中国化进程[4]，同时，班班多杰

---

[1] 段德智：《新中国宗教工作史》，上海：上海人民出版社，2013 年，第 353 页。

[2] 张祎娜：《新中国宗教工作的回顾与展望》，《中央社会主义学院学报》，2019 年。

[3] 金泽：《坚持我国宗教中国化方向与文化自觉》，《世界宗教文化》，2021 年。

[4] 李德成：《关于坚持藏传佛教中国化方向的思考》，《中国宗教》，2021 年。

教授指出藏传佛教中国化具有其学理依据、本土特色和现实要求 [①]。首先，中国的传统诠释学理论与中国佛教的诠释学理论分析不谋而合。也就是说，通过翻译，用一个我们理解的意义系统理解一个陌生的意义系统，使之融合我们自身文化的一部分，并持续发挥效应 [②]。例如，古典文献《晏子春秋》中说："橘生淮南则为橘，生于淮北则为枳，叶徒相似，其实味不同。所以然者何？水土异也。"佛经云："佛以一音演说法，众生随类各得解。"这意味着藏传佛教的中国化方式是自然而然的趋势，这便是藏传佛教的学理依据。其次，坚持中国化是藏传佛教传承的历史必然，也是内在要求 [③]。藏传佛教的中国化，依照史书记载，经历了前弘期、分治期或曰冬眠期、后弘期三大历史阶段。无论是宗教观念、宗教体验、宗教行为以及宗教组织和制度方面，不止是借鉴和利用藏族传统原始苯教 [④] 的故事、巫师与仪轨形式，还创造出独有的活佛转世制度 [⑤]，这便体现了藏传佛教的本土特色。

---

① 班班多杰：《藏传佛教中国化的学理依据、本土特色和时代特征》，《中国宗教》，2020 年。

② 班班多杰：《藏传佛教中国化的学理依据、本土特色和时代特征》，《中国宗教》，2020 年。

③ 班班多杰：《藏传佛教中国化的学理依据、本土特色和时代特征》，《中国宗教》，2020 年。

④ 班班多杰：《论藏传佛教与社会主义社会相适应的理论路径、历史脉络与现实要求》，《中国宗教》，2021 年。

⑤ 孙悟湖：《藏传佛教中国化及其发展趋势》，《青海民族研究》，2019 年。

最后，藏传佛教讲"觉悟等齐于佛，行为随顺于人"。佛教无国界，但每个佛教徒都有国籍、都属特定的国家，国土在则佛法在，国土安则佛法兴①。因而，坚持与社会主义社会相适应也是爱国爱教的表现，体现了鲜明的时代特征与现实要求②。综上所述，藏传佛教中国化是历史趋势，是自然的、合理合情的，也是不可抗拒的客观事实。

笔者于 2018 年 3 月至 2020 年 3 月在云南迪庆进行田野调查，发现云南迪庆藏传佛教呈现出双重性，即制度性与弥漫性。这种客观现象不仅表明了藏传佛教的权威、规范化的教条和仪式等外在形式化的重要性，而且也体现了其具体内化到世俗社会中的重要性③。首先，藏传佛教借助其独立的宇宙观概念、信仰体系、仪式与职业宗教者而表现出一种独特的属性。藏传佛教的宗教性又弥漫于个人精神世界、家庭与社会组织之中，表明了其弥漫性性质。其次，藏传佛教通过日常化、简约化与礼俗化的方式将其宗教性弥漫于世俗社会的各个维度中，实际上是藏传佛教双重性的嵌入与叠构的适应结果。

本研究立足于藏传佛教的制度性与弥漫性，以藏族宗教

---

① 班班多杰：《藏传佛教中国化的学理依据、本土特色和时代特征》，《中国宗教》，2020 年。

② 班班多杰：《论藏传佛教与社会主义社会相适应的理论路径、历史脉络与现实要求》，《中国宗教》，2021 年。

③ ［英］斯蒂芬·亨特：《宗教与日常生活》，北京：中央编译出版社，2010 年。

生活为线索，阐明藏传佛教的二重性如何通过日常化、简约化与礼俗化的路径彼此嵌入与叠构，进而说明制度性与弥漫性结合表现的二重性，既是藏传佛教中国化的表现、传统，也是引导其中国化的维度与路径。

二、藏传佛教的制度性与弥漫性

基于田野的观察，笔者发现藏传佛教不仅有制度性宗教的特征，而且也具备弥漫性宗教的特征。藏传佛教作为一种宗教形式，是西藏和涉藏工作重点省信众的社会生活的组成部分，具有多重社会属性。它不仅是一种精神力量，也是一种社会力量、社会群体[1]。从对立的角度思考，简单地将藏传佛教归于某一单一的维度（制度性或者弥漫性[2]、正统或异统[3]）是不妥的，要充分考虑藏传佛教的多维性与本土特色，因势利导，才能促进其中国化。

---

① 项丽、阿姆：《藏传佛教与迪庆社会治理的契合路径》，《云南社会主义学院学报》，2019年。

② 杨庆堃将宗教分为制度性宗教与弥漫性宗教。佛教、基督教、天主教等属于制度性宗教，而民间的祖先崇拜、巫术等则属于弥漫性宗教。

③ 韦伯将中国的儒教归为正统的宗教，而其他的宗教，例如佛教、基督教则属于异统。

（一）藏传佛教的制度性

首先，杨庆堃对制度性宗教进行了描述，制度性宗教包括三个方面：（1）独立的神学观或宇宙观，用于解释世间万物和人类本身，（2）一系列象征（神、灵魂和他们的形象）和仪式组成的独立的信仰体系，（3）由神职构成的独立组织，帮助阐释神学观念并主持仪式性活动①。例如，用"六世轮回"和"因果报应"的概念阐述佛教的神学观，用以解释世间万物和人类本身。朝拜神山圣水和遵守菩萨戒（大乘戒）、具足戒等②则提供了一套独立的信仰体系，而藏传佛教不同的僧侣等级（格鲁派）——活佛、堪布、格西、格贵、翁则、浪觉、格隆直至班第③——建立起一套独立的神职人员系统。由此得出，藏传佛教借助其独立的宇宙观、仪式和组织，使其具备了独立的社会属性。

通过对藏传佛教的大量现象研究后，笔者发现，除了符合杨庆堃对制度性宗教特征的描述之外，藏传佛教作为一种传统文化融入该区域的历史演变过程，其功能性以及其经济能力，在很大程度上，促使藏传佛教完成了其独立的宗教体

---

① 杨庆堃：《中国社会中的宗教——宗教的现代社会功能及其历史之研究》，范丽珠等译，上海：上海人民出版社，2007年。

② 迪庆藏族自治州民族宗教事务委员会：《迪庆州宗教志》，北京：中国藏学出版社，1994年。

③ 迪庆藏族自治州民族宗教事务委员会：《迪庆州宗教》，北京：中国藏学出版社，1994年。

系，演化成为一种制度性宗教。从历史演变过程分析，首先，在西藏和涉藏工作重点省，佛教不仅对其民族的形成、心理、思维模式以及社会习俗起到重要的作用，例如，在历史上政教合一的体制下，佛教往往作为先进的生产力和思想武器促进当地的社会改革，同时，先进地区的文化、生产技术亦随之传入，促进了当地文化与经济的发展与进步①。其次，语言是一把通向文化核心的钥匙，语言跟文化的关系密切，它能保持国家和民族的身份②。佛教的传入促使了藏语和藏文的发展，实际上也释放了一个强烈信号，即佛教文化成为一种文化的表达。

通过以上简短分析可见，藏传佛教在云南迪庆之所以具有独立的完整宗教生活体系，不仅缘于本身的教理、教义与结构组织的完整体系，而且因为它融入了云南迪庆世俗社会。然而，宗教由于社会各要素的影响或冲击使其自身神圣性衰退，与世俗社会联系日渐增强③，进而也呈现出弥漫性宗教的特性。

（二）藏传佛教的弥漫性

传统的藏族文化价值定位整合了云南迪庆藏族群众的世

---

① 张声作：《宗教与民族》，北京：中国社会科学出版社，1997 年。

② 萨默瓦：《跨文化传》，闵惠泉、王纬、徐培喜译，北京：中国人民大学出版社，2010 年。

③ 杨桂红：《中甸松赞林寺寺院商业经济研究》，《学术探索》，2020 年。

界观，居于这种世界观的核心位置"轮回"与"因果"的信仰体系为人类的境遇、人类与广阔的现实领域的关系提供了一种解释。这种价值体系通过其精神内核和形式化的仪轨组织均与世俗制度和社会秩序有机地整合在一起，成为日常生活的一部分①。汉典里认为"弥漫"是指遍布、满布的意思，但并不意味着含混不清、零星琐碎、全无逻辑②。藏传佛教的弥漫性不是一种毫无组织、独立外在性的东西，而是深深地扎根于个人精神世界、家庭生活、社会组织之中。

首先，从个人的角度分析：藏传佛教的神理性观念体现在民众的精神世界。主要缘于信众的神恩性补偿观念，信众在敬神过程中认为会受到神灵的恩惠。这实际是她们所产生的一个带有安慰性质的心理补偿，通过这个心理补偿，不仅可以使她们提高了对自己言行的自律约束，也同时还能够让感恩者们从心理上形成一种激励的效应，坦然面对各种挫折、痛苦③。其次，以家庭为单位的宗教活动，一般以"当家人"为核心组织者，逢年过节进行烧香煨桑，经堂诵经祈福；佛教婚礼也比比皆是。最后，具有维持秩序与整合的功能。正

---

① 祁文昭：《藏传佛教世俗化改革探析》，《西藏研究》，2020 年。

② 杨庆堃：《中国社会中的宗教——宗教的现代社会功能及其历史之研究》，范丽珠等译，上海：上海人民出版社，2007 年，第228-232 页。

③ 范丽珠、陈纳：《在跨文化的诠释中确立典范——杨庆堃关于中国弥漫性宗教概念的意义》，《世界宗教文化》，2010 年。

如道格拉斯·玛丽（Douglas Mary）所言，宗教的存在，其目的是维持社会秩序，以保证社会事务的各就各位。社会现实的规范性不仅对人的行为具有调节作用，而且也是人们在日常生活中所依据的思维模式①。随着藏传佛教的世俗化，它的宗教性弥漫于个人、家庭以及社会等多维层次，反映了其弥漫性的特征。

通过以上两节的简短论述，可以发现藏传佛教不仅具有制度性也有弥漫性。正如杨庆堃所言，从根源上看，任何形式的宗教都是心理因素造成的，宗教既可以制度性的形式出现，也可以弥漫性的形式出现。他指出，宗教的传承可能选择这两种形式中的任意一种。制度性宗教因其独立存在很容易被观察到，但在社会组织中扮演的角色或许不那么重要，而弥漫性宗教可能不那么引人注目，但作为一种基层支持理论，对于世俗制度和整体的社会持续或许十分有意义②。然而，不同的是，在迪庆，藏传佛教以一种制度性的宗教为主，通过日常化、简约化与礼俗化的路径将其价值体系与藏族群众的宗教生活有机地整合在一起，又体现了藏传佛教的弥漫性的特征，其本质是藏传佛教双重性嵌入与叠构的结果。

---

① 孙亚峰：《宗教的心理调适功能》，《中国宗教》，2014 年。

② Douglas，Mary,1966,Purity and Danger.An Analysis of the Concepts of Pollution and Taboo. London, Bosten & Henley：ARK PAPERBACKS.

三、藏传佛教双重性的嵌入与叠构

在田野中，笔者发现藏传佛教作为一种制度性宗教，有其固定组织、礼仪、职业宗教者以及修行等独立地存在于世俗之外，但却又以日常化的、简约化的与礼俗化的表现路径弥漫于当地的世俗的宗教生活当中，日常化与简约化作为藏传佛教融入信众生活的基本路径，礼俗化作为对宗教生活的凝练与整合，促使佛教从独立的宗教神圣领域融入世俗的日常生活中。

（一）日常化

日常化意味着持续性或不间断性。在 20 世纪，许多哲学开始关注"日常生活"这一问题。赫勒作为东欧新马克思主义的重要代表人物，她认为重复性、规范性、各种符号系统、经济的以及情境性的特征构成了日常生活和思维的基本框架①。基于 2018 年 3 月至 2020 年 3 月在迪庆的田野观察，藏传佛教的日常化主要表现在两个方面：礼仪制度和生活禁忌。它们构成了宗教日常生活的一部分，持续性、重复性并且规范性地出现，且时间、经济与劳动力等投资不大。

首先，礼仪制度的日常化主要体现在日常生活中宗教活

---

① 杨庆堃：《中国社会中的宗教——宗教的现代社会功能及其历史之研究》，范丽珠等译，上海：上海人民出版社，2007 年，第 229 页。

动的安排和规范。主要涉及闲暇活动中的诵经以及早、晚的烧香礼佛。藏族信众，尤其是老年女性，大部分时间都手串佛珠诵经念咒；关于日常的烧香礼佛，每日早、晚要定点在经堂或者佛龛烧香供水，并且点一盏酥油灯，再用专门的法器洒水在香雾缭绕之中，并念咒"唵（ong）、嘛（ma）、啊（a）、吽（hong）"。其次，宗教禁忌的日常化主要是对藏族行为方式的调控，出于对神秘力量的畏惧与敬拜，而力图限制自己的行为，以避免冒犯未知的神秘力量或者神圣物，也祈求避免沾染不洁净的东西。主要反映在禁止诅咒、禁止贪嗔痴等不正观念；做事之前要想想是否违背因果报应之说；禁止砍伐树木以及伤害动物，以避免惹恼神山；有亲人出远门，不可以扫地等方面。对女性的禁忌更是明显，比如女人的衣服与男人的衣服不能同洗，妇女也不可以摸男性的头；在正式宗教场所不能穿着短裤短裙，女性经期也不得进宗教场所，尤其不得进入厨房；在自我方面，不可以披头散发，认为其模样与鬼相似，在火塘旁边绝不可以跨越火塘，认为这样会侵犯火神，招致灾祸。因而，藏传佛教的仪式结构、信仰体系通过日常化的方式构建个人的精神世界与行为秩序，不仅使宗教的权威、神秘感日常化，也使得这种藏传佛教的宗教性弥漫于个人精神之中，论证了藏传佛教二重性的融合。

（二）简约化

笔者发现，在藏族的宗教生活中，如果要使某些仪式成为日常化的事件，那么必然会引起一定程度的简约化，同样，要使得某些流程简约化，才可以使其日常化，在某种程度上，二者互为彼此的充分必要条件。简约化的主要目的是使复杂的问题简单化，使简单的问题条理化，使条理化的问题更简单，优化流程，缩减烦琐细节，从而提高效率①。藏传佛教的简化，笔者认为其目的是使原先复杂的、烦琐的程序或者规范拥有一定程度的弹性，即调整自身而适应当前的环境，使人们可以通过更为简便、通俗的形式表达自己的宗教信仰。

藏传佛教的简化主要涉及仪式流程的简约化、祭祀用品的简约化以及距离的就近化。首先，仪式流程的简化。作为佛教重要的语系之一——藏传佛教，由简单念诵到各种仪轨，都是有严格规范的程序和仪制的。随着家庭结构变化或者迁移至城市生活，很多仪式程序有所简化，比如在丧礼的仪式中，原先规定村民必须守夜念经 7 天，但是现在只要念 3 天或者在送葬那天念经即可。其次，祭祀用品的简约化。普通的信教群众，在家中都设有佛堂或佛龛，用作供奉每日礼拜之用。供物一般有鲜花、清水、米粒、香柱、酥油灯、水果等。其中，清水，象征身与语的洁净；鲜花和米粒象征美好；香柱象征无所不入的佛法；酥油灯燃着的灯芯，象征着人的

---

① ［匈牙利］阿格妮丝·赫勒：《日常生活》，衣俊卿译，哈尔滨：黑龙江大学出版社，2010 年。

觉悟；水果则表示谢意①。在田野中，笔者发现，不只供品的数量有所减少，而且在供品的选择上也有改变。比如用塑料制作的水果和鲜花代替了真实的水果与鲜花，用电灯代替了酥油灯，米粒则被方便整理的茶饼代替。这些相对的替代都或多或少地降低了成本，提高了效率。最后，距离的就近化。在比较偏远的一些地方，如果家中有事情要请求活佛算卦，但又由于距主城较远，当地的人为了提高效率或者避免长时间的舟车劳顿，会选择就近的仓巴来代替寺庙的活佛（仓巴是藏传佛教本土化的一支地方性支系）。另外，可以围绕就近的佛塔等进行转经积福而不必前往寺庙。总而言之，无论是流程环节的简化，还是供品数量等方面的简化，都使得信仰更为灵活、更为私人化，这种更深入群众生活的方式使藏传佛教在世俗社会的道路上迈出了关键一步②。

（三）礼俗化

随着藏传佛教的日常化与简约化，礼俗化便应运而生。礼俗化作为另外一种方式将藏传佛教的制度性与弥漫性结合在一起，在固定的节庆或者仪式当中，将神圣领域与世俗领域连接在一起，发挥了一种重置与整合的作用。礼俗作为一个专门概念有着悠久的历史，《周礼·大宰》中记载："六

---

① 姜安：《藏传佛教——雪域高原独特神秘的文化现象》，海口：海南出版社，2003年，第114页。
② 祁文昭：《藏传佛教世俗化改革探析》，《西藏研究》，2020年。

曰礼俗，以驭其民。"礼是一套系统性的伦理准则和社会规范。"俗"即习俗，《说文解字》中解释："俗，习也"，它是一个群体在长期实践中逐渐形成、世代相沿的风俗习惯，如节庆习俗、婚姻习俗、丧葬习俗，不同习俗相互关联，每一类习俗中又包含许多具体细节①。本文所谓的礼俗是礼和俗的有机结合，礼是伦理和原则，是制度和规范，俗则是日常生活的一系列具体呈现；礼寓于俗，俗中显礼②。据笔者的观察，发现藏族的节庆习俗、婚姻习俗、丧葬习俗与藏传佛教的制度和规范相联系，呈现在世俗社会之中，反映了藏传佛教的礼俗化的趋势。

首先，一般宗教节日，都以宗教寺庙为据点，以加强宗教的影响力和传承力度，但是大部分此类节日又允许非僧侣的凡夫俗子参与其中。例如，在迪庆每一年冬季的"格冬节"，俗称"跳神节"，周边男女老少全员出动，奔赴格丹松赞林寺主寺门口，僧侣穿着奇异的衣服，戴着恐怖且威严的面具，在主寺门口跳神舞，百姓则吃着糌粑或者抱着小孩围成一群，争先恐后地观看这一充满神秘的宗教活动。另外一个典型宗教节日便是萨嘎达瓦节，笃信佛法的信众在这一个月内，不杀生、不食肉、焚烧神烟、广行善事等，有"此月行善一事，可积万善功德"之说法。其次，关于婚庆习俗，一般会有一

---

① 许慎：《说文解字》，北京：中华书局，1963 年。

② 马宗保：《教法礼俗化：伊斯兰教中国化的一个重要侧面》，《宁夏社会科学》2017 年第 4 期。

系列的宗教流程规范。在结婚之前，会请活佛算将要结婚的两个人的属相是否相配，要娶的媳妇或者要入赘的女婿是否与这一家人的属相相配；要算结婚的日子，以及结婚当天要穿的衣服的颜色；在结婚当天，要请喇嘛到家里来念经；新婚夫妇要给喇嘛磕头；结完婚之后，要去寺庙里和村里的神山上去烧香。最后，同样的相关秩序也体现在葬礼习俗上。丧礼从人垂死的时候开始，一般分为四个部分：断气前后仪式、超度仪式、送葬仪式和悼念仪式。在这个流程中，到寺庙烧香祈福，请喇嘛念经，以及最后在家里焚香祈福都是必不可少的环节。通过以上分析，可见藏传佛教的礼俗化恰恰将藏传佛教的规范、制度与世俗社会的事件捆绑在一起，宗教生活同时受到藏传佛教的制度性与弥漫性的形塑与制约。

总的来说，无论是日常化、简约化的宗教生活，还是礼俗化的宗教生活都是人们物质文化与精神文化需求的表现，但是这些日常化、简约化与礼俗化的宗教活动并没有影响到僧侣的主体角色、宗教的神秘力量以及以寺院为中心的地位，相反的是这正体现了藏传佛教对当地世俗社会的适应，是一种中国化、本土化的方式①。藏传佛教的神秘信仰、仪式以及僧侣渗入到世俗的生活中，而世俗社会当中的日常生活，节庆、仪式又卷入了宗教色彩，这不仅体现了宗教的威严与

---

① 董德英：《神圣与世俗：宋代佛教节日与节日生活》，《杭州师范大学学报》(社会科学版)，2018 年第 5 期。

权威，反映了宗教的日常化与礼俗化，还使民间的生活蒙上浓重的宗教色彩，是藏传佛教二重性构造的结果。

四、结论

关于中国宗教的研究，较有影响的是美国华裔社会学家杨庆堃，他受帕森斯和涂尔干的影响，着重对中国宗教的结构与功能的分析，他将中国看似混乱无序的宗教现实分为制度性宗教和弥漫性宗教两类，回应了"中国无宗教"这一命题，肯定了中国宗教的存在与其存在方式。同时，他认为，中国的宗教以弥漫性宗教为主，而制度性宗教为辅[①]。遗憾的是，笔者认为杨庆堃先生对中国宗教的讨论仍有其局限性：其一：资料的匮乏，他忽略了中国多元一体格局的客观事实，并未考虑中国多区域、多民族这样一个事实。其二是文化的同化与濡化问题。在文化融合的过程中，有些文化完全融入主流文化，有些文化在与主流文化的碰撞中形成了新的文化要素，有些文化与主流文化的边界相对分明。最理想的是主动的文化改变[②]。

在迪庆涉藏地区，其宗教生活的秩序并未像杨庆堃先生

---

① 杨庆堃：《中国社会中的宗教——宗教的现代社会功能及其历史之研究》，范丽珠等译，上海：上海人民出版社，2007年。

② 熊建军：《华夏文化共同体生成的跨文化考察》，《西北民族大学学报》（哲学社会科学版），2021年第3期。

所呈现的一样，主要归因于西藏与涉藏工作重点省的佛教历史演变与文化融合之上。首先，藏族的原始苯教相对于佛教在教理、教义等方面较落后，藏传佛教作为一种先进文化和意识形态的传入，促进了当地文化、政治、语言以及经济的发展与进步，实际建构了一种新的社会关系，暗示了藏传佛教的中国化、本土化的身份。其次，随着时代发展和寻求自身生存，藏传佛教通过日常化、简约化与礼俗化方式将其特有的神学、神明、信仰、仪式融入世俗社会之中，建构"神圣"与"世俗"交织下的宗教生活，其本质是藏传佛教制度性与弥漫性嵌入与叠构相适应的结果，即以制度性为主，通过日常化、简约化与礼俗化路径弥漫于世俗的多维组织中，表达藏传佛教二重性糅合的图式结构，也揭示了其二重性是中国化的表现与传统。

笔者认为，首先，在引导藏传佛教宗教中国化之际，不能只借鉴中国内地的宗教历史演变和文化背景，也不能简单地用"以弥漫性宗教为主，制度性为辅"的宗教秩序来探讨，更不能简单将藏传佛教归为制度性宗教或者弥漫性宗教的宗教形态，要结合当地的宗教生活，从不同角度探讨，以便揭示其真实结构。其次，在推进云南迪庆藏传佛教中国化时，不仅可以从藏传佛教的制度性出发，即对其信仰体系、仪式组织以及僧侣团队进行引导改革，还可以尝试以其弥漫性为切入点，即从藏族的个体、家庭以及村落的宗教生活层面出发，循循善诱，因其势而利导之。总而言之，制度性与弥漫性结合表现出的二重性，既是藏传佛教中国化的表现与传统，也是引导其中国化的维度与路径。

青衣神与佛教的关系 ①

舒 炎 刘 勤 ②

内容提要： 青衣神与佛教关系甚密，一方面其佛教僧人的守护神、政权更迭之际的地域神、雅化背景下的文艺神、神格扩展后的万能神等神格都通过佛寺空间得以展现，另一方面佛教寺庙（如圣寿寺）兼有蚕丛祠神话与青衣神神话，是青衣神与蚕丛二神融合的重要反映。本文主要讨论青衣神的佛寺空间、青衣神与蚕丛佛寺空间之融合两部分，拟对青衣神与佛教之间的关系进行探讨。

关键词： 青衣神；佛教；蚕丛

---

① 本文为国家社科基金项目"三皇五帝神话体系的文化基因研究"（21XZW008）和四川大学社科中心、成都大学"一带一路"中心重点课题《巴蜀蚕桑文化与蚕神信仰文献辑论》（WMHJ2022B02）的阶段性成果。
② 舒炎，四川师范大学文学院硕士研究生；刘勤，四川师范大学纪检监察学院、文学院教授。

　　纵观国内青衣神文化研究成果，仅有青衣神研究专著1部①，且将其置于蚕丛文化下的亚文化之中，没有凸显青衣神的独立身份与神格。除著作之外，据不完全统计，专述青衣神文化的期刊论文只有两篇，为岳珍的《青衣神考》②以及唐长寿的《乌尤山与嫘祖、青衣神》③，其他与青衣神相关的期刊论文大多只是提及青衣神，将青衣神文化作为蚕丛文化的附庸。从早期文献来看，青衣神其实具有独立神格，且据文献记载，其与佛教之间联系紧密，这是以往的研究者没有注意到的。因此本文试图对青衣神与佛教之间的关系进行系统性地梳理，以求进一步探究青衣神的神格和青衣神与蚕丛二神之间的融合。

一、青衣神佛寺空间内的神格

　　关于青衣神的记载，最早见于李膺《益州记》："（青衣）神，号雷墭。（青衣神）庙，班固以为离堆。下有石室，名玉女房，盖此神也。"④《益州记》中祭祀青衣神的神庙

---

　　①　邵义勇：《青衣之神蚕丛氏》，北京：中国文史出版社，2004年。

　　②　岳珍：《青衣神考》，《文史杂志》2003年第2期。

　　③　唐长寿：《乌尤山与嫘祖、青衣神》，《文史杂志》2016年第3期。

　　④　《太平寰宇记》原文为："神号雷墭庙。班固以为离堆下有石室，名玉女房，盖此神也。"而《汉书》："蜀守李冰凿离堆，避沫水之害，

出现，自然也就证明了至迟在南朝梁时期已经出现了青衣神的信仰。青衣神的出现多与佛教相关，有时出现在佛寺空间守护僧人、主掌文事、造福百姓，有时在王朝覆灭前夕回归寺庙，无论地点与事件如何变化，其守护特性依旧突出。

（一）佛教僧人的守护神

佛教在四川的传入时间最早可上溯东汉末年，最迟也不晚于三国时期，而在刘宋、南齐、萧梁时期获得了发展的契机。[①]而青衣神最早于南朝时期也出现在蜀地，这便使得青衣神在时代背景下与佛教僧人、寺庙唇齿相依。并且南朝之前巴蜀地区社会动乱频繁，公孙述、刘焉和刘璋父子、李特等割据巴蜀，政权处于极度不稳定的状态。因此青衣神守护功能突出的神话表述，可能正是僧人基于自身利益，祈求在时局动荡之际获得守护的特定表达。

南宋志磐撰的《佛祖统纪》中记载了南朝齐高帝建元二年："益州刺史傅琰言：'沙门玄畅建齐隆寺，感青衣神人

穿二江成都中。"班固并未提及离堆下有石室，又据明曹学佺《蜀中广记》引《益州记》："神号雷坤，庙即《华阳国志》之雷垣也，班固以为离堆。下有石室，名玉女房，盖此神也。"盖以为误也，私改之。（南朝梁）李膺：《益州记》，转引自（北宋）乐史《太平寰宇记》，王文楚等点校，北京：中华书局，2007年，第1510页。

① 四川省人民政府参事室、四川省文史研究馆：《巴蜀文化与四川旅游资源开发》，成都：四川人民出版社，1999年，第438页。

绕山守卫。勒蠲百户用充资给。'"① 玄畅建寺的经过，详细记录于《神僧传》：

> 升明三年，又游西界，观瞩岷岭。乃于岷山郡北部广阳县界，见齐后山，遂有终焉之志。乃倚岩傍谷，结草为庵。弟子法期见神人乘马，着青单衣，绕山一匝，还示造塔之处。以齐建元元年四月二十三日，建刹立寺名曰齐兴。②

广阳县在今天的四川茂县，玄畅在得到"青衣神人"的启示之后，决定在齐后山建造寺庙，建寺的行为便意味着玄畅相信青衣神人可以赋予建筑物神圣性与合法性。神人因穿青衣而具有显著特征，神人的身份又为青衣的特性添附上一层神秘面纱，青色与衣物便突破自然、物理属性的限制成为僧人在动荡时局中祈求和平稳定社会秩序的精神慰藉，青衣特性与神人身份二者的融合又使得青衣神的神话体系远至南朝时期便得以初始建构。《补续全蜀艺文志》中也对南朝梁时期出现的青衣神做了介绍：

> 梁释慧韶年十二出家，具戒游京听讲，以义浅乃听开善藏法师讲，遂觉理胜。当夕梦采得李子数

---

① （南宋）志磐：《佛祖统纪校注·中》，释道法校注，上海：上海古籍出版社，2012年，第848页。

② （明）朱棣：《神僧传》，扬州：江苏广陵古籍刻印社，1993年，第150页。

斛，撮欲噉之先，得枝叶觉而悟曰：吾从学必践深
极矣。后梁武陵王镇蜀，请于龙渊寺讲，见一青衣
神拜曰："愿法师常在此弘法，当相拥卫。"言讫
而隐，后法化盛行。是年七月，告众安坐而逝。（龙
渊寺即今之石犀寺也。）①

青衣神在《补续全蜀艺文志》中也与南朝佛教僧人关系
极其密切，且仍然以寺庙守护者的姿态现身，许诺守护平安
的条件是释慧常来此宣扬佛法。

南朝时期佛教盛行，而佛教又在政乱频繁、时局动荡的
背景下，基于稳定秩序与弘扬佛法的特定需求，运用青衣神
的存在创造出和谐稳定的舆论环境，使得青衣神在出现时与
佛教寺庙、僧人密切相关，其守护功能又在整个神话体系中
被突出表现。

（二）政权更迭之际的地域神

后蜀时期，青衣神的神话内容发生了相应的变化，主要
有五个方面。一是与青衣神相关人物身份地位的提高，由佛
教僧人提高为位高权重之人；二是青衣神守护范围的扩大，
从佛寺空间扩大为后蜀的国家政权，但最终仍回到佛寺空间
内；三是青衣神出现时间变为在国家政权的更迭之际；四是
出现的方式摆脱了现实的束缚，以超现实的梦境形式出现；

---

① （明）杜应芳：《补续全蜀艺文志》卷三十四，明万历刻本。

五是青衣神逐渐俗化与人性化，拥有各种人类的需求，身上的神圣感与崇高感被解构。

北宋张唐英《蜀梼杌》中记述了后蜀时期的青衣神："十二月，太后梦青衣神，言是宫中卫圣龙神，乞出居于外。乃于昭觉寺庑下建堂，自内引出，置于寺中，识者以为不祥。"①李昉《太平广记》对这个故事的记载则更为详尽：

> 孟蜀主母后之宫有卫圣神龙堂，亦尝修饰严洁。盖即世俗之家神也。一旦别欲广其殿宇，因昼寝，梦一青衣谓后曰："今神龙意欲出宫外居止，宜于寺观中安排可也。"后欲从之，而子未许。后又梦见青衣重请，因选昭觉寺廊庑间，特建一庙。土木既就，绘事云毕，遂宣教坊乐。自宫中引出，奏送神曲；归新庙中，奏迎神曲。其日玄云四合，大风振起，及神归位，雨即滂沱。或曰："卫圣神龙出离宫殿，是不祥也。"逾年，国亡灭而去，土地归庙中矣。②

《蜀梼杌》与《太平广记》中后蜀时期的青衣神作为俗世家神被请进了王室的宫殿中，将青衣神的地位由一位地方

① 王文才、王炎：《蜀梼杌校笺》，成都：巴蜀书社，1999年，第414页。
② 《梦青衣》，见（宋）李昉：《太平广记》，北京：中华书局，1962年，第3459页。

神提升为保卫皇室血脉的卫圣神龙，一位外来的君主却将地域性神祇请入宫中，并在他迁去之时附以礼乐，这显然不符合传统礼制，但也可从侧面印证青衣神地位之高，极受皇室尊重与认同。[①] 青衣神以托梦的形式向孟太后表达了自己想要离宫的需求，而他的离去最终也招致了后蜀政权的灭亡，其守护的特性也就被更加凸显出来。

英国斯坦福认为神话的意义在于"使某些看似非理性、不可理解的事物得到辩护"[②]。因此，后蜀灭亡的现实原因被青衣神的神话所消解，国家覆灭的过程被省略，将一切的原因归结为守护者青衣神的离去，守护功能便成为整个青衣神神话体系中最重要的基因表述。此外，除守护功能极为突出以外，其俗化过程也值得注意。程金城在《原始意象与当代价值——中华创世神话再认识》一文中说："神的俗化，也是神接近于人的过程，当神接受人礼拜、献祭后，神对祈求人的回报与反馈信息，都是神趋向于人的表现，也就是说神降低自己的神格，缺少了神身上应有的神圣与崇高，更人性化。"[③] 青衣神表达自身需求的过程正是青衣神俗化的过

---

① 王美华：《礼制与十国时期南方的社会、政治和文化》，见卢向前：《唐宋变革论》，合肥：黄山书社，2006年，第321页。

② [英] 迈克尔·斯坦福：《历史研究导论》，北京：世界图书出版公司，2012年，第246页。

③ 程金城：《原始意象与当代价值——中华创世神话再认识》，见叶舒宪、雷欣翰：《上海创世神话论坛文集》，上海：上海交通大学出版社，2020年，第67页。

程，青衣神身上的神圣性与崇高性被不断解构，不再高高在上以神自居，而拥有人的"出宫外居止"的情绪感受与"向公求飧"的物质需求，人性化增强而神性减弱。

青衣神在表达出宫的请求时"宜于寺观中安排可也"，从宫中离去也是"因选昭觉寺廊庑间，特建一庙"，青衣神归去的地点仍是佛教寺庙——昭觉寺，宿命感似的回归自然也证明了其与佛教之间的联系匪浅。

（三）雅化背景下的文艺神

宋朝文教繁盛，文学艺术雅化现象显著，科举制度也极受重视。基于当时的社会认知水平，学子除却提升自身学识的内在途径之外，仍需构想与科举文运相关的神灵与文化仪式以庇佑个人文运的昌盛。因此士人便根据自身需求附增青衣神文艺的特性，将青衣神雅化，进而为青衣神构建起文艺神的形象。北宋李俊甫《莆阳比事》中也记载了青衣神于佛教内发生的一则故事：

> 翁点，字沂伯。肆业广化寺，夜醉击寺钟，忽睹一人状貌诡异，呵曰："汝为谁，此岂鸣钟时也？"点曰："汝谓我为谁？"其人曰："能对吾一联，当语汝。"乃云："折破磊文三石独"，点应声曰："分开出字两山单"（石独山单皆花名）。其人领之曰："正。"郎言讫不见，即寺青衣神也。后果擢乾道，第终朝，请大夫提点江东刑狱。

莆阳为今福建省地级市莆田。这个故事中，青衣神以对对联的形式考察翁点，而翁点也颇富才气地答出了对联，从此官运亨通直至江东刑狱。

这个故事中青衣神主文事，主要掌管着士人文运的亨通，一旦出现便改变了士人的命运，功能类似于文艺神。但在这个故事中，青衣神也并非有求必应，而是要对士人意志进行考验，只有部分才思敏捷的士人才会被庇佑，这就对个人的学识水平提出了极高的要求。这也解释了为何青衣神如今不能位于文神之列。美国著名汉学家韩僧曾将中国民众宗教信仰的特征概括为"唯信是灵"，神祇是否能回应他们的愿望成为他们是否选择这位神灵的根本出发点。[①] 才子对答对流虽不失为一段佳话，但鉴于实现愿望的困难性，就不得不使青衣神逐渐处于士人祭祀的范围之外，士人便在淘汰旧有的对其毫无用处的神灵之后创造出新的偶像进行信仰崇拜，青衣神此后便不再以文艺神的身份存在。

（四）神格扩展后的全能神

明、清之际青衣神的形象逐渐多元化，神格也不断进行扩展，后世典籍中佛寺空间内也以水神（雨神）、灶神形象存世，但仍不离守护神的特性。

明朝王世贞《弇州史料》中关于明朝林宗伯的记述中也

---

① ［美］韩僧：《变迁之神——南宋时期的民间信仰》，包伟民译，杭州：浙江人民出版社，1999年，第27-44页。

包含有青衣神：

> 宗伯少尝读书大中寺。寺多祟至，则屏匿祈雨，留京礼城隍庙而归，假寐，若一青衣神跽而曰："日坛封矣。"起视，日正午，俄黑云翳之，澍雨沾足，以是心自负其病也。①

大中寺位于福建省惠安县。在此故事中，青衣神在宗伯佯睡之时出现，满足了宗伯求雨的祈求，正午时便大雨倾盆。这个故事中，青衣神满足了宗伯祈雨的愿望，天降大雨，青衣神进而也就成了水神（雨神）的象征。

清朝景日昣《说嵩》中记载：

> 僧不称名氏，言行叵测。居嵩岳，山坞有庙甚灵。惟一灶，远近祭祀不辍，多烹杀物命。师一日以杖破灶，三下云："咄！此灶只是泥瓦合成，圣从何来？灵从何起？恁么烹宰物命。"又打三下，灶乃倾破堕落。顷之，有一青衣神，设拜曰："我此灶神，久受业报。今日蒙师说无生法，得脱此处。"再礼而没，侍僧等间之，师曰："本有之性，汝等为甚，不理会如灶，只是泥瓦合成，别无道理。"人遂以此名之。②

---

① （明）王世贞：《弇州史料》后集卷三，明万历四十二年刻本。
② 《破灶堕》，见（清）景日昣：《说嵩》卷二十一，清康熙六十年岳生堂刻本。

破灶堕法师为唐代禅僧，嵩岳即今嵩山，证明可能在唐代今河南省郑州市便有青衣神的信仰。而在《说嵩》中，青衣神自称为灶神，灶神的职权十分广泛，既负责家家户户的饮食安全，又保障家庭和社会之间的尊卑秩序，在封建社会后期职权更是无限扩大，无所不能。①

这些故事中，无论是在四川成都、茂县，抑或是河南、福建等地的佛寺空间内，青衣神都为守护神。雨神（水神）、灶神与守护神之间也往往是一而三、三而一的关系。青衣神神格的不断丰富，是各民族、各地区在不同时期根据自身的利益需要和对青衣神期望值的提高，有意识地将青衣神的神性扩大化，使得青衣神除原有守护特性之外，其作用日渐复杂与多样，兼具其他的神性。

二、青衣神与蚕丛佛寺空间内的融合

蚕丛被认为是蜀地的开国君王，集神、王、祖、文化英雄为一体，一直以来以文化祖先的身份被崇拜。但自宋朝开始，青衣神文化与蚕丛文化逐渐合融，蚕丛这位原始祖先开始披上青衣，以教民蚕事的功绩被人铭记，逐渐以蚕神的身份示人。宋朝罗平所注的《路史》中最早记录蚕丛为青衣神：

---

① 郝铁川：《灶王爷·土地爷·城隍爷——中国民间神研究》，上海：上海古籍出版社，2003年，第27页。

永明二年，萧鉴刺益，治园江南，凿石冢，有棺无椁。得铜器数千种，玉尘三斗，金蚕蛇数万，硃砂为阜，水银为池子，珍玩多所不识，有篆云：蚕丛氏之墓。鉴责功曹何伫坟之，内无所犯，于上立神，衣青衣，即今成都青衣神也。①

南朝齐永明二年萧鉴为益州刺史时，挖出蚕丛墓后于其上立神像，"衣青衣"，故罗萍将青衣神与蚕丛画上了等号。自此以后，青衣神多附庸于蚕丛氏，很少拥有独立的神格与身份。

而其中缘由，很可能与佛教寺庙龙渊寺有关。在《补续全蜀艺文志》中出现的龙渊寺始建于晋代，晋代大臣王羽信奉佛教后，变其住宅为寺庙，起名空慧寺，后改其名为龙渊寺。唐武宗灭佛运动时被拆毁，宣宗时得以重建，但易名为圣寿寺。② 前文已经介绍过此寺庙拥有青衣神的神话传说，《方舆胜览》中也有对圣寿寺的记载："蜀王蚕丛氏祠，今呼为青衣神，在圣寿寺。" ③ 值宋之际，圣寿寺同时拥有蚕丛祠与青衣神神话的存在。

---

① （宋）罗泌撰、罗苹注：《路史》，北京：中华书局，1936年，第24页。

② 何一民、王毅：《成都简史》，成都：四川人民出版社，2018年，第211页。

③ （宋）祝穆：《方舆胜览》，祝洙增订，施和金点校，北京：中华书局，2003年，第913页。

此外，圣寿寺也是进行蚕市活动的重要地点。蚕市，民间传说蚕市盖蚕丛氏始为之俗，因而往往呼为蚕市以蚕命名，最初主要是买卖蚕桑、蚕具之类，后来扩大到各种货物，兼有商品贸易与民俗活动，是蜀中固定的一种集市贸易。田况《成都邀乐诗二十一首》中便有《二十三日圣寿寺前蚕市》诗①，元代费著《岁华记丽谱》中也有："（正月）二十三日，圣寿寺前蚕市。张公咏始即寺为会，使民鬻农器。太守先诣寺之都安王祠，奠献，然后就宴。旧出万里桥，登乐俗园亭。今则早宴祥符寺，晚宴信相院。"② 足以见圣寿寺是蚕市活动中的一个重要地点。二者轨迹的重合是青衣神与蚕丛氏融合的重要反映，而圣寿寺在蜀地蚕桑经济发展中的重要地位又不禁让人浮想联翩。

关于蚕丛为何被称为青衣神，很可能是蚕丛与青衣神之间祭祀地点的重合为二者之间的融合创造了文化土壤，而宋朝时蜀地蚕桑经济发达，《宋史·地理志》称："川、峡四路……土植宜柘，茧丝织文纤丽者穷于天下。"③ 民众祈求蚕业兴盛的迫切愿望又为二者蚕神的身份转变创造了现实条件，遂此后蚕丛文化与青衣神文化逐渐合流，二者构成蜀地

---

① （宋）田况：《儒林公议》，张其凡点校，北京：中华书局，2017 年，第 215 页。

② （元）费著：《岁华纪丽谱》，北京：中华书局，1991 年，第 8 页。

③ （元）脱脱：《宋史》，北京：中华书局，1977 年，第 2230 页。

蚕神信仰体系中的一部分。圣寿寺自宋朝之后，青衣神的守卫神格逐渐缺失，与蚕丛文化合流，蚕丛也逐渐改变了青衣神的初始面貌，使其摆脱了地方守护神的存在，宋朝之后二者都多以蚕神存世。

　　总体而言，佛教思想在青衣神神话体系中占据重要地位。佛教寺庙既是青衣神多样神格的空间展现地点，又在一定程度上丰富了青衣神的神话信仰体系，是青衣神与蚕丛二神合融的现实反映。

佛门义工的自我认知和实践体会研究

——基于南海 TH 寺的调查

程肖力 ①

内容提要： 现代佛门义工的发展动因有三：一是当代中国社会志愿服务事业的蓬勃发展，二是佛教积极入世、不断走向现代化的现实需求，三是信众布施道场、共成佛事善事的历史传统。佛教信众和社会志愿者的双重身份，导致佛门义工性质多重，而佛教信仰的背景，始终是其重要特征。考察南海 TH 寺义工的自我认知和实践体会，发现：1. 做义工是人们培养或实践信仰的一个重要途径；2. 人们发心到寺院做义工的动机多元，大致可分为积累功德、增加社交、实践佛法、接触 / 学习佛法、促进自我成长五类；3. 义工通过强

---

① 程肖力，佛山职业技术学院专任教师。本文所探讨的佛门义工之"自我认知"问题，主要指其围绕佛门义工身份的自我认同和相关认知体会。

调自身行为的无私性、奉献性、利他性来与一般信众、功德主相区别；4."缘分"，被普遍解释为义工选择服务特定寺院的原因，其实质是种种已有社会关系的反映和新的社会关系的缔造，包括他们与寺院所结成的"世出世间，共同成就"关系；5.到佛门做义工，不仅满足了人们的各种现实需求，也切实构成了他们日常生活的一部分，对他们的精神信仰、身份认同、社会认知和生活态度造成了影响。这种种现象说明，佛法从来不只是抽象的义理信仰，它也是具体的社会生活实践。

关键词：佛门义工；布施护法；志愿服务；自我认知；实践体会

今日中国佛教传承，佛门义工的角色作用不容忽视。这表现在，一方面，佛教组织（包括寺庙僧团、民间佛教社团）之存续有赖信众的志愿服务和布施；另一方面，做义工成为信众了解佛教、接触寺院、培固信仰的普遍途径。本文首先考察现代佛门义工的由来、精神与特征，继以南海 TH 寺的义工群体为例，具体分析他们投身佛门从事义务工作的动机、体会和认识，藉此呈现并进一步探讨佛门义工的实践如何与他们各自的精神信仰、身份认同、社会认知相互形塑，从而影响其日常生活。

一、 佛门义工的由来、精神与特征

"义工"，即"义务工作者"，与"志愿者"同义，指自愿贡献个人时间及精力，不为任何物质或金钱报酬，利用自身的知识、技能、资金等从事社会公益慈善服务的人。"义务工作"（或称"志愿工作""志愿服务"），具有自愿性、无偿性、公益性、组织性、业余性等特征。"义务工作"的出现和发展，往往被视为公民精神的重要体现。国内流行的"义工""志愿者"等同类称呼，均属英文单词 Volunteer 的中文译法，不过因各地经济、政治、文化背景不同，以及对概念理解的差异而各有习惯称法。如香港、澳门习惯称"志愿者"为"义工"；台湾除"义工"外，也有的称"志工"（强调心怀感恩、有志于服务社会之义）。与港澳台相比，大陆的志愿服务事业起步较晚且特色明显（类政府性、半独立性和半民间性）。此外，大陆的"志愿服务"与"义务工作"性质稍异，二者在毗邻港澳的广东地区常见并存使用。①

① 民政部社会工作司编：《社会工作与志愿服务关系研究》，北京：中国社会出版社，2010 年，第 3-10、67-68 页；王名、李勇、黄浩明编著：《香港非营利组织》，北京：社会科学文献出版社，2015 年，第 235-236 页；韩森编著：《做志愿者》，北京：金城出版社，2001 年，第 207-208 页；赖辉亮、郝瑞庭主编：《中国共青团工作全书》，北京：红旗出版社，1996 年，第 563 页；郑朝静：《大学生志愿精神培育》，北京：社会科学文献出版社，2013 年，第 100-106 页；吕蓉蓉、陈沙麦：

　　有研究者指出，国内"在宗教场所中从事志愿活动的人员一般称为义工"①，此现象值得深究。现代佛门义工的出现，考其原因有二：一是佛教慈善的公益志愿性质所致，二是当代佛教传承所需。无论在中国，还是世界其他地区，志愿服务与宗教慈善的联系皆十分显著。如 19 世纪西方国家的宗教慈善被认为是现代志愿服务之起源；我国港澳地区的义务工作发展初期深受教会的公益做法影响；台湾的志工事业与本土宗教，尤其佛教慈善组织密切相关。关于佛教慈善组织的内涵和特征，已有学者做出总结②。从中可见，佛教

《台湾义工慈善组织发展的思考与借鉴》，《中共福建省委党校学报》2009 年第 8 期，第 53-57 页；谭建光：《志愿服务与义务工作：两种观念影响下的行为模式——以广东省珠江三角洲为个案的研究》，《中国青年政治学院学报》2004 年第 5 期，第 50-56 页；谭建光：《中国志愿服务发展的十大趋势分析》，《广东青年干部学院学报》第 19 卷第 62 期（2005 年 12 月），第 7-13 页。

　　① 信元：《北京龙泉寺常驻青年义工自我认同建构研究》，中国青年政治学院思想政治教育硕士学位论文，2016 年，第 4 页。

　　② 王佳：《中国佛教慈善组织的发展现状》，《宗教研究》2010 年第 5 期（总第 118 期），第 174 页：佛教慈善组织是"基于佛教信仰建立的，由佛教信众发起成立或参与运作的，志愿从事慈善公益活动、提供社会服务的民间非营利团体。它尽管带有一定佛教背景特征，却非纯粹的宗教团体，而是以社会服务、慈善公益为主要面向，救济帮助普通社会大众的社会团体"。另有将佛教的社会服务事业称作"佛教社会工作"者，见杜丽婕：《中国佛教社会工作的伦理与实践》，《云南师范大学学报》（哲学社会科学版）第 48 卷第 5 期（2016 年 9 月），第 74-75 页。

慈善事业，因其慈悲济世的宗旨关怀与志愿服务"自愿、利他、不计报酬"的核心精神吻合，在当代被重新阐释为"佛教社会工作""佛教志愿服务"等而得到教内外的宣传和重视；其活动的进一步社会化、组织化和系统化，更反映佛教积极入世，不断走向现代化的努力。采取社区志工制度的慈济功德会① 即是典例。

随着内地志愿服务事业的不断发展，寺院亦纷纷采纳现代义工制度，组建有各自的义工团体，但对比慈济一类的志工，大陆佛门义工的社会服务色彩相对淡薄。若把"佛门义工"界定为为维持佛教组织之存续运作或协助其开展活动而志愿提供服务者，那么从中至少可分出两种类型：一是专门服务教内法务，如道场的日常运作及各类佛事活动者；二是协助佛教组织或由其引导从事社会公益慈善服务者。按其服务性质，前者可暂称为"教内务义工"，后者则相应为"教外务义工"。二者间的界限并不截然分明，一人可身兼二职，这具体取决于佛教组织的入世程度、社会服务倾向及其对义工的培训引导。从拥有"教内务义工"到着重培育更多的"教外务义工"，反映的正是佛教积极入世济世的关怀和实践。

---

① 参考朱建刚、梁家恩、胡俊峰：《人间佛教的慈善实践——对台湾慈济与法鼓山的比较研究》，《西北民族研究》2014 年第 2 期（总第 81 期），第 166-176 页；吕蓉蓉、陈沙麦：《台湾义工慈善组织发展的思考与借鉴》，《中共福建省委党校学报》2009 年第 8 期，第 53-57 页。

大陆早期以"教内务义工"居多，近年来受港台蓬勃的佛教社会志愿服务事业刺激，加上佛门义工体系日渐成熟，遂有不少寺院和民间佛教组织开始注意引领义工参与举办回馈社会的慈善公益活动①。这说明，在不同时地里，因应社会、佛教和组织发展之需，"教内务"与"教外务"的义务工作所受到的重视程度会有所不同。然而，总体来看，佛门义工的属性不出护持佛法和志愿服务两大范畴。

事实上，从护持佛法的角度回顾历史可以发现，在现代义工制度影响佛教组织以前，志愿为寺庙道场或共修社团的存续运作提供人力、物力之现象早已存在，这与佛教组织的非营利性、半独立性和自愿性根本相关②。佛教组织，包括寺庙僧团和民间佛教社团，系指依信仰教义而汇聚，以弘法修持、共成佛事善事为主要目的之非营利性团体；由于组织自身不产生经济效益，其日常运作并非完全独立自主，需要依靠外来资助或内部成员承担部分工作和费用来维持。尤其在汉地，僧人不谋俗利的取向以及乞食制度的不通行，决定

① 邓子美、王佳：《海峡两岸佛教慈善事业多视角比较》，《深圳大学学报》（人文社会科学版）第29卷第1期（2012年1月），第127-128页。

② 此处并非有意忽略或回避寺院曾经作为社会重要经济单位的历史事实（尤其在中古时期），而是依照组织设立之本义（最初的目的或应有之义）来界定佛教组织的非营利性和半独立性。况且，唐以后，随着寺院经济的日渐崩溃，可见的情形是，佛教寺院的经营对世俗供养的依赖有增无减。

了出家众所住寺庙庵堂的存续主要依赖世俗捐献。尽管后来汉地寺院流行农禅并举、自谋衣食之制①，但修建寺庙和营办大型佛事所耗费人力、物力之多，使得直至今天，世俗捐献仍是维持寺庙经营的重要部分，而供养三宝、布施道场的行为，则历来为佛教界所宣扬和重视。

受佛教功德观念的持续影响，布施道场成为一项历久弥新的信仰实践。布施一般分为财施、法施和无畏施三种。财布施以在家众为主体，有"外在施"和"内在施"的区别（前者以财物，后者以体力、脑力等供养三宝或惠施众生②）。至于道场，佛典中关于寺庙乃功德之源、布施建寺修庙有大福报之说比比皆是，如《佛说诸德福田经》提及的"七福田"之首，即为"兴立佛图僧房堂阁"③。在因果业报和福田功德观念的引导下，历史上，众多饶富资财之人捐献大量宅邸田地和其他财物，以供修寺建庙和维持僧团生计之用。他们被尊称为"大檀越"或"大功德主"，其社会地位和声望藉捐献留名得以彰显和提升④。

---

① 夏金华：《中国佛教的制度与仪轨》，上海：上海社会科学院出版社，2010 年，第 10-12 页。

② 王卫平、黄鸿山：《中国古代传统社会保障与慈善事业：以明清时期为重点的考察》，北京：群言出版社，2004 年，第 188 页。

③ （西晋）沙门法立、法炬共译：《佛说诸德福田经》（1 卷，No. 0683），《大正新修大藏经》（2 版），第十六卷"经集部三"，影印本，台北：佛陀教育基金会出版部，1990 年，第 777 页。

④ ［美］柯嘉豪著，赵悠等译，祝平一等校：《佛教对中国物质文化的影响》，上海：中西书局，2015 年，第 178-190 页。

　　与慷慨捐资但毕竟少数的大檀越相比，同样发心护持道场、成就佛事的，还有那些虽经济实力普通仍积极作内外财施者。他们不仅人数众多，且更易与寺庙僧团或其他佛教组织结成长期的精神、物质和社交方面的联系。如古代的佛教邑会、会社，多因互助共办某类佛事（建塔修寺、刻经造像、营办斋会等）而汇聚，以团体的身份，协助或联合某寺庙，有组织地开展系列活动。会众中，不乏官绅僧尼，但以平民百姓为主，包括农夫农妇、手工艺人、农村小商贩等，成员间彼此平等，遇活动各自量力负担，形成信仰共同体，共修功德，共成善事[①]。从布施护持的角度看，传统佛教邑社与现代佛门义工有一定相似性。后者亦主要由一般群众组成，如工薪阶层、退休人士、家庭妇女等；其向道场所提供的志愿服务内容包括清洁打扫、洗刷碗筷、筹备斋饭、插花供果，充当讲解员、看门员、宣传员，组织随喜功德，协助寺庙筹备佛事法会，维持活动现场秩序等，同样是依各人情况自愿出钱出力；也组建有自己的团队，如"××寺义工团"，不过所采取的组织制度有异[②]。此外，现代佛门义工一样会在

---

　　① 　陈述：《围绕寺庙的邑、会、社——我国历史上一种民间组织》，《北方文物》1985 年 01 期，第 75-79 页；卜秋香：《唐宋时期的邑社》，《青海师范大学学报》（哲学社会科学版）2005 年第 3 期（总第 110 期），第 65-68 页；史江：《宋代传统宗教会社综述》，《宗教学研究》2003 年第 1 期，第 134-141 页。

　　② 　参考李玉珍：《寺院厨房里的姊妹情：战后台湾佛教妇女的性别意识与修行》，李玉珍、林美玫合编：《妇女与宗教：跨领域的视野》，

寺庙、社团开展公益慈善活动之际走向社会，参与实施善款财物的筹集、发放等工作①。总而言之，从古至今，佛教组织的宗教法务和公益慈善活动的开展，皆离不开信众的护持布施。

综上，现代佛门义工的由来有三：一是当代社会志愿服务事业的蓬勃发展。这为义工制度进入佛门提供了良好的外部环境和资源基础。二是佛教积极入世、不断走向现代化的现实需求。契理契机的原则要求佛教紧跟时代步伐，充分发挥其对社会、对现代人生活的积极作用，不仅要启迪智慧、净化人心，还需施众方便，利益有情。这促使佛教自觉投身社会公益事业，并采取相应有效的志愿服务模式。三是信众布施道场、共成佛事善事的历史传统。某种程度上，正是布施传统的存在，使佛门与现代义工制度得以顺利结合。同时，布施潜在的宗教意味，导致佛门义工呈现出异于其他社会志

台北：里仁书局，2003年，第219-332页；王婧：《星云大师的人间佛教思想在大陆传播状况分析——以宜兴大觉寺的复兴为例》，云南大学宗教学硕士学位论文，2012年，第41-47页；高昱：《作为表演的寺院生活——以杭州佛教 N 寺院为例》，华东师范大学人类学硕士学位论文，2015年，第28-35页；粟霞：《在家庭与寺庙之间——广州地区佛教女信徒与女信徒义工之个案研究》，中山大学马克思主义哲学硕士学位论文，2016年，等等。

① 邓子美、王佳：《海峡两岸佛教慈善事业多视角比较》，《深圳大学学报》（人文社会科学版）第29卷第1期（2012年1月），第124-131页；陈延超：《社会建设视野中的宗教公益慈善研究》，武汉：华中科技大学出版社，2015年，第107页。

愿者的特质，即无论服务于教内务还是教外务，其行为或多或少蕴含着宣扬佛法和护持道场之义。

换言之，佛门义工往往兼具佛教信众和社会志愿者的双重身份，涉及佛教布施思想、功德观念与志愿服务精神的碰撞融合。这是佛门义工壮大的原因，也是其性质多重、复杂的由来。佛门义工提供志愿服务的动机，可能是宗教信仰的，也可能出于种种现实追求，更可能二者兼之。然而，不管在参与之初是否已形成个人的宗教信仰，佛门义工区别于其他社会志愿者的重要特征，仍是其所在组织的佛教信仰背景。此背景，如本文个案所反映，将潜移默化地影响佛门义工的自我认同、社会认知和信仰生活。

二、南海 TH 寺的义工概况

TH 寺位于广东省佛山市南海区西樵镇。地方佛教的增长，使寺院成为西樵镇社会空间的一个重要部分，人们可以游客、香客、功德主和义工等身份，通过旅游参观、上香拜佛、参办佛事法会、为寺院提供志愿服务等方式，进入寺院，与寺院的人文环境、日常生活发生关系。其中，义工由于提供志愿服务，得以与寺院广泛深入接触。TH 寺义工团的创建，是寺院弘法活动日益增长、护法居士信众稳步增长的结果。2012 年，因寺院开办大型佛教文化活动，吸引四方前来的义工达上千人。乘此佳势，TH 寺义工团于是年 10 月正式挂牌成为一个有组织架构和规章制度的团体，设团长1名，副团长16名。截至2016年年初，TH寺登记在册的义工人数为593人。[1]

TH寺义工团自成立起，便有明确定位——以"护持道场、服务十方"[2]为宗旨，系典型的"教内务义工"。其服务内容包括寺院日常卫生清洁、摆供花果、客寮铺床洗晒、协助斋堂厨务、各殿堂值班、佛事法会的筹备及善后等一应寺院教务和活动所需。工作开展模式有两种：一是团长接到寺方通知继而统一组织部署，多见于寺院举办非日常活动时；二是义工自发定期或不定期上山协助寺院日常事务处理。经过数年发展，如今TH寺义工团形成分工相对明确的两大职能部门——文化部和后勤部。前者涉及活动策划、宣传、文书、摄影、视频剪辑等岗位，人数较少，青壮年居多；后者细分有卫生组、花果组、物资组、厨务组等，人数较多，以中老年为主。每个部门小组皆有相关负责人，直接向上级领取任务和汇报情况。这些负责人大多是寺院的资深义工，逢重大法会活动，由团长统一按需分配人手给他们。除几位核心人物外，团内成员间普遍以"××师兄"相称。

---

[1] TH寺义工团创建由来，参见《TH寺义工团的成长之路》（内部刊物），TH寺现有义工的数据情况，由TH寺义工团干事提供，在此致谢！

[2] 语出TH寺义工团团长（访谈时间：2016年1月30日，访谈地点：TH寺，访谈人：程肖力）。

近两年，因 YG 慈善会的成立，TH 寺义工逐渐走出寺门，参与到服务社会的公益慈善活动中。YG 慈善会与义工团，作为围绕 TH 寺形成的两个重要信众组织，在工作上相互扶持。如 YG 慈善会众理监事积极参与组织义工培训，义工团协助 YG 慈善会筹集善款、购备运送物资、落户扶贫等。二者的交融，与其主要成员高度重合有关，从中也反映了 TH 寺义工团的"教内务义工"定位，以及 YG 慈善会社会性的不足。"教内务义工"的定位，不时会给义工团的管理带来问题，具体表现在部分义工对"寺院义工和社会义工"的认知争议和疑惑上。笔者调查期间，数次亲闻义工询问其在寺院的服务时数能否算入南海或佛山义工时数内，若否，为何寺院要计算服务时数。对此，团长一般强调，寺院义工主要为寺院服务，性质与社会义工略有不同；寺院计算服务时数是方便考核发放义工证所用；寺院义工相比社会义工，还须懂得基本的佛门礼仪和佛教知识。可见，TH 寺义工团领导对组织的定位，有着强烈的佛教和寺院本位色彩。

尽管 TH 寺登记在册的义工将近 600 人，但实际常驻服务人数远少于该数字。TH 寺义工团成立至今，人员流动性极大。团内自寺院重建之初的常年服务者（超过 10 年），唯团长 1 人；按照每年上山服务 ≥ 24 天[①]计算，坚持 6-10

年的有 6 人，3-5 年的 19 人。这 26 人便是寺方和信众常道的"老义工"（或"资深义工"）。根据他们的个人信息（见文末附表），可得基本情况如下：

性别：女性 19 人，占 73.08%；男性 7 人，占 26.92%。

平均年龄：51 岁。女性平均年龄：53 岁；男性平均年龄：46 岁。

文化程度：没读过书 2 人，读了几年书 3 人，小学 3 人，初中 10 人，高中 7 人，大学 1 人；初中及以下学历 18 人，占 69.23%；高中及以上学历 8 人，占 30.77%。

居住地址：西樵镇内有 17 人，占 65.38%；西樵镇外属广佛地区的有 9 人，占 36.42%。

收入状况：高等 6 人，23.075%；中等 14 人，53.85%；低等 6 人，23.075%。

由是，TH 寺的资深义工，以西樵镇居民为主，女性偏多，平均年龄在 51 岁，文化程度较低，中等收入者居多。他们当中，属后勤部门的有 19 人（73.08%），文化部门的有 6 人（23.08%），某种程度上折射出该寺义工文化技能水平不高，义工团以往工作侧重寺内后勤事务，忽略文化事业，从而相对保守滞后的状况。

三、TH 寺义工的自我认知和实践体会

综合考虑义工志愿服务的长期性、稳定性，以及人口学

特征方面的代表性，笔者最终选择 TH 寺 26 位资深义工为具体分析对象，就佛门义工的自我认知和实践体会，对他们进行深度访谈和参与观察，以下是调查的部分结果和相应分析。

1. 信仰状况

首先，他们中大部分自我认同为"佛教徒"，但表述方式有所不同。称自己是"学佛的"有 16 人，称自己是"信佛的"有 7 人，共 23 人；其中，学佛或信佛 15 年以上的有 3 人，10–15 年的 5 人，5–10 年的 7 人，5 年以下的 8 人。另有 3 人对个人信仰状况语焉不详。其次，自称学佛或信佛的 23 人中，到 TH 寺做义工前已自我认同为佛教徒的有 10 人；以往有烧香拜佛习惯、经过做义工慢慢培植出明确佛教信仰者 13 人。再次，已受三皈依的共 22 人，有 18 人在 TH 寺皈依（问及原因，多数人回答因常年在 TH 寺做义工，与寺院、法师接触较多，觉得亲切、可托付，或者认为"挑生不如挑熟"，所以选择在 TH 寺皈依）；至今尚未皈依的有 4 人。最后，吃长斋的 2 人，吃花斋的 15 人，偶尔素食的 9 人；曾有吃长斋经历的 8 人。

可见，TH 寺的资深义工主要由在家信众组成，他们中有一半人通过佛门义工实践培植个人的佛教信仰，且有将近 70% 的人选择在他们所服务的 TH 寺皈依。这一定程度上说明，信徒皈依对象的选择，往往与他们对道场、皈依师的亲切感、认同感、归属感等系列理性与感性并存的认知有关。

2．"佛门义工"的身份认同和认知定位

（1）寺院义工与一般信众（香客）、功德主的区别

出入寺院的信众，通常可分为三类：一是流动性强、混杂观光旅游和烧香拜佛性质的香客，作为一般信众，他们与寺院的关系并不稳定；二是功德主，即前文所谓的"大檀越""大施主"，一般指经济实力强、社会地位较高者，其财布施对寺院的存续不可或缺，因此寺院致力于发展与他们的稳定关系；三是同样护持道场，但主要行内在施的义工，他们是现代寺院顺利运作的重要依托，寺院的核心义工相对固定。对于自身与香客、功德主的区别，TH 寺的资深义工各有表述，大致可归纳出三种代表观点：

①有钱出钱，没钱出力。我们做义工是要干活的，只要寺院里有什么事，有时间我们都会上来帮忙，不是只来一次两次那种，而且是义务的，大家也不怕辛苦，因为是为寺院，为众生做事，所以我们常常还要为那些游客、香客还有功德主服务呢。不像他们，来做佛事，做完就走人的。①

②首先这义工跟一般信众不同，我们是布施自我，服务众生，是实践自利利他的菩萨精神，同时也为自己积累功德；一般信众，多是为自己求福所

---

① 访谈时间：2016 年 2 月 27 日，访谈地点：TH 寺斋堂外，访谈对象：TH 寺义工笑银，访谈人：程肖力。

以才到寺院上香的；至于功德主，他们也布施，但大多只布施财物就算了的。①

③义工是一个寺院、道场不可缺少的护法，尤其像这么大的寺院，清洁卫生、布置法会现场、搬运供品、摆花果这些，如果没有义工，单靠师父们是很难完成的；义工是有组织、长期地为寺院服务，跟那些（一般的）信众不同，他们只是祈福而已，到哪里拜佛，来不来都没人管；义工不比功德主差，他们出钱，我们出力，一样重要。②

以上说法分别出自后勤义工笑银、文化义工惠娴、团长卫姐之口，他们立足于自身体会，从个人付出、佛教义理、寺院所需等角度阐释义工与香客、功德主的区别，既反映义工内部对"佛门义工"的身份认知稍有差异（侧重点不同），也表明综合献身性（奉献自我）和宗教性（菩萨精神、积累功德）的志愿服务性质，是佛门义工自觉区别于其他信众和社会志愿者的重要特征所在。

（2）为什么到寺院做义工？

此问题的回答十分多元，甚至同时出现几种表述者。总

---

① 访谈时间：2016年5月11日，访谈地点：TH寺驿站，访谈对象：TH寺义工惠娴，访谈人：程肖力。

② 访谈时间：2016年2月2日，访谈地点：TH寺驿站，访谈对象：TH寺义工团团长卫姐，访谈人：程肖力。

而言之，26位访谈对象到寺院做义工的动机或原因有以下五种：

①积累功德（种福田）说。该说法较为普遍，但也分两类，一是只知道到寺院做义工可"消业障，积功德"，但没有明确意识或联系到"自利利他"的菩萨精神；二是把个人功德积累看作实践菩萨行的目的之一，这是小部分了解佛法的义工的想法。

②修持佛法说。做义工不论个人功德，只论修持佛法。即通过实践"自利利他"的菩萨行，破除我执、修持身心，加深对佛法的认识，以悟入佛之知见。这是极少数（仅有2位）通晓佛理、有强烈人生觉悟追求之义工的说法。

③接触或学习佛法说。视做义工为学习佛教知识、佛门礼仪和了解寺院生活之良途。主要是那些接触佛教不久、对佛法颇感兴趣的义工的观点。

④增进社交说。或退休闲来无事，或自身鳏寡，或家人忙碌无暇陪伴，或应其他义工邀请，或自身有社交缺陷，在不排斥佛教的前提下，自愿到寺院做义工，一来排解苦闷，二来增进社交和个人见闻。这是中老年义工的一般说法，也有部分青壮年义工表达了类似观点。

⑤促进自我成长说。把参与寺院活动，接触各类人、事、物视为促进自我成长的机会。这是青壮年文化义工的普遍说法。

综合来看，TH寺资深义工志愿到寺院服务的动机，最常见的是"积累功德说"，其次是"增进社交说"，再次分别是"接触或学习佛法说""促进自我成长说"，最后是"修持佛法说"。可见，他们到寺院做义工的动机虽然多元，大抵不出精神信仰和社会生活需求两类。

（3）为什么到 TH 寺做义工？

大部分义工把原因归结为"与 TH 寺有缘"。

佛教有"因缘生万法"之说，"因"（内在条件）与"缘"（外在条件）结合生世间万事万物[①]。"因缘观"对中国信众影响深刻。其体现，一方面是强调"自作自受"之"因果业报"思想普遍流行；另一方面，指称事物间互动关联的"缘"字，在佛教信众的日常言说中经常出现，如"与某寺结缘""与某人结缘""随缘"等，反映出信众是如何利用佛教概念来把握、认知和表达自身与外在世界的各种关系的。

由是，反观义工们关于"与 TH 寺有缘"的各种解释，包括：与寺院里的某位师父特别聊得来、人生最艰难的时候在 TH 寺得到安慰、认识的同修介绍上山做义工、家住在山下到 TH 寺方便、闲来无事浏览官方网站看到义工招募信息、参加法会被义工们无私奉献的精神所感染、到 TH 寺做义工后心态变好了、TH 寺可提供施展个人才能的平台，等等，均是他们自身的处境、条件和需要与 TH 寺这一"外境"的

---

① 释印顺：《佛法概论》，北京：中华书局，2010 年，第 91-104 页。

结合，其实质是种种社会关系的反映和缔造。

此外，被问到是否仅在 TH 寺做义工时，除 1 人称"做义工不一定只到寺院，还可以去别的地方"① 外，其他人均表示这是个人选择问题，视各人的需求、时间和精力而定。条件许可，个人愿意，到不同寺院做义工也是可以的。事实上，26 位访谈对象中，就有 6 位同时兼顾两个或以上的寺院义工工作。通常，他们会错开时间到不同寺院服务，但如果两边活动时间重合了，他们会视寺院的需求情况以及个人的倾向程度做出选择，后者的影响更大（如一位义工所说："其实就是看跟这个寺院结缘的深浅"② ）。

剩下的 20 位义工之所以选择 TH 寺为唯一服务对象，首要原因是他们或要谋生工作，或需照顾家庭，时间精力有限，只能就近选择一处寺院做义工。其次是他们普遍认为"做生不如做熟"，另择一处做义工，需要重新结识各种人缘，因此除非与现在的寺院缘分已尽，否则不会贸然离开。然而，即便是资深义工，这种依靠义工对寺院的感情来维系的关系也是极不稳定的，遑论其他流动性更大的义工。此外，尽管大部分资深义工选择 TH 寺为唯一服务对象，可这并不妨碍他们参访其他道场。在别的道场里，他们的身份或是香客，

---

① 访谈时间: 2016 年 3 月 10 日, 访谈地点: TH 寺驿站, 访谈对象: TH 寺义工康学仁, 访谈人: 程肖力。

② 访谈时间：2016 年 3 月 25 日，访谈地点：TH 寺斋堂外，访谈对象：TH 寺义工济华，访谈人：程肖力。

或是功德主，身份的置换，有时反而更让他们意识到做义工的意义。如花果组负责人杏圆为周边某庵堂的功德主，但相比在庵堂被待以上宾之礼，她更喜欢到 TH 寺做义工，与其他师兄一起说说笑笑、不分你我地干活①。

可见，主观感觉的缘分，被义工普遍解释为他们选择服务 TH 寺的理由，而影响缘分或起或灭的主"因"，是义工的种种现实需求与他们对寺院的想象、期待和情感。这使得在义工与寺院的关系上，义工拥有比寺院更大的主导权（义工可随时选择去留，而寺院能否留住义工，关键看对义工需求的满足程度）。

（4）寺院是什么地方？义工与寺院是何种关系？

寺院是一个道场，这是义工们的共识。按照团长的说法，相比其他信众，有更多机会接触寺院各方面事务的义工，与僧团一同体现着道场的风气，所以义工应时刻保持在家众该有的仪范，如此才算真正护持寺院②。对此，TH 寺的义工大多能严格要求自我并乐于相互监督。他们自觉遵守寺院规矩，向僧团表示敬意。同时，在离欲守净、和敬同事的布施服务过程中，他们也收获了成就感（如寺方和信众对义工无私奉献的认同、感恩和赞誉），乃至优越感（如对佛门礼仪

---

① 访谈时间：2016 年 5 月 14 日，访谈地点：TH 寺忏堂内，访谈对象：TH 寺义工杏圆，访谈人：程肖力。

② 2016 年 3 月 18 日，TH 寺义工团团长在工作会议上的讲话，笔者在场并做了笔录。

和寺院规矩较一般人熟悉）。

道场以外，寺院似乎还是义工另一层意义上的"家"。每当寺院活动消息出来，热心的义工便纷纷留言称："好高兴，又可以回家了""家在召唤我们""可以回家看望师兄们了"等。"回家"，成为他们到寺院做义工的另一种表述。寺院里虽规矩众多，但义工们共事时也有许多欢声笑语，经常是一边做事一边交流修学心得，或分享参拜经历，或逗趣某位师兄，或闲聊家常，或互诉衷肠，彼此相处大都和乐融融。这种良好的社交关系甚至延伸至义工的日常生活中，他们私下相约健身，一同出游，串门拜访，互赠美食，解救急难，形成了互助互爱的团体，俨如家人亲友一般。此外，"回家"对不少义工而言，也是回归境界超越和信仰追求意义上的精神家乡。寺院作为清净道场，可以让他们通过布施共修，或当下摆脱尘恼、安稳身心，或为日后积累福德资财。还有部分义工将寺院描述为一个可供他们接触佛教、学习佛法、展现自我的平台。更为普遍的看法，是视寺院为功德积累之道场和社会交往之场所，这与他们到寺院做义工的动机基本相应。

至于"觉得义工与寺院是何种关系"，明确表述"义工是寺院的护法，寺院事务离不开义工"者有 6 人，以团长为代表；觉得"义工就是帮寺院义务干活的"有 11 人；认为"义工协助寺院弘法办道，寺院为义工提供积福修行机会，二者互相成就"的有 3 人；没弄明白问题或语焉不详的 6 人。当笔者继续问"您觉得义工与寺院是相互独立，还是义工归属寺院管理"，认为"义工与寺院相互独立"的有6人。其原因，或称义工与师父们向来各负其责，相互配合做事；或认为义工来去自由，不可能受寺院管束；有1人分析说，寺院义工团均由居士领导，说明义工团与僧团是区别独立的。认为"义工归属寺院管理"的有8人，主要观点在于道场庄严殊胜超越世俗组织，出家人为在家人之师表典范，故义工应接受寺院僧团管理；其中，团长从现实情形出发，认为既然义工团挂名"TH寺"，说明是承认寺院的领导和管理的。剩下的12人，将近一半，对此或说"不知道""没有考虑过这个问题"，或直言"这个问题应该问团长"。可见，在TH寺，义工与寺院的组织归属是一个不便、不易或不必下结论的话题。

综上，在"义工与寺院关系"问题上，"服务者与被服务者"的角色关系得到义工的普遍认同，但对于双方地位是互相平等还是上下有别则存有争议。从受访对象的观点来看，在此关系中，影响义工自我定位的因素，除他们关于"出家与在家""神圣与世俗"之区别联系的认知和判断外，还有宗教情感、信仰追求、身份地位、现实情况（现实中义工与寺院的相处情形，包括寺方对义工的态度也是重要的一项）等。如团长卫姐，基于自身所处的特殊位置，一方面强调义工工作的自主性和重要性，另一方面又立足寺院角度，承认义工团归属寺院管理。

3. 佛门义工实践的经历体会和生活影响

团长看似矛盾的立场，不仅因其身居义工团领导之位、长期接触寺务和僧团所致，还与她向 TH 寺倾注的情感有关。多年的常驻服务，已使她的个人生活与 TH 寺紧密相连，以至于非"想断就断"（本人语）的程度。其最初与 TH 寺结缘，正值人生困顿之时。相比过往在生活中所受的挫败苦痛，做义工给予了卫姐一直所需的存在感和成就感，让她重拾自信人生，也由此促使她多年坚持服务 TH 寺：

> 从开始我一个人到两个三个十个，一百个义工的加入……队伍越来越壮大；在 ×× 法师的关怀和观音菩萨的感召下，义工人数已经超过一千人。我们协助寺院做的法会的规模越来越大，影响也越来越大。我心里非常高兴，我坚信我做义工的选择没有错，也会坚持做下去……在做义工过程中最大的收获是我的心态发生了改变。为什么要学佛？为什么要做义工？以前想的也很简单：要行善积德，给自己和家人积福消业，帮助别人，改变别人。经过这么多年跟在各位师父的身边学习，才知道学佛是要学佛的智慧啊，不断地修正自己的心念，无我无分别心地付出，珍惜宝贵的生命，怀着感恩的心和大爱的心去生活。每次做义工都很开心很乐意，心里都在感恩佛菩萨给我们平等的机会，让有缘人都能来这里结缘学佛，做义工。这些年来一直参加

义工工作，家里人都很支持，我很开心也很感恩我
的家人。①

文化义工惠娴的生活同样因在寺院做义工而发生了显著
变化。据自述，学佛、做义工最初于她，仅是退休闲来无事，
用以调养身心、增长智慧的一个乐趣，直至深入参与寺院禅
修事务，其学佛心态及个人生活方式为之一变：

> 我以前少做一线的（义工）工作，现在负责禅
> 修营（的义工工作），才知道不容易。不过就像师
> 父教育我说的，我们这种做惯领导的人，就应该来
> 做一下义工，亲身感受一下在一线做事的情况。我
> 真的去做了，拖地、洗厕所、铺被、抬凳，还没试
> 过这么辛苦，但好像慢慢明白了以前自己为什么工
> 作总是不顺利，就因为没有做到师父讲的"摆正自
> 己位置"……我现在觉得上山做义工很不错呀，觉
> 得自己在不断成长，哈哈，学到老呀。②

如今，与以往鲜少一线服务不同，惠娴每隔两天便到寺
里，向师父们讨教佛法，顺便做些杂事。尽管经常是瞒着家
人抽空前来，但因十分享受与师父、师兄们一起做事、闲聊

---

① 摘自关于卫姐做义工经历的采访稿，见 TH 寺内部刊物第 1
期，2014 年 9 月，第 32 页。

② 访谈时间：2016 年 6 月 15 日，访谈地点：TH 寺茶吧，访谈对象：
TH 寺义工惠娴，访谈人：程肖力。

佛法人生的时光，觉得这样的日子宁静充实、满怀智慧，所以她决定随心而走，丝毫不介意个人生活被寺院事务所占据。

TH 寺还有不少个例，可反映佛门志愿实践如何改变义工的生活态度、宗教信仰乃至人生轨迹。义工林欢妍，无业单身多年，早前在寺院做义工时遇到认为合适的结婚对象，二人相处甚欢但受到该寺方丈罕见阻挠。为此，她负气离开，等到发现对方实非良人，方明白当初方丈的好意。其时她既悔恨懊恼，也无脸再回寺院服务，最终是寺方连同义工团巧施方便使她重新振作起来。对此，她感激涕零，更积极投身义工服务，并专注于佛法修持，决意不再妄求姻缘 ①。又如康学仁，本身无明确的佛教信仰，最初到寺院做义工仅为实现和提升自我，后经过与师父、义工们的接触，加深了对佛法的了解，开始不满足于个人先前所学，时常无事便上山向师父讨教，找师兄交流，逐渐萌生皈依佛门的想法。

四、结语

"未成佛道，先结人缘"。"缘"字，无论在中国传统还是佛教观念中，皆有指称社会现象、社会关系结成的条件

---

① 访谈时间：2016 年 12 月 13 日，访谈地点：访谈对象家中，访谈对象：TH 寺义工林欢妍，访谈人：程肖力。

和原因之义 ①。是以，内含佛教积极"以出世思想，做入世事业"精神的"先结人缘"，可谓佛教社会性方面的重要体现。值得注意的是，佛教的社会性除表现为宏观层面的弘法办道和慈善公益事业外，也反映在个体信众的日常生活实践中，比如"做（佛门）义工"。

基于佛门义工兼具佛教信众和社会志愿服务者双重身份的认识，就佛门义工的自我认知和实践体会，本文以南海 TH 寺的义工群体为分析对象，通过调查发现：做义工既是人们实践信仰的一种方式，也是培养信仰的一个重要途径；人们发心到寺院做义工的动机多元，大致可分为积累功德、增加社交、实践佛法、接触或学习佛法、促进自我成长五类；义工通过强调自身行为的无私性、奉献性、利他性来与一般信众（香客）、功德主相区别（以志愿服务的精神区别于其他信众）；"与 TH 寺有缘"，被义工普遍解释为他们选择固定服务 TH 寺的原因，各种具体的"缘分"均是义工自身的处境、条件和需要与 TH 寺这一"外境"的结合，其实质是种种已有社会关系的反映和新的社会关系的缔造，包括他们与寺院所结成的一种"世出世间，共同成就"的社会关系。这层关系的特殊性（非契约性的，关乎宗教情感和道德权威）导致在与寺院的相处过程中，义工倾向于把寺院当作庄严道

---

① 李向平：《缘分·功德·共同体——佛教信仰的私人性与社会性》，《湖南师范大学社会科学学报》2009 年第 4 期，第 5 页。

场和另一层精神意义上的"家"，由此去做行动上的维护和产生感情上的依赖，而大多忽略或回避组织归属的问题。与之相对，寺院对待义工的态度则更多是理性的（从护持佛法或寺院本位出发吸引和留住义工）。

此外，从 TH 寺资深义工的经历体会来看，到佛门做义工，不仅满足了人们的各种现实需求（实践宗教信仰、实现和提升自我、融入社会集体、获得认同感和归属感等），也切实构成了他们日常生活的一部分，反过来还会形塑他们的精神信仰、身份认同，影响他们的社会认知、生活态度。这种种说明，佛法从来不只是抽象的义理信仰，还是具体的社会生活实践。

附表

TH 寺资深义工的基本信息一览表

序号	姓名（均作化名处理）	性别	年龄	居住地址	文化程度	职业	收入状况	团内职位
1	潘红卫	女	53	西樵沙头	初中	布匹店的老板，已退休	中等	义工团团长
2	李惠娴	女	51	西樵官山	高中	已退休	高等	文化义工
3	罗英红	女	52	西樵永利	初中	一洗车店老板，已退休	高等	文化义工
4	关志森	男	45	南海黄岐	初中	某竹制品公司副经理	中等	后勤义工
5	区正斌	男	48	佛山禅城	初中	某管理处工作人员	中等	后勤义工
6	徐来诚	男	49	顺德乐从	初中	自由职业	中等	后勤义工
7	梁笑银	女	50	佛山城区	高中	某印刷厂退休人员	中等	后勤义工
8	张家香	女	56	西樵官山	小学	家庭妇女	低等	后勤义工
9	陈本桂	女	50	西樵民乐	初中	家庭妇女	低等	后勤义工
10	郑济华	女	51	西樵百东	小学	环卫工人	中等	后勤义工

11	关婉珊	女	51	西樵崇南	高中	财务(已退休)	高等	文化义工
12	刘嫦月	女	52	佛山市区	初中	家庭妇女	中等	后勤义工
13	潘有喜	女	60	西樵大岸	读了几年	家庭妇女	低等	后勤义工
14	崔少芳	女	61	西樵民乐	读了几年	家庭妇女	低等	后勤义工
15	李萍芬	女	60	西樵岭西	读了几年	家庭妇女	中等	后勤义工
16	林欢妍	女	36	禅城南庄	大学	自由职业	中等	文化义工
17	康学仁	男	47	广州越秀	高中	摄影师	中等	文化义工
18	刘华文	男	47	西樵官山	高中	服装厂老板	高等	文化义工
19	谭怡弟	女	45	西樵官山	高中	服装厂老板娘	高等	后勤义工
20	郭东	男	39	禅城南庄	初中	养老院工作人员	中等	后勤义工
21	马广大	男	46	禅城南庄	初中	养老院管理人员	中等	后勤义工
22	何杏圆	女	45	顺德乐从	初中	家庭妇女	高等	后勤义工
23	陈绍娟	女	65	西樵官山	没读过书	家庭妇女	低等	后勤义工
24	方迎春	女	53	西樵山根	高中	某建材公司的管理人	中等	后勤义工
25	孔招弟	女	54	西樵百滘	小学	家庭妇女	低等	后勤义工
26	李少妹	女	62	西樵崇南	没读过书	家庭妇女	中等	后勤义工

（注："收入状况"按照佛山市2017年最低工资标准1510元／月，个人平均月收入低于或与此标准持平的为"低等"，高于此标准三倍以内的为"中等"，高于此标准三倍以上的为"高等"。）

比较视域下的佛教厕神：乌刍沙摩明王

刘　勤 ①

内容提要：佛教厕神大多属于鬼道众生，神位极低，且常是人作恶后的业报体现。但佛教厕神乌刍沙摩明王却比较特殊。一般认为，乌刍沙摩具有深净大悲、不避秽触、消除分别妄见、摧毁魔障、转"不净"为"净"之大威德。其与如来、螺髻梵王、不坏金刚等也往往具有一而二、二而一的关系。作为一种外来宗教，佛教与中国土生土长的道教、巫教、民间信仰等相融合，且被后者融摄，在教派、教法、教仪上很快世俗化、地域化。在此背景下，再加上中国本土厕神紫姑、厕姑等的"驱逐"，乌刍沙摩明王的"除秽"功能在中国并未得到真正意义上的发展。以《夷坚志》为例可知，宋代民间保留下来的多是"秽迹法""秽迹金刚咒"等支离破碎的空洞名词。与之不同，乌刍沙摩明王信仰却与日本原

---

① 刘勤，四川师范大学纪检监察学院、文学院教授。

始神道的"除秽"观念一拍即合，遂大行其道。日本不少禅院都供奉着"秽迹尊天"或保留着秽迹堂，体现着乌刍沙摩明王信仰在日本民间的深度渗透。

关键词：佛教厕神；乌刍沙摩明王；中国化；比较视域；本土融摄

作为一种有着古老宗教底蕴的宗教，佛教外在的日用轨范和义理又往往根植或伴生着内在的神灵信仰。"净头传统"的形成若从其信仰根源来说，即是佛教的厕神信仰。

一、属于鬼道众生的厕神

佛教经典零零星星分布着不少厕神。① 大部分厕神，名为厕神，实为厕鬼，在佛教中属于鬼道众生，如毕舍遮鬼。《佛说施饿鬼甘露味大陀罗尼经》就记载厕神毕舍遮的主要职责是"守厕"，伺人不净食。②《大佛顶如来密因修证了义诸菩萨万行首楞严经》厕神作"毗舍遮"，是梵文 Piśāca 的音译，是佛教八部鬼众之一。据《玄应音义》卷二十一、《慧苑音义》卷下、《慧琳音义》卷十八所述，他是食人精气或

---

① 这里采用"广义神话论"中的"神"观念。
② 《佛说施饿鬼甘露味大陀罗尼经》，《大正藏》第 21 册，第 485 页。

啖食血肉之鬼；据《吠陀》，其地位在罗刹之下，是害人的恐怖恶鬼；在密教中，位于胎藏曼荼罗外院，形像皆如饿鬼，手持人之手足或头颅。

图 1：《救济饿鬼道之饿鬼草纸图》
（日本平安时代的六道绘，藏于京都国立博物馆。穿着木屐的男女老少蹲在路上大便，旁边是等待着食粪的饿鬼，又称为"食粪鬼"。）

《毗尼母经》记载厕神是盲人，人在如厕之前咳三声，他就会跑走。所以日本学者西冈秀雄认为厕神为盲人的说法是从印度经朝鲜传入日本的。有的佛经说到厕神是"护厕"鬼神，是守护粪坑屎尿的。如《佛说护净经》讲到一个比丘因为"以不净食食众僧"，遂堕入饿鬼道，日夜在厕所边呻吟。饥渴五百年，"正欲趣（趋）厕用食不净"即遭遇护厕鬼神用铁杖杖击。"此鬼食人脓血、涕唾及荡涤恶汁，常伺捕妇女产血不净，以为饮食。复经五百世，堕猪狗蜣蜋之中，常食臭粪不净。受斯苦剧，累世如此，于百千劫，无有出期，难得解脱，痛不可言。"① 这则材料中不仅有"护厕神"还有"啖粪鬼"。虽同属鬼道众生，但性质又有别。

---

① 《佛说护净经》，《大正藏》第 17 册，第 565 页。

　　《佛说观佛三昧海经》卷五中记载佛告阿难：悭吝之人死后将受到种种惩罚，将堕入铁窟地狱，遭受"饿鬼道中最上苦法"，最后，"生食唾鬼、食脓鬼、食血鬼中，罪毕复生厕神猪狗，罪毕复生贫穷卑贱无衣食处，遇善知识发菩提心。"① 经文大力渲染了悭吝之人死后遭遇的种种恐怖惩罚。终不得善处，一直在三恶道中流转。这里的厕神当属饿鬼类。正因为是在饿鬼道，所以需要善知识拔济。《法华经持验记》卷上"宋扬州释慧果"条也记载一长年吃素的法师，曾经在厕所里面遇到一个"噉粪鬼"求他救拔："（噉粪鬼）昔为众僧作维那，小不如法，堕在厕鬼中。法师慈悲，望垂拔济。有钱三千埋柿树下，愿取为福。师告众掘钱，为造法华经一部。后复梦鬼云蒙慈力已得改生，致谢而去。"②

　　唐道宣所撰《四分律行事钞简正记》卷十六还记载了一系列如厕禁忌。比如，如厕前，必须在厕所外面"三弹指"，否则就会犯冲；不能衣衫不整，甚至裸体如厕，否则就会触怒厕神遭遇不测。③《白泽图》也记载："百年厕精名旗得，状如人，恶闻人音，故至厕而咳也。"④ 三弹指也好，假咳

① （晋）天竺三藏佛陀跋陀罗译：《佛说观佛三昧海经》，《大正藏》第 15 册，第 673 页。

② 《法华经持验记》，《卍续藏》第 78 册，第 68 页。

③ 《四分律行事钞简正记》，《卍续藏》第 43 册，第 456 页。

④ 游自勇：《〈白泽图〉与〈白泽精怪图〉关系析论——〈白泽精怪图〉研究之二》，《出土文献研究》（10 辑），北京：中华书局，2011 年，第 353 页。

也好，这类行为禁忌，都是为了避免冲犯厕鬼。这一观念到底是源自中国本土，还是来自佛教，还有待进一步考察。

生前极其贪婪悭吝以及对出家人不恭敬的人死后会堕饿鬼道专食粪便。这种思想当然是印度佛教的产物。在佛教里面，恶鬼与污秽的粪便总是联系在一起的。这些思想在后世民间故事中比比皆是。比如，日本镰仓时代前期故事集《宇治拾遗物语》里记载了一个释源性故事：一个大胃王，别人给他十石米饭，他一吃而光。实际上并不是他吃的，是紧跟在他后面的恶鬼和妖怪吃的。但是人们肉眼凡胎看不见鬼怪。大吃一顿后的恶鬼在回去的路上呕吐，把整个街道都铺满了粪便。此后，人们便把这条路叫"小粪路"。[①]

上面这些厕神（鬼），属鬼道众生，神位极低。这从后世的祭祀仪轨简陋也可以看出来。《百丈清规证义记》卷八记载："（初九）普供世间诸圣凡者。一、正觉世间，佛菩萨等四圣也。二、有情世间，天人修罗等六凡也。三、器圣中。如弥陀、弥勒、文殊、普贤、观音、势至、准提地藏及达磨、百丈、天台。贤首、南山、远公，乃至斋堂、田园土地等……凡上四圣供，不用纸元，用则反不敬……又门神、厕神、田园神等，须用纸元。内唯圊房厕神，但供食物、纸元等，而不念诵。"[②] 又，据《法界圣凡水陆胜会修斋仪轨》卷三记载，

---

① 参阅 [韩] 金光彦著：《东亚的厕所》，[韩] 韩在均、金茂韩译，南京：译林出版社，2008 年，第 180 页。

② 《百丈清规证义记》，《卍续藏》第 63 册，第 512 页。

法师在水陆法会上祈请的神灵中，也有厕神，且被纳入城隍神众，属于冥界神灵。其云："二十四道诸土神众、中庭力士、屋上广汉、主泉神、主单神、主园林神、主后厕神。一切神众，本寺普同搭，大坟小墓，守护茔域诸神众。"① 总之，依据以上顺序、规格，可知厕神位格最低，祭祀仪轨最为简陋。

上属鬼道众生的厕神，其出现常有四种情况：1. 厕神往往是人作恶后的业报体现，是作为惩罚性结果出现的，所以需要善知识的救拔。2. 有的经典明确其职司为守护厕所屎尿不为饿鬼所食，是守厕神，其活动范围在厕所。3. 还有的经典记载，厕神本身就是饿鬼，即噉粪之鬼。4. 佛教厕神也屡屡透露出其与冥间神灵的关联，具有阴森恐怖的特点，如佛教经典对厕神郭登的借用。日僧净慧在《金刚经灵验传》卷中就引用了钱方义遇厕神郭登之事。② 除了上面这些厕神（鬼），佛教最著名、威力最大的厕神当属乌刍沙摩明王。

二、佛教厕神乌刍沙摩明王

乌刍沙摩明王，梵名"ucchusma"，音译另有"乌枢瑟摩""乌枢瑟么""乌枢沙么"等。又叫"火头明王""北方金刚夜叉明王""不净洁金刚""除秽忿怒尊""秽迹夜

① 《法界圣凡水陆胜会修斋仪轨》，《卍续藏》第 74 册，第 803 页。
② 《金刚经灵验传》，《卍续藏》第 87 册，第 512 页。

图 2：乌刍沙摩明王像

（第 1 幅图为北魏时期麦积山第 78 窟火头明王及供养人等像；第 2 幅为南宋大佛湾第 22 号龛大火头明王；第 3 幅图为南宋大佛湾第 22 号龛大秽迹金刚明王。以上诸明王在佛教经典中，实际上为乌刍沙摩明王之不同称谓。）

伽""火神阿古尼""火头金刚""火大圆通""大权神王""不坏金刚""秽迹金刚""除秽金刚""金刚夜叉""金刚药叉""金刚啖食""金刚焰口明王""大黑明王"等等。意译为秽迹、秽积，或不净洁等。"明王"是佛和菩萨的变化身。"明"的意思是光明，尤其突出智慧的光明。佛教认为，乌刍沙摩具有深净大悲、不避秽触、消除分别妄见、摧毁魔障、转"不净"为"净"之大威德。

《楞严经》有载："乌刍瑟摩，于如来前，合掌顶礼佛之双足而白佛言：'我常先忆，久远劫前性多贪欲，有佛出世名曰空王，说多淫人成猛火聚，教我遍观百骸四躯，诸冷暖气神光内凝，化多淫心成智慧火，从是诸佛皆呼召我名为火头，我以火光三昧力故成阿罗汉。心发大愿，诸佛成道，我为力士亲伏魔怨。佛问圆通，我以谛观身心暖触无碍流通，诸漏既销生大宝焰登无上觉。'"①乌刍沙摩性本多淫，后受释迦牟尼教化，认识到多淫如猛火聚而自焚的道理而最终修成阿罗汉，誓愿以大威光烧尽众生不净贪欲之心。其形象呈愤怒相，从诸毛孔流出火焰，四臂具足，右手执剑，下手持罥索，左手持棒，下手持三股叉，所有器杖皆起火焰。（见图2）有的地方塑像为一面二臂，戴骷髅冠，怒发上冲如火焰。赤身，两手执独股金刚杵，四肢毒蛇盘绕。②

佛教传入中国的同时，印度信仰也随之传入。乌刍沙摩明王最著名的故事应属"尽食粪城"。综合很多经典讲述的内容，大体如此：修罗和梵天帝释斗战时，修罗向不动明王求援。帝释认为明王嫌臭气，故以粪筑城。结果明王不忌，且速食粪城。从此以后，不动明王化身之乌刍沙摩明王作为厕神被崇拜。不动明王以忿怒之相将恶魔扫到火焰离，是用火净烧粪的厕所之神，尤被禅家所尊信。

又说，乌刍沙摩明王（不坏金刚）为如来左心所化，具有化不净为净的大威力，于如来灭后救度众生，方法主要是诵咒。如唐北天竺国三藏沙门阿质达霰译《秽迹金刚说神通大满陀罗尼法术灵要门经》记载如来临入涅槃时，无量

---

① （唐）般剌蜜帝译：《大佛顶如来因修证了义诸菩萨万行首楞严经》，《大正藏》第19册，第127页。

② 杨郁生：《白族美术史》，昆明：云南民族出版社，2005年，第190—191页。

百千万众天龙八部人非人等都来供养他，并"啼泣向佛，四面哽咽，悲恼而住"，只有螺髻梵王此时"将诸天女，依于四面围绕而坐。前后天女千万亿众，共相娱乐。闻如来入般涅槃而不来觐省"。众人认为螺髻梵王有我慢之心，前去捉拿，"乃见种种不净而为城堑"，皆犯咒而死。这时如来"即以大遍知神力，随左心化出不坏金刚，即于众中从座而起"说："我有大神咒能取彼梵王"，于是在"大众之中显大神通，变此三千大千世界，六返震动。天宫龙宫诸鬼神宫皆悉崩摧。即自腾身至梵王所，以指指之，其彼丑秽物变为大地"。终以金刚不坏之力，取彼梵王至如来所，众人皆赞叹，随后不坏金刚发誓愿："若有世间众生，被诸天恶魔一切外道所恼乱者但诵我咒十万遍，我自现身令一切有情随意满足，永离贫穷常令安乐。其咒如是：先发此大愿，南无我本师释迦牟尼佛。于如来灭后受持此咒。誓度群生。令佛法不灭久住于世。"①

实际上，螺髻梵王和乌刍沙摩明王（不坏金刚）是一而二、二而一的关系。如在佛教大乘经典《维摩诘经》中记载，当舍利佛抱怨国土不净说"我见此中亦有杂糅，其大陆地则有黑山石沙秽恶充满"时，螺髻梵王劝说他"贤者以闻杂恶

---

① 此段引用皆出自（唐）阿质达霰译《秽迹金刚说神通大满陀罗尼法术灵要门》，《大正藏》第 21 册，第 158 页。

之意，不猗净慧视佛国耳。当如菩萨等意清净，倚佛智慧，是以见佛国皆清净"①。又如，北海沙门元度辑《密迹力士大权神王真言法》又说大权神王（不坏金刚、乌刍沙摩明王）降伏螺髻梵王后，"划四大宝印书、四十二灵符指结、五印契悉皆付与。螺髻梵王受持奉行。尔时化佛与螺髻梵王摩顶授记，号清净光明如来。已于是化王复隐入本王身中。本王紫金光聚隐入金棺"②。可见，螺髻梵王经由乌刍沙摩明王摄受，完全接受了"秽迹金刚法"。此处螺髻梵王就是乌刍沙摩明王（不坏金刚）的代言，就是佛陀化现的法身大士"为欲度斯下劣人故，示是众恶不净土耳"③，由此来示现色究竟和小乘偏见："百二十恶转为功德果，八万四千转为光明相。皆汝心造非从外处来，青天无物黑云鼓扇起。"④

禅宗寺院七堂伽蓝中，每一处都有特定的佛像被供奉。据《五山十刹图》，僧堂有文殊菩萨，众寮有观音大士，佛殿有三世如来，库院有韦陀尊天，浴室有跋陀婆罗菩萨像。这里虽没有记载东司供奉的佛像，但有"牌"。上面写着使用东司时的注意事项，并附如厕、洗净、净手、净身、去秽

---

① （三国吴）支谦译：《佛说维摩诘经》，《大正藏》第 14 册，第 520 页。

② （元）智昌述：《密迹力士大权神王经偈颂序》，《大正藏》第 32 册，第 777 页。

③ 《佛说维摩诘经》，《大正藏》第 14 册，第 520 页。

④ 《密迹力士大权神王经偈颂》，《大正藏》第 32 册，第 779 页。

图3：酬恩庵厕所外景和厕所内刻在木头上的乌刍沙摩明王像
（《东亚的厕所》第 209 页）

的真言："佛制，以右手提净桶，入厕鸣指三下，以警噉粪鬼，庶令便利不污鬼面，免生魔障。"① 虽未说到乌刍沙摩明王，但有去秽真言遗存。此去秽真言最初应为大神咒。

据考，将乌刍沙摩明王和禅寺之厕关联起来的经典是唐代高僧善无畏译的《苏悉地羯罗经》，其卷二引《供养次第法品十八》云："若于秽处不净等处，缘事须往，先诵乌枢涩摩真言作印。印其五处，任意而往。仍须常诵其真言，不得废忘。"② 唐代以后，中国民间的确存在过乌刍沙摩明王信仰，不过很快就被民间本来的巫教、道教及原始厕神信仰所吸收、融摄甚至改造、摈弃。

与此不同，乌刍沙摩明王的"除秽"功能与日本原始神

---

① 张十庆编著：《五山十刹图与南宋江南禅寺》，南京：东南大学出版社，2000年。

② 《高丽国新雕大藏校正别录》，《高丽藏》第38册，第558页。

道的"除秽"观念却一拍即合，遂能大兴其道。在日本寺庙的禅寺中，大多供奉着此尊。如在日本长野县，厕所里的墙壁上就常挂着木牌，上面刻画着乌刍沙摩明王的神像。日本酬恩庵（即一休寺）的守厕神也是乌刍沙摩明王。日本镰仓时期梶原氏子孙无住的《杂谈集》说："乌刍沙摩之真言，可于东司特诵咒……不动明王之垂迹，号为不净金刚。东司不净之时，鬼若有恼人之事，则彼有守护之誓也。"[①] 在日本民间，乌刍沙摩明王信仰也非常兴盛。他们的生育仪式、产秽祛除、恶鬼祈禳等都会遵"秽迹法"而祭祀此尊，而祭祀之地即为不净之所——厕所。

三、乌刍沙摩明王的中国化

（一）融摄本地信仰的"大杂烩"

作为一种外来宗教，佛教必然会被融摄进中国本土的信仰中去，难分彼此。其中，巫文化又是各民族母文化的一部分，后来的宗教借取不少。男女、阴阳、性爱、繁衍……这些要素始终是原始巫俗的核心内容。多淫的乌刍沙摩明王，应该就是从远古生殖神发展而来。

《楞严经》中，乌刍沙摩明王亲自对佛说自己在久远劫

---

① 丁福保编：《佛学大辞典》，北京：文物出版社，1984年，第626页。

前性多贪欲，多淫乱。《秽迹金刚说神通大满陀罗尼法术灵要门经》中说螺髻梵王（即乌刍沙摩明王）与千万亿众诸天女，四面围坐，共相娱乐，并用粪秽筑城，最后由"秽"（双重污秽——粪秽和淫欲）而悟道，这就是"除秽"即"得净"。而粪秽尽变大地，又潜藏着粪壤、地母信仰。

总之，乌刍沙摩明王的故事始终与"性"有关系。所不同的是，原始巫俗中的"性"是神圣的，而佛教中则视其为污秽。不过，在将乌刍沙摩明王视为本尊的密教那里，则将男女的性行为视为"圣交"。从原始巫术和密宗教义来看，则是模拟自然宇宙的生命发生模式。

从典籍看来，"秽迹金刚法"最早是经由唐朝阿地瞿多的《乌枢沙摩法》而来，接着唐朝北天竺沙门阿质达霰翻译了一系列作品，如《秽迹金刚禁百变法经》《秽迹法术灵要门》和《乌枢瑟摩明王经》。可知"秽迹金刚法"这时开始流播并盛行起来。

但神像供奉起于何时，不可考。建于南朝梁大同二年（536）的崇福院，于唐大中二年（848）更名为岳林寺，是著名的弥勒根本道场。重建后也基本保留了原来寺庙的情况。过大音壁入内，第一座殿堂就是金刚殿，供奉的就是秽迹金刚、密迹金刚。像宽 19 米，高 13 米，深 11 米，俗称"哼哈二将"，为岳林寺原有特色[1]，但与秽迹金刚根本信仰已

---

[1] 奉化市政协文史委员会编：《奉化建筑探胜》，2012 年，第 21 页。

相去甚远。不过，从殿额"合欢喜地"来看，似乎还有些联系。

唐代有"瑜伽宗"，宋代民间也有持"秽迹金刚法"者，宋代僧人中也有"僧瑜伽""善为瑜伽"①、法主公教，这些都是从印度佛教传来的瑜伽三密与"秽迹金刚法"融合演变而成。佛教与中国土生土长的道教、巫教、民间信仰等相融合，在教派、教法、教仪上都很快世俗化、地域化。其"教主"也由"乌刍沙摩明王"而变成了具有地方特色的"张圣者""刘圣者"等。宋人所编《海琼白真人语录》卷一对这种"大杂烩"现象也有论述：

> 柑问曰："今之瑜伽之为教者，何如？"答曰："彼之教中谓释迦之遗教也。释迦化为秽迹金刚，以降螺髻梵王，是故流传。以此降伏诸魔，制诸外道，不过只三十三字金轮秽迹咒也。然其教中有龙树医王以佐之焉。外则有香山、雪山二大圣，猪头、象鼻二大圣，雄威、华光二大圣，与夫那叉太子、顶轮圣王及深沙神、揭谤神以相其法，故有诸金刚力士以为之佐使。所谓将吏，惟有虎伽罗、马伽罗、牛头罗、金头罗四将而已，其他则无也。今之邪师杂诸道法之辞，而步罡捻诀，高声大叫、胡跳汉舞、摇铃撼铎、鞭麻蛇、打桃棒，而于古教

---

① （明）何乔远：《闽书》，福州：福建人民出版社，1995年，第4075页。

甚失其真，似非释迦之所为矣！然，瑜伽亦是佛家
伏魔之一法。"①

这里说原来刍沙摩明王的将吏只有"虎伽罗、马伽罗、
牛头罗、金头罗四将"，后来在中国民间就演绎出很多将吏
来。宋代宗教世俗化成为一种潮流，与秽迹金刚信仰相关的
一些教派也在此时涌现。华南东部的瑜伽教，即为当时佛教
世俗化的产物，往往多"邪师杂诸道法之辞"。学界大多认
为晚唐以后，汉地密教不复存在，但实际上不过是以更"隐
蔽"的形式存在着。如宋代的天心正法、江南的"秽迹金刚"
密教信仰；宋代《夷坚志》中记载了很多密教咒语，如"秽
迹金刚咒""大悲咒""佛母咒""佛顶心陀罗尼咒"等；
明清时期小说中也多有反映，如《水浒传》中提到的"火头
金刚"，《红楼梦》中王夫人曾命贾环抄诵《金刚咒》；甚
至波及医书，明代李时珍《本草纲目》和朝鲜《医方类聚》
等都说到秽迹佛、秽迹咒能治病。近现代还存在于福建地区
的瑜伽教、法主公教等，都崇尚秽迹伏魔法术，并杂以当地
巫术和道教思想。这就将乌刍沙摩明王（秽迹金刚）由原来
的释迦化身、印度瑜伽派神，世俗化为伏魔神、驱邪神。

---

① （宋）彭耜编：《海琼白真人语录》，《道藏》第33册，第
114页。

（二）《夷坚志》中的相关记载

宋人洪迈的《夷坚志》中，保留了不少有关乌刍沙摩明王的信仰痕迹，但均已世俗化，已是糅合了巫术、道教以及民间信仰的大杂烩。兹将《夷坚志》中涉及此信仰的内容，罗列如下：

《夷坚志》"秽迹法"统计表

序	条目	作法者	神格	仪式、方式	效验
1	杨靖偿冤①	僧	治鬼	秽迹法	验
2	秽迹金刚②	道者	1.治病；2.消灾；3.找回失物	秽迹金刚法（1.迎神；2.神降附身童子；3.法术）	验
3	秽迹咒全师秽迹③	僧人全师	治鬼	1.秽迹咒；2.题字：秽迹神兵；3.作法	验
4	小令村民④	行者	祛斥鬼物	秽迹咒	验
5	福州大悲巫⑤	福州巫	治祟蛊	1.秽迹咒；2.行法	甚验
6	僧法恩⑥	僧法恩	未载	秽迹咒	甚验，郡人颇神之
7	戴世荣⑦	僧志通	治鬼	1.秽迹咒；2.结坛作礼	不验

---

① （宋）洪迈撰，何卓点校：《夷坚志·夷坚甲志》，北京：中华书局，1981年，第156页。

② 《夷坚志·夷坚甲志》，第171页。

③ 《夷坚志·夷坚乙志》，第304—305页。

④ 《夷坚志·夷坚丙志》，第403页。

⑤ 《夷坚志·夷坚丙志》，第417页。

⑥ 《夷坚志·夷坚丙志》，第470—471页。

⑦ 《夷坚志·夷坚丁志》，第569—570页。

8	圣七娘[1]	女巫圣七娘	通灵，能预知未来事	秽迹法（跣足立于通红火砖之上，首戴鏊）	验
9	张知县婢祟[2]	商日宣法师、梁绲	驱祟	侍奉秽迹金刚神甚严敬，便有秽迹神兵一千万数作为守护神	验
10	姜店女鬼[3]	程三客	未载	1. 食素；2. 秽迹咒	有功
11	雍氏女[4]	僧	未载	1. 诵秽迹咒；2. 趺坐击磬	未载

从上表可以看出几个问题：

第一，持秽迹法者，有僧、行者、巫，或操持佛教信仰的其他人，如食素的程三客。总之，几为佛教信仰者。

第二，秽迹法的施用对象是鬼、祟、蛊，还可以消灾治病，寻找失物。如第 2 条“秽迹金刚”条，持秽迹金刚法可以“治病禳禬”。禳和禬都是古代为消灾除病而举行的祭祀。《周礼·天官·女祝》说：“掌以时招、梗、禬、禳之事，以除疾秧。”[5] 此条记载行秽迹金刚法，神降而附身童子，找回了被贼人盗窃之物。

第三，甚验。大多为民人所拥戴，“颇神之”。不少鬼魅法力甚高，无所畏惧，愈加横肆，只惧怕施展秽迹法招来

① 《夷坚志·夷坚支景》，第 919—920 页。

② 《夷坚志·夷坚支癸》，第 1252—1253 页。

③ 《夷坚志·夷坚三志己》，第 1314 页。

④ 《夷坚志·夷坚志补》，第 1690—1692 页。

⑤ （清）孙诒让、王文锦、陈玉霞点校：《周礼正义》，北京：中华书局，1987 年，第 563 页。

的"秽迹神兵"（如第 9 条里的石狮子精魅），足见此法的殊胜之处。

第四，秽迹法的施行，伴随着一系列法术、道具，如第 2 条"秽迹金刚"："（作法时）即仗剑出，或跃或行，忽投身入大井，良久跃出，径趋寺门外牛粪积边，周匝跳掷，以剑三筑之，瞥然仆地。"第 8 条圣七娘"跣足立于通红火砖之上"，第 11 条，僧"趺坐击磬"。

第五，从上面可以看到宋代民间信仰中的秽迹法，主要包含了附身、咒语和法术。如第 2 条"秽迹金刚"和第 5 条"福州大悲巫"。

第六，在民间，乌刍沙摩明王信仰保留下来的多是"秽迹法""秽迹金刚咒"。其中，咒语最多。但到底是什么咒语，没有提及。此外，对于此尊"秽迹金刚"（乌刍沙摩明王）的相关神话也无提及。

第七，原始佛教神话中秽迹金刚与粪秽的关系，还隐约保留在民间信仰中。如第 2 条"秽迹金刚"记载："乃发粪下，见一砖臬兀不平，举之，银在其下。"粪秽乃是藏匿赃银之处。

第八，从地域来看，此一信仰在福建、江浙一带最多，尤以福建为最。漳泉间，指从福建省漳平市，到福建省泉州市一带。福州，福建东部、闽江下游及沿海地区，历史上长期为福建政治中心；古田，即福建省宁德市下辖县。福建的相关信仰流传至今，在海清教、法主公教、瑜伽教中，都还有乌刍沙摩明王的影子。

（三）"秽迹咒"和迎神"附体"

由《夷坚志》中关于"秽迹法""秽迹咒"或"秽迹神兵"的记载，基本可以看出当时乌刍沙摩明王信仰在当地民间的影响。从传述佛教经典，到杂糅中国本土巫术、道教，乃至民间各种信仰元素，最后主要选择了"秽迹法"（尤咒术）和迎神附体法术。

1. 秽迹咒

这些"秽迹咒"到底指《秽迹金刚禁百变经》末尾收录的"唵啡哠"云云，还是不空《大威怒乌刍涩么仪轨经》说的"唵俱路驮囊吽惹"，或《释氏洗净略作法》说的"乌涩瑟摩解秽真言。唵，修利修利，摩摩利，摩利，修修利，婆婆诃"①，或"唵，缚日罗，夜叉，哞！"或"唵，俱噜驮曩，哞惹！"②没有交待。

唐阿质达霰所译《秽迹金刚说神通大满陀罗尼法术灵要门经》载乌刍沙摩明王说："若有世间众生，被诸天恶魔一切外道所恼乱者，但诵我咒十万遍，我自现身。令一切有情随意满足，永离贫穷，常令安乐。其咒如是。先发此大愿：南无我本师释迦牟尼佛，于如来灭后，受持此咒，誓度群生，

---

① ［日］永井政之：《乌瑟沙摩明王信仰研究试论——从中国民众看的佛教》，［日］铃木哲雄编：《宋代禅宗の社会的影响》，山喜房佛书林，2002年。

② 张曼涛主编：《密宗仪轨与图式——仪轨、真言与手印》，台北：大乘文化出版社，1979年，第263页。

令佛法不灭，久住于世……我于如来灭后常诵此咒。若有众生请愿受持此咒者。我常为给使者令所求如愿……若有众生。多被诸恶鬼神之所恼乱，诵此咒者皆不能为害，永离苦难。世尊若有善男子善女人，欲救疗万病者，诵上咒四十万遍。见有病者治之有验。无问净与不净随意驱使，我当随从满一切愿。"① 此咒之威力如此。

此外，此咒还具有他咒不可及之方便处。唐阿质达霰所译《秽迹金刚禁百变法经》又云："尔时金刚复白佛言：世尊若有善男子善女人，持我此咒无效验者无有是处……若诵一切诸咒先须作坛，若诵我此咒者，即勿须作坛。但克一跋枳金刚榰杵，于佛塔中或于静室中，用香泥涂地随其大小，着种种香华供养，安杵坛中咒一百八遍，其杵即自动，或变作种种异物亦勿怪之。更诵咒一百八遍，其杵自去地三尺以来。或五六七尺乃至一丈以来。持法之人即须皈依忏悔发愿。我于彼中即现真身。随行人意所愿乐者。并皆速得如意。我即与授菩提之记。即得身心解脱。先须诵十万遍满。然后作法若课未充不得效验。"② 无须作坛，只需做"杵"，然后念诵咒语，乌刍沙摩明王即可现真身施展种种神通，极其方便。

《秽迹金刚禁百变经》当中载有秽迹金刚的根本咒。《秽

---

① 《秽迹金刚说神通大满陀罗尼法术灵要门》,《大正藏》第21册，第158页。

② 《秽迹金刚禁百变法经》，《大正藏》第21册，第159页。

迹金刚禁百变法经》特别说明："古经本咒四十三字。唐太宗朝人多持诵感验非一。除去十字今就录出。速获灵应无过是咒。"但后来大概变成了"三十三字金轮秽迹咒"①，此根本咒与《秽迹金刚说神通大满陀罗尼法术灵要门经》当中所载的咒差不多。《秽迹金刚禁百变法经》同时录有另一短咒。该经亦特别提到此咒为"真觉禅师所传神咒，与今经咒同"。只是梵音翻译过来字语稍异。值得注意的是，不空译的《大威怒乌刍涩么仪轨经》与《秽迹金刚禁百变法经》一样，在最后都提到译字调整的问题，可能是经典所述与实际操作的方法略有出入。

从佛教清规来看，"秽迹咒"也一直得到传承。元代《增修教苑清规》记载，如厕和出厕都要念咒。如厕念："大小便利，当愿众生，弃贪嗔痴，蠲除罪垢。唵恨鲁陀耶，娑呵。"洗净念："唵贺曩蜜栗底，婆呵。"去秽念："唵拔枳罗脑迦咤，婆呵。"并引《璎珞经》说："夫登溷者，不念此咒，假使以十恒河水洗至金刚际亦不能净。凡登殿堂瞻礼，并无利益。奉劝受持，每咒诵七遍。是故鬼神常相拱护。"②

咒术作为原始巫术的重要组成部分，在民间信仰中本来就根深蒂固，所以"秽迹金刚咒"很容易在民间施行，并与当地民间信仰融合。瑜伽教的北帝派、天心正法、神霄派、

---

① 《海琼白真人语录》，《道藏》第 33 册，第 114 页。
② 此段引用皆出自（元）自庆编撰、心皓释读《〈增修教苑清规〉释读》，上海：上海古籍出版社，2015 年，第 282 页。

清微派等都是以咒术为主，外加附身等法术。它们都是融合佛道、巫教等科仪传统，将密教法术和道教法术相结合，推行"内修外法"和"内丹外符"。

2. 附体

"附体"是通过仪式使鬼神来到人世间并附身于人或别的事物（灵媒）言事的方法。这一概念意译于梵文"āveśa"。汉译佛典称为"阿尾奢""阿尾舍"或"阿毗舍"。学者一般认为这是经印度、中亚密宗传入的。不过，各国各民族的原始宗教中几乎都有"附体"。其法多是以孩童为灵媒，凭借其问事、驱邪或治病。初传时盛行于宫廷，唐末武宗毁佛后，逐渐流于民间。后再与道士法术、民间科仪组合，流通于世。①

"附体"表面看来最重要的是灵媒，实际上是作法者，后者才具有主导、主动性。诚如谢世维所言，"附身是一种由仪式专家主动或主导的附身现象（voluntary spirit possession）。藉由实施某种仪式程序，如念咒，结手印之后，能导致神祇或鬼魂附身于灵媒，或是使某种事物成为媒介，主要目的或功用是驱邪和宗教医疗。"② 仪式过程至少有三个阶段：请神、神来附体、神走（送神）。在这整个过程中，作法者，即谢世维所谓的"仪式专家"才具有主导作用。神

---

① 刘黎明：《〈夷坚志〉与南宋江南密宗信仰》，《四川师范大学学报》（社会科学版），2002 年第 3 期。

② 谢世维：《密法、道术与童子：秽迹金刚法与灵官马元帅秘法中的驱邪法式研究》，《国文学报》2012 年第 6 期。

灵来不来，何时来，如何来，何时走，如何走等，都取决于作法者的"法术"，灵媒则是被动的。但是，须知，在最初的仪式中，在真正的信仰者看来，作法者（巫）和无形的神灵本身之间，有个相互沟通的过程。若要说到主动性和决定性的问题，自然是唯有无形的神灵具有此特点。但是，俗化后的情况有变，主动性和决定性会移向"巫"——作法者。

宋代洪迈《夷坚甲志》记载：

> 漳泉间人，持秽迹金刚法治病禳禬，神降则凭童子以言。绍兴二十二年，僧若冲往泉之西山广福院，中夜有僧求见，冲讶其非时。僧曰："某贫甚，衣钵才有银数两，为人盗去。适请一道者行法，神曰：'须长老来乃言。'幸和尚暂往。"冲与偕造其室，乃一村童按剑倚上，见冲即揖曰："和尚且坐，深夜不合相屈。"冲曰："不知尊神降临，失于焚香，所（陆本作'敢'）问欲见若冲何也？"曰："吾天之贵神，以寺中失物，须主人证明，此甚易知，但恐兴争讼，违吾本心，客果不告官，当为寻索。"冲再三谢曰："谨奉戒。"神曰："吾作法矣。"即仗剑出，或跃或行，忽投身入大井，良久跃出，径趋寺门外牛粪积边，周匝跳掷，以剑三筑之，瞥然仆地。逾时，童醒，问之莫知。乃发粪下，见一砖臬兀不平，举之，银在其下。盖窃者

所匿云。①

这个记载说明，道者以"秽迹金刚法"请来"天之贵神"，降于童子之身，凭童子之口而言，借童子之体而行。作法者道者的主动性和决定性较强。从上表来看，"秽迹金刚法"虽然灵妙，但是否得以真正施行，是否真正能"治病禳禬"，很大程度上还受到作法者道行的影响。这些基本反映了当时民间的信仰情况，也证实了佛教厕神融于巫道的民俗现状。当然，除了附身于童子外②，还会附身于别的人或事物；除了秽迹金刚（乌刍沙摩明王）会附身外，民间诸多鬼神也会附身。

附身于童子可能还是佛教厕神早期祭祀仪轨的规定。在唐天竺高僧阿质达霰所译的《大威力乌枢瑟摩明王经》卷三中确实有这样的记载："若令童子沐浴涂紫檀香，衣以新衣璎珞，牛粪涂坛，遍散赤花令头戴赤花鬘，加持赤花七遍令捧而掩目。焚安悉香结娜拏印加持。本尊（乌刍沙摩明王）降问事。"③又如"若以紫檀香涂坛，加持童子本尊（乌刍

① 《夷坚志·夷坚甲志》，第171页。
② 吴秋美：《童乩——神名的代言人》，叶舒宪、陈器文主编：《宝岛诸神：台湾的神话历史古层》，广州：南方日报出版社，2011年，第379-393页。
③ （唐）阿质达霰译：《大威力乌枢瑟摩明王经》，《大正藏》第21册，第149页。

沙摩明王）降问事"①。

除了以上所说的咒语和附体之外，乌刍沙摩明王信仰的其他要素也有附着，比如体现"秽"的"粪"一直伴随。《大威力乌枢瑟摩明王经》记载，供养此尊时，"乃以牛粪摩坛"②；或说"以牛粪于路上作坛安像供养，然（燃）牛酥灯"③；或说"于山林或大海侧，或泉或河大池等侧，牛栏独树或寒林制帝及花林中，若在城隍近东南角或西北隅，如是等处取便而作。以牛五净和洒其地，或用香水又以牛尿和粪摩之。"④不过，这一点在民间信仰中已保存不多。

（四）乌刍沙摩明王信仰在中国的式微和在日本的发展

中国的乌刍沙摩明王信仰比较复杂。唐代有传善无畏译《苏悉地羯罗经》和不空译《大威怒乌刍涩么仪轨经》等，可知至少在唐代，除了解秽外，乌刍沙摩已经有了诵咒功德的信仰，甚至诵咒的功德信仰超过了解秽。并且，至少在唐代，民间也已经有了乌刍沙摩明王如厕咒文。而在宋代，这方面继续发展。由上可知，有关乌刍沙摩明王的信仰在中国民间传播得并不纯粹，而是被中国原初的巫术、道教，以及民间信仰等融摄。在教界，有关乌刍沙摩明王的经典，倒是一直

---

① 《大威力乌枢瑟摩明王经》，《大正藏》第 21 册，第 153 页。
② 《大威力乌枢瑟摩明王经》，《大正藏》第 21 册，第 143 页。
③ 《大威力乌枢瑟摩明王经》，《大正藏》第 21 册，第 148 页。
④ 《大威力乌枢瑟摩明王经》，《大正藏》第 21 册，第 153 页。

都有传播。明末，中国义僧东皋心越带去日本的便是《金刚秽迹经》。^① 甚至在近代，居士高鹤年在五台山也曾见此尊："乙亥年，余在此礼秽迹金刚，此像最为神妙。"^②

但是在中国，乌刍沙摩明王的信仰并没有得到真正意义上的传播，这大概与中国本土的厕神信仰有关吧！人们在侧坑供奉的大多是紫姑、三姑、厕姑等。尽管禅宗在中国士大夫群体中颇受欢迎，中国禅林也出现了不少高僧大德，但是佛教厕神以及佛教厕所如此求"净"的观念并没有被广大中国人所真正接纳，反而道教和民间厕神信仰的影响更深。中国大众始终未能对厕所形成好的印象，遑论从中"悟道"了。

与佛教赞叹净头是修道悟道的方便法门不同，对于"厕所"故事，中国人大多不严肃，要么不屑，要么嘲讽，要么贬斥，不可能有深入思考。唐代寒山作诗说："在汉淮南王，求仙为厕鬼。争如学空寂，举世绝伦比。"^③《太平广记》"刘安"条记载："于是仙伯主者奏安云：'不敬，应斥遣去，八公为之谢过，乃见赦，谪守都厕三年。'"^④宋庠《元宪集·默

---

① ［日］今濑文也：《东皋心越和水户》，浦江县政协文史资料委员会编：《东皋心越全集》，杭州：浙江人民出版社，2006年，第466页。

② 高鹤年：《五台山游访记》，《名山游访记》，上海：上海佛学书局，1995年，第145页。

③ 《天台三圣诗集和韵》，《寒山子诗并和共九百二十一首》，《嘉兴藏》第33册，第395页。

④ （宋）李昉等编：《太平广记》，北京：中华书局，1961年，第50页。

记淮南王事》亦载："室饵初尝谒帝晨，宫中鸡犬亦登真。可怜南面称孤贵，才作仙家守厕人！"① 刘克庄《刘克庄集笺校》中《杂兴》还说："升天虽可喜，削地已堪哀。早知守厕去，何须拔宅来。"② 以上笔触充满贬斥、叹息和嘲讽。此外，如前所述，中国民间还流传着大量女厕神，如紫姑、戚夫人、东施、三姑等。这些故事中的主人翁大多身份卑贱、遭遇悲惨、令人同情，这种情感基调与佛教中刚猛而具大威德的乌刍沙摩明王可谓天壤之别。

总之，无论如何，乌刍沙摩明王信仰始终未能取代中土本身的厕神信仰，也未能获得在日本那样的发展空间。南宋时期，日本希玄道元将曹洞宗传回日本，定于永平寺，以秽迹金刚为禅门道场厕所的护法神，门下弟子逾千。南宋时期，日本镰仓时代的临济宗僧无住也曾在自己的著作中提倡在东司诵秽迹咒，即乌枢沙摩明王真言，认为具有伏鬼护持的作用。可见，日本修此法的不限于一门一宗，很多日本禅人都兼修此法，其修行方式大体如唐代不空所译的佛经所载。如《金刚恐怖集会最胜心明王经》记载"行人每于便痢处，忆念'秽身真言'"四十四字；《金刚顶一字顶轮王瑜伽一切时处念诵成佛仪轨》记载"若人便易处，用触身忿怒，

① （宋）宋庠撰：《元宪集》（第 2 册），北京：中华书局，1985 年，第 142 页。

② （宋）刘克庄著，辛更儒笺校：《刘克庄集笺校》（第 6 册），北京：中华书局，2011 年，第 2197 页。

乌刍瑟摩印"并诵密言；《十一面观自在菩萨心密言念诵仪轨经》记载与此类似："入一切触秽处，加护自身，用触身忿怒乌刍沙摩印"，并诵密言。① 故日本不少禅院都供奉着"秽迹尊天"（开山将来）或保留着秽迹堂（如祇园寺）。日本学者饭岛吉晴在《乌枢沙摩明王と厕神》中说："乌枢沙摩被认为是佛教的厕神。不仅仅在寺院，他还通过民间宗教被人们所广泛信仰。在民间，它的发音变成 ushima-san、Utsusamushi 明王、Osanshousama、Usan 明王、Utsushiba 明神、Ususano 明神、Utsusa 明神等称呼。这表示他在民间信仰中的深度渗透。"②

---

① 以上分别见《大正藏》第 20 册第 12 页、第 19 册第 325 页、第 20 册第 143 页。

② ［日］饭岛吉晴：《乌枢沙摩明王と厕神》，《佛教民俗学大系 8：俗信与民俗》，名著出版，1992 年。

滇西汉传佛教寺庙的法事活动

——基于田野调查资料的整理与研究

杨荣涛 [1]

内容提要：滇西汉传佛教寺庙的法事活动丰富，包括岁时节庆、圣像开光、安太岁、拜忏、佛七度亡、水陆法会等活动。这些法事活动的形成是中华民族多元一体格局下汉传佛教沿南方丝绸之路传播至滇西的结果。滇西的汉族、阿昌族、布朗族、傈僳族、傣勒中民众参与到各类法事活动中，成为滇西多元宗教信仰民俗传承的重要群体。

关键词：滇西；汉传佛教寺庙；法事活动

滇西位于"藏彝走廊"南部，并处于"南方丝绸之路"要道沿线，是西南边疆多民族迁徙流动、多元宗教文化并存

① 杨荣涛，哲学博士，四川师范大学华西边疆研究所副研究员、四川旅游学院四川省铸牢中华民族共同体意识研究基地研究员，硕士生导师。

与交融的典型区域。本文的"滇西"包括保山、腾冲、龙陵、昌宁、施甸、潞西、梁河、盈江、陇川和瑞丽等十地①。滇西世居少数民族有傣、德昂、布朗、阿昌、白、彝、佤、景颇、傈僳、回等，历史上有阿吒力教、汉传佛教、南传上座部佛教、道教、伊斯兰教、天主教、伊斯兰教、少数民族传统宗教等多元宗教并存。汉传佛教主要在滇西的汉族、阿昌族、布朗族、傈僳族和傣勒中传播。

滇西各地修建的汉传佛教寺庙是汉传佛教在滇西社会落地生根的文化符号，而庙里举行的各类法事活动则是汉传佛教在滇西社会传播发展的标记。笔者于2016年8月、2017年2月在滇西地区田野调查，收集到滇西汉传佛教寺庙法事活动的一些"讯息"。如按《佛教与民俗》征稿启事中对佛教民俗的分类，这里提到的各类法事活动可归为"佛教信仰民俗"，其中很多事项对应"仪式民俗""岁时民俗"。经笔者梳理"讯息"，发现滇西汉传佛教寺庙法事活动中的孔子先师圣诞过会、文昌帝君圣诞过会及其他一些活动不属于"佛教的"，故本文题目用"滇西汉传佛教寺庙的法事活动"而不用"滇西汉传佛教信仰民俗"。本文拟对田野调查收集到的"讯息"加以整理与简略分析，一窥西南边疆多民族地

---

① 如按行政区划，滇西包括今保山市的隆阳区、腾冲市、龙陵县、施甸县、昌宁县和德宏傣族景颇族自治州的芒市、瑞丽市、梁河县、陇川县、盈江县。如无特殊说明，本文中的"保山"指今隆阳区，"潞西"指今芒市。

区现今汉传佛教寺庙法事活动的一些侧面。

一、岁时节庆活动

各类岁时节庆活动是滇西汉传佛教寺院里最为常见的活动，各地普遍称之为"过会"。部分汉传佛教寺庙的法事活动具有儒道文化的内容，由此折射出汉传佛教在传播中主动顺应"三教合一"潮流并积极吸纳儒、道文化来促进其"在地化"的过程。

1. 盈江县芒允观音寺过会日

本寺过会日期如下 农历 [①]

正月初一日 弥勒会 正月初九日 玉皇会

二月十九日 观音会 三月十五日 龙华会

四月初八日 太子会 六月初一日 净土会

六月十五日 龙华会 六月十九日 观音会

九月初一日 吉祥会 九月十五日 龙华会

九月十九日 观音会 十一月十九日 太阳会

每月初一 十五日都过会

七月一日到十五日 接亡超度会

愿众生诸恶莫作 众善奉行

---

① 笔者于 2017 年 2 月 4 日在芒允观音寺侧门墙上发现《本寺过会日期》佛讯，黄底黑字印制。

从芒允观音寺过会日安排可知该寺过会日以佛教节日居多，也有道教节日。

2.腾冲滇滩忠孝寺过会日

忠孝寺过会日 ①

正月初一日　当来下生弥勒圣诞

正月初一至初七日　求清吉 点财神灯

正月初九日　玉皇大帝圣诞

正月十五日　一品赐福天官圣诞

二月初三日　文昌帝君圣诞 点文昌灯 祈智慧

二月十五日　太上老君圣诞

二月十九日　观世音菩萨圣诞

三月十五日　上天龙华会

三月二十日　子孙娘娘圣诞

四月初八日　释迦文佛圣诞

四月二十八日　药王圣诞

五月十三日　关圣帝君圣诞 诵皇经 拜皇忏

五月十五日　中天龙华会

五月二十八日　土主圣诞

六月初一至初六　朝贺南斗

六月初三　韦陀菩萨圣诞

---

① 笔者于 2016 年 8 月 13 日在滇滩忠孝寺祖师殿外墙上发现《忠孝寺过会日》佛讯，白底黑字打印。

六月十九　观世音菩萨成道日

六月二十三、二十四　火神圣诞　谢火神　雷公

经　送瘟神

七月初一日　接亡超度至十四日送亡

七月十五日　中元二品赦罪地官

七月十八日　王母娘娘圣诞

七月三十日　地藏王菩萨圣诞　拜礼地藏忏

八月初三日　灶君圣诞　拜礼灶君忏

八月十五日　月光菩萨圣诞

八月二十七日　孔子先师圣诞　点孔明灯

九月初一至初九　朝贺北斗星君

九月十五日　下天龙华会

九月十九日　观世音菩萨涅槃日

九月三十日　药师佛圣诞

十月初八日　放生日

十月十五日　下元解厄水官圣诞

十月十八日　地母圣诞

十一月十七日　阿弥陀佛圣诞

十一月十九日　日光菩萨圣诞

十二月初八日　释迦文佛成道日

十二月二十五日　瑶池金母圣诞

从滇滩忠孝寺过会日安排可知该寺所过会融儒释道节日为一体。据笔者调查，忠孝寺建有金刚殿、大雄宝殿、玉皇

宝殿、土主庙等，融多元宗教于一体，过上述节日亦在情理之中。

3.盈江县乐园寺正月初一、初九过会情况

2017年正月初一、初九护法居士执事安排如下①：

一、写文疏：董娴芝、毛演政、胡演慧、李宏先、张宽丽、王丽娟、沙宽映、金宗琼、董映芳、王建芬、张正菊、麻文芝、倪开润、姚建辉、段艳、杨加安、李继秋、尹庆莉、尹香兰、董家承、孙晓梅、黄正会、彭丽华、何艳芬等负责。

二、卖文疏：明大顺、张有琳、庞常缘、徐演仙。

三、挂功德：熊绍芳、杨冶钦、周艳、杨恩贵、赵兴寿、李新华。

四、卖纸火：蔺演平、武有兰、王友珠、张锡珍、杨宽道、李宽芹。

五、大殿香灯：金宽亮、陈印芝、闫秀芳、武宽琴；玉佛殿：李常明；山神庙：何传英；送饭：李宽蕊、李宽凤。

六、厨房：演辉大师、段庆芬、邱会算、段艳春、段宽芝、杨宽芹、阿芳、陈小凤、张玉芹、姜

---

① 笔者于2017年2月4日在允燕山乐园寺大门外铁棚下发现，大红底金色字体打印。

惠芳、杨常会、马常淑、李亚等负责。

　　七、诵经、巡逻：宽毅法师等人负责。

　　从盈江县乐园寺正月初一、初九过会安排可知，该寺过会分工较为细致且明确。

图1：盈江允燕山乐园寺正月初一、初九过会安排

　　为方便信众上表，专门在大门外搭起铁棚摆好桌凳。疏文和文封上要填写圣号，为避免出错，还特意贴出《写文疏圣号、文疏壳》，如下：

写文疏圣号　文疏壳 ①

1. 弥勒　南无当来下生弥勒尊佛　兜率宫中

2. 药师　南无消灾延寿药师佛　琉璃宫中

3. 地藏　南无大愿地藏王菩萨　九华山

4. 观音　南无大悲观世音菩萨　普陀山

5. 日月光　南无日月二光遍照菩萨　日月宫中

6. 山神　山川诸庙旺化尊神位　山神庙中

7. 南斗　南斗六司延寿星君　南斗宫中

8. 北斗　北斗九皇解厄上道星君　北斗宫中

9. 财神　金轮如意福德财神　财神殿中

10. 灶君　本居东厨司命奏善灶君　奏善堂中

11. 桥路神　桥梁使者路道尊神位下　桥路尊神位下

12. 家神　家堂香火五祀六神　五福堂中

4. 界头观音阁大殿举行的过会活动

界头观音阁大殿供奉儒释道三教神灵塑像，一楼供奉三宝佛，二楼供奉三清、孔子、文昌等圣像。

（1）孔子圣诞会。笔者在田野调查时，发现大殿厦檐下挂有几年前挂的条幅"热烈庆祝孔子诞辰二千五百五十九年"。

---

① 笔者于 2017 年 2 月 4 日在允燕山乐园寺大门外铁棚下发现，大红底金色字体打印。

（2）文昌圣诞会。笔者在田野调查时，在厦柱上发现《洞经谈演议程》。

洞经谈演议程

1. 今二〇一五年农历二月初三日隆重庆祝文昌圣诞。谈演《大洞文昌仙经》1—3卷；

2. 呈挂圣像、八仙、字幅、上灯、亮烛、燃香、上茶、上琼浆玉酒、净水鲜果等；

3. 请内外人员肃静，诸洞经先生更衣、沐手、就位；

4. 全体起立，弟子向诸仙圣行礼三鞠躬。请转身向洞经会历代先师、故友行礼一鞠躬。请座下入座，各自准备；

5. 鸣炮！鸣金！奏乐！踩罡步斗！

6.《文昌大洞仙经》谈演现在开始（上、中卷）；

7. 诵经下卷，同时上文书；

8. 上十供养；

9. 宣读言念；

10. 致闭幕词；

11. 经毕，奏乐，送圣；

12. 鸣炮；

13. 退位、收具。①

通过对上述滇西四个汉传佛教寺庙过会情况的展示和探讨，可知滇西汉传佛教寺庙过会融多元宗教文化为一体，这样一些"会日"的形成受多元宗教、地域风俗等因素的影响。

二、圣像开光活动

寺庙里的圣像塑成，要举行开光安坐法会庆典，以祈求圣真保佑。盈江县乐园寺 2017 年 2 月 5 日举行毗卢遮那佛开光安坐法会。

图2：盈江允燕山乐园寺开光佛讯

---

① 该议程为笔者于 2016 年 8 月 14 日在界头观音阁发现，议程粘贴于观音阁大殿前右侧厦柱上，红纸黑字，毛笔书写。该议程由界头街子老人侯××书写，侯××老人为界头洞经会成员。

开光佛讯①

乐园寺谨定于二○一七年公历二月五日／农历正月初九为毗卢遮那佛举行开光安坐法会，届时恭请各界人士拈香祈福，共祝：世界和平 人民安乐生活小康 功成名就 诸缘如意 心想事成

乐园寺敬白

三、安太岁活动

滇西汉传佛教寺庙举行供太岁、解禳太岁等活动，为犯、刑、冲太岁的属相的人祈求消灾免难。

1.梁河遮岛皇阁寺丁酉年解禳太岁

法音善讯②

公元2017年岁次丁酉，当年太岁冲子鼠、午马、卯兔、酉鸡，犯戌狗，共5属。为了大众灾难清除、祸患远离、生意兴隆、财源广进、清吉平安、万事如意，谨于正月十五日于寺解禳太岁。请知情者广宣传，速来报名参加，每人交费30元，点灯20元。

---

① 该开光佛讯为笔者于2017年2月4日在允燕山乐园寺廊亭侧发现，塑油纸印制，底图为莲花，黑色字体。

② 笔者于2017年2月3日在遮岛皇阁寺大雄宝殿前黑板上发现。

感谢合作。皇阁寺宣

图3：梁河遮岛皇阁寺解禳太岁法音善讯

2.梁河遮岛观音寺供太岁

供太岁 ①

本寺谨定于2017年农历二月十九日（观音会）统一供奉太岁神君。本年属鸡、属兔人为犯刑冲太岁。其他属相，理应来供，祈求消灾免难、太岁解除、清吉平安、诸事顺利。有意者请提前报名，每人30元钱（含文书在内）。

联系人：释演成

遮岛观音寺 告白

---

① 笔者于2017年2月3日在遮岛观音寺进大门后侧墙上发现，淡黄纸黑字打印。

图 4：梁河遮岛观音寺供太岁佛讯

四、拜忏活动

拜忏，是礼佛诵经、忏悔罪业的一种佛教仪式。拜忏不只是单一的仪式，其他佛事活动中亦可举行拜忏。参加拜忏者的目的是消灾禳祸。滇西汉传佛教寺院启建道场进行各类拜忏活动。2017 年 2 月 3 日，笔者在梁河遮岛皇阁寺田野调查时发现玉佛殿悬挂"启建万佛洪名宝忏普度大斋盛会道场"横幅，该寺住持慧文法师告诉笔者此拜忏道场进行了三天，礼请的忏法有《大悲忏》《慈悲水忏》《金光明忏》《净土忏》《药师忏》《地藏忏》和《梁皇宝忏》等，祈求灭罪禳灾、济度亡灵、报恩延寿。

图5：梁河遮岛皇阁寺启建万佛洪名宝忏普度大斋盛会道场横幅

五、佛七度亡活动

启建道场以七天为一周期的佛事活动可统称佛七，因称念佛菩萨名号不同，有弥陀七、药师七、地藏七、观音七等。举行佛七活动，也称打佛七。依寺庙或斋主的安排或需求而定，有专门的佛七道场，亦可在佛七中举行度亡等法事。

1. 腾冲界头观音阁药师如来佛七法会

2016年3月18日至24日，观音阁举行药师如来佛七法会，由宏超法事任主七师，诵《药师琉璃光如来灌顶真言》和《药师佛心咒》，分早殿和晚殿，期间每天的作息安排为：

恭惟顶修 药师如来佛七法会作息时间表 [①]

早上 六点起床

早殿 六点半

早点 八点半

九点 第一支香

十一点半 午供

十二点 早饭

二点 第二支香

三点 第三支香

晚殿 四点半

大回向 五点半 药食

六至七点止靖

十点睡觉

请大家共同遵守 今月十八至廿四日

主七师 释宏超 警言

图6：腾冲教堂观音阁药师如来佛七法会作息时间

------

① 笔者于 2016 年 8 月 14 日在界头观音阁田野考察时在观音殿左侧耳房墙壁上发现该时间表，住持续纯法师告诉笔者是 2016 年 3 月打的药师七。

2. 腾冲来凤寺地藏王菩萨佛七度亡暨盂兰盆法会

2016 年 8 月 11 日至 17 日（丙申年七月初九至十五），腾冲来凤寺举行地藏王菩萨佛七度亡暨盂兰盆法会，念佛并度亡。笔者于 2016 年 8 月 14 日到该寺，正是本次法会举行期间。寺里人较多，主要是老年妇女，大部分忙着制作纸火，有的则在大雄宝殿跟随法师诵经。笔者在进大门后左侧墙上发现了本次法会的讯息，其中说明本次法会的目的并对七月初九至十五日间起七、招亡过桥、念佛、放瑜伽焰口、供盂兰盆、送亡、回向等仪程和作息时间作了安排，整理如下。

启建地藏王菩萨佛七度亡暨盂兰盆法会

十方修供养、善供十方僧

缘起

每年农历七月十五日，乃十方僧众圆满自恣日及盂兰盆法会，诸佛生欢喜，殊胜无比，藉此胜缘，唯仰十方僧众功德之力，以济法界众生轮回之苦，往生西方之城，共证菩提之果。令正法久住、世界和平、国泰民安、风调雨顺。

本寺于二〇一六年农历七月初九日至十五日启建盂兰盆胜会，称念地藏王菩萨圣号七永日功德。仰三宝以慈悲，沥一心而忏悔、所愿能仁拯拔、善友提携、出烦恼之深渊、到菩提之彼岸。当坛斋主，合家欢乐、事业和顺、平安吉祥，历代宗亲眷属永超三途，蒙佛接引，往生净域。

七月十五是僧众结夏安居修行功德圆满之期，这一天许多僧人通过三个月的修行各自证得不同的果位，诸佛生大欢喜，七月十五又称佛欢喜日，如果在这天修供修福，其福报可百倍，并可超度众生累劫以来七世父母，令其出离苦海，因此佛陀教民众在七月十五日做"盂兰盆会"，以所得福报来解亡世父母在阴间倒悬之苦，以报答父母养育之恩，也可以解救别人的父母，让他们也脱离苦海，福乐百年。

佛事作息时间：

七月初九日 起七 往生堂回向 下午 招亡过桥

七月初十日 念佛 往生堂回向 下午 念佛 回向

七月十一日 念佛 往生堂回向 下午 念佛 回向

七月十二日 念佛 往生堂回向 下午 念佛 回向

七月十三日 念佛 往生堂回向 下午 设放瑜伽焰口

七月十四日 念佛 往生堂回向 下午 念佛 回向

七月十五日 念佛 供盂兰盆法会 往生堂回向 下午送亡，大回向

诚望广大信众、四众弟子、随喜参加跃然莅临盛会，共享法喜，同沾法益，勿失此至善之机缘也。法会期间可随喜消灾延寿，往生超度牌位。

参加法会信众，相关事宜（忏资、供品、鲜花、

灯烛、牌位）等，与课堂联系咨询，文书房登记。

联系人：法延师

法竣师

住持：传经法师

法会地点：腾冲来凤寺

2016 年 7 月 1 日

六、水陆法会

水陆法会为汉传佛教规模最大的法事活动。滇西汉传佛教寺院发出的佛讯通知对水陆法会的名称、功德利益、坛场布置、法师数量、经咒忏名、时间程序和功德金等做了说明，这些内容是汉传佛教僧侣对水陆法会的理解，是我们研究汉传佛教水陆法会极具价值的材料。

1.梁河皇阁寺水陆法会

2016 年梁河县皇阁寺首届护国息灾报恩冥阳两利

水陆法会通启[①]

如来兴缘，无非利物，众生机感，方便法门，

本寺诚遵如来遗教，于阳历 2016 年 11 月 2 日至 9

---

① 该佛讯为笔者于 2016 年 8 月 14 日在腾冲来凤寺发现，可知水陆法会这种大型法会的宣传不能只局限在本县市区域，应在多个地区的宗教场所加以宣传，方能扩大影响，达到效果，促成法会顺利开展。

日（农历十月初三至初十日），恭请诸山大德、六和上师，于本寺恭肃启建四圣六凡水陆空普度大斋圣会道场，召请过去、现在、未来的一切众生。

印光大师在《水陆仪轨》的序文指出水陆法会的功德说：水陆之利益非言所宣。当人业消智朗，障尽福崇，先亡咸生净土，所求无不遂意，并令历劫怨亲，法界含识，同沐三宝恩光，共结菩提缘种。

水陆法会分为内坛佛事及外坛佛事，共分七个坛场。内坛是整个法会与四圣六凡交流的枢纽，主要有洒净、结界、发符、请供上堂、告赦、请供下堂、圆满香、圆满供、送圣等佛事；外坛用于接引修行各种不同法门，分别为大坛礼拜《梁皇宝忏》，华严坛念诵八十卷《华严经》，楞严坛讽诵《楞严经》，诸经坛讽诵《无量寿经》《观无量寿经》《金光明经》等经，法华坛讽诵《大乘妙法莲华经》，净土坛讽诵《阿弥陀经》等。

法不孤起，仗缘方生。此次水陆法会是皇阁寺恢复重建以来首次启建的普度大斋盛会。法会启建，藉此殊胜圆，俾含空宝殿，指日成功，满月金容，经劫常住。庶一切来者，登欢喜地，入楼阁门，现在深契佛心，将来同圆种智。

凡参与法会者，冥阳两利，不仅以报恩亲，超荐先亡，亦可灭罪增福，延年益寿，福慧增长。为普润群机，利益大众，此次水陆法会是由众信共同发起、集资修设的众姓水陆法会。

时间安排：11月2日下午两点洒净熏坛，3日上午外坛佛事开始，9日下午送圣圆满。

注：

福功德主	功德金50000元，三族延生禄位，荐九族宗亲，每天单独文书
禄功德主	功德金50000元，三族延生禄位，荐九族宗亲，每天单独文书
寿功德主	功德金50000元，三族延生禄位，荐九族宗亲，每天单独文书
喜功德主	功德金50000元，三族延生禄位，荐九族宗亲，每天单独文书
功德主	功德金10000元，本家延生禄位，荐三族宗亲，每天单独文书
承首	功德金8000元，延生禄位10人，荐亡10位，每天单独文书
斋主	功德金5000元，延生禄位8人，荐亡8位，每天单独文书
护法	功德金2000元，延生禄位6人，荐亡6位
会员	头排：功德金1000元，延生禄位3人，荐亡3位
	二排：功德金600元，延生禄位1人，荐亡1位

如不参加法会，单独延生禄位或往生牌位，每位功德金200元。

梁河县佛教协会皇阁寺住持慧文谨启

联系人：慧文法师

图 7：梁河遮岛皇阁寺水陆法会佛讯

2. 腾冲和顺中天寺水陆法会

启建法界凡圣冥阳普度水陆胜会大斋道场法讯通启[①]

敬白大众：时逢中天寺中兴祖师（腾冲佛协一届副会长、二届、三届会长）上果下静尘公老和尚示寂二十周年之际，本寺现任住持常周法师（腾冲佛协五届、六届会长）为师长谆谆教诲、提携济度之深恩，承此因缘，为缅怀恩师，谨择于二〇一七年农历后六月二十二日至二十九日（阳历 8 月 13 日至 20 日）于本寺奉请十方大德六和僧侣修设梵坛，启建十方法界凡圣冥阳普度水陆胜会大斋道场，

---

① 该佛讯为笔者于 2016 年 8 月 15 日在和顺中天寺佛讯展板上发现。

以酬法乳之恩。更愿以此殊胜功德，回奉三宝、普利人天；各遂所求、如意吉祥。再将一分功德，惠施十方法界六道群灵，承斯善利各超升。

果静老和尚简介（略）。果静和尚示寂虽已二十载，但他那不忍众生苦、不忍圣教衰，为法忘躯的大乘菩萨行愿将永远激励着后辈勇猛精进。

假此因缘为报师恩，特意举行第二届水陆法会。届时恭请108位法师，昼夜经行，六时燃香，法会功德，不可估量。若圣若凡，乃至一切生灵，普仗良因，均受法益。法会期间，为先人超度，与生者祈福，若论佛事之殊胜，乃此为最。承此功德有祷皆从：世界和平、人民安乐，国运昌隆、风调雨顺。四围恬静、时和岁稔、百业俱兴、诸缘顺序。夫和妇顺、子孝孙贤，读书聪颖、工作顺利，生意兴隆、财帛称心。三灾不染、八难不侵，身心康泰、家居乐业。一切瘟疫、疾病、荒旱、饥馑，悉皆化散。一切贪嗔、愚痴、邪见、水火灾厄，悉皆远离。菩提心而不退、般若智以长明。往昔业障消除、现前福慧增长。坐车驾驶、乘机坐船，旅行吉顺、出入安康。阴超阳泰、生化双安，法界有情、同圆种智。春多吉庆息夭殃、夏保安宁寿命长，秋免三灾增福寿、冬无障难保安康，凡在二六时中会叨佛光庇佑、尽未来际自在吉祥！

此次发挥因缘殊胜，然耗费甚巨，愿十方善信、护法檀越，亲友法眷、各界人士，同发喜舍之心，共兴普度之缘。承大众布施成就之力，使法会能如期圆满举行。

中天寺水陆法会筹备组合十谨启

2016 年农历七月十五佛欢喜日

参会称谓	净资	内坛长生禄位	外坛长生禄位	内坛往生莲位	外坛往生莲位
总功德主	10 万元	合家	合家	九族宗亲	九族宗亲
福功德主	2 万元	合家	合家	九族宗亲	九族宗亲
禄功德主	2 万元	合家	合家	九族宗亲	九族宗亲
寿功德主	2 万元	合家	合家	九族宗亲	九族宗亲
喜功德主	2 万元	合家	合家	九族宗亲	九族宗亲
功德主	1 万元	合家	合家	历代宗亲	历代宗亲
承首	6 千元	合家	合家	三代宗亲	三代宗亲
斋主	4 千元	合家	合家	6 位	6 位
护法	2 千元		3 名		3 位
会员	1 千元		1 名		1 位
内坛：随缘立长生禄位、往生莲位 200/ 名 外坛：随缘立长生禄位、往生莲位 100/ 名					

图 8：腾冲和顺中天寺水陆法会佛讯

3.腾冲固东圆通寺水陆法会

固东圆通寺第三届圆满法界圣凡水陆空报恩冥阳两利
大斋胜会道场通知①

时间：2017 年农历正月三十至二月初十（正
月三十洒净）

公历 3 月 4 日至 11 日

地点：云南省腾冲市固东镇圆通寺

第一内坛：水陆心忏

第二大坛：礼拜梁皇宝忏二十四部、五大师焰
口两堂、斋天一坛

第三华严坛：诵华严经一部

第四法华坛：诵妙法莲华经

第五楞严坛：诵楞严经

第六净土坛：弥陀净土、放生、召王沐浴、开放

第七诸经坛：药师经、地藏经、无量寿经、合
光明经、菩萨发愿文

另设往生堂、延寿堂（点延寿灯 10 元 / 每盏）

水陆法会

阿难缘问施食因，梁皇汇集水陆仪。

大斋普施平等济，得沾幽冥诸群生。

---

① 该佛讯为笔者于 2016 年 8 月 13 日在固东圆通寺大雄宝殿外
侧墙发现。

水陆功德妙难量，除障息灾福寿延。

见闻随喜发心者，冥阳两利降吉祥。

水陆法会，全称"法界圣凡水陆普度大斋胜会"，乃为超度一切水陆亡魂而设，并且上供十方诸佛菩萨，中供一切圣贤天龙八部，下及六道众生，平等布施供养十法界，以供"饮食"为主而得"水陆大斋"之名，是中国佛教经忏中仪式最隆重、功德最为殊胜的法事。

圆通寺为祈祷世界和平、国泰民安、风调雨顺、大众福寿康宁、吉祥如意、身体健康、事业有成，谨定于2017年2月26日至3月4日（农历二月初一日至二月初七日）圆经，启建"法界圣凡水陆普度大斋胜会"七天。届时恭请高僧大德主持佛事。共分七坛：大坛、内坛、法华坛、华严坛、楞严坛、诸经坛、净土坛。七昼夜诵经礼忏，斋天、放焰口施食等。藉此功德回向各人堂上内外宗亲，十方一切无祀孤魂，水、陆、空六道群灵、累世冤亲债主超升极乐净土。

水陆法会有十种功德利益：一者先亡超升；二者阖家平安；三者诸佛欢喜；四者菩萨护持；五者龙天赐福；六者远离病苦；七者事业亨通；八者夜梦吉祥；九者身心安康；十者临终见佛。

敬请十方檀越、护法善信，踊跃参加，早日莅寺登记，以便填写功德文疏，安立长生禄位、往生莲位，并希亲临法会，拈香植福，共襄盛举。广种福田，同沾法喜。

若工作繁忙不能前来参加者，可以委托我寺办理。

固东镇圆通寺 2017 年二月初一日至二月初七日

联系人：心空法师

图 9：腾冲固东圆通寺水陆法会佛讯

以上面三个实际案例的了解为基础，可知水陆法会的特点有：

（1）有不同的名称。有"护国息灾报恩冥阳两利水陆法会""四圣六凡水陆空普度大斋圣会道场""十方法界凡圣冥阳普度水陆胜会大斋道场"等不同称谓，但都以"法界圣凡水陆普度大斋胜会"为要义。

（2）有无上的功德。若圣若凡，乃至一切生灵，普仗良因，均受法益。召请过去、现在、未来的一切众生。为超度一切水陆亡魂而设，并且上供十方诸佛菩萨，中供一切圣贤天龙八部，下及六道众生，平等布施供养十法界。

（3）有相当的配置。恭请诸山大德，六和上师。有的则恭请108位法师，昼夜经行，六时燃香。有大量经籍文本、仪式音乐、仪仗队伍等。

（4）有特定的程式。有内坛佛事和外坛佛事，分内坛、大坛、法华坛、华严坛、楞严坛、诸经坛、净土坛等七个坛场。内坛是整个法会与四圣六凡交流的枢纽，主要有洒净、结界、发符、请供上堂、告赦、请供下堂、圆满香、圆满供、送圣等佛事；外坛用于接引修行各种不同法门供、送圣等佛事。

（5）有巨大的财力支撑。多以寺庙为发起者，面向参会信众筹资，功德主所出功德金额巨大。

七、结语

寺院佛事"讯息"为我们了解滇西汉传佛教寺庙法事活动提供了重要窗口，但深入的理解需要我们参与到各类活动中并对每个仪式作细致的记录，当然，这需要具备时间、资金、人缘等方面的条件。从以上对田野调查中收集到"讯息"的整理和简略分析，可知滇西汉传佛教寺庙的法事活动丰富，包括岁时节庆、圣像开光、安太岁、拜忏、佛七度亡、水陆法会等活动。这些法事活动的形成是汉传佛教沿南方丝绸之路传播至滇西的结果。滇西的汉族、阿昌族、布朗族、傈僳族、傣勒中民众参与到各类法事活动中，成为滇西多元宗教信仰民俗传承的重要群体。

丧葬习俗中佛教功能述论 [1]

宇恒伟　鲍中义 [2]

内容提要：习俗的传承主要靠人人之间的口耳相传。因其兼具群体性和地域性特征，其传播因个人习惯而变化的可能性较小。但通过零星的记载可知，丧葬不仅有着非常明显的地域性差别，而且这种区分的地域因何而异，已经很难追问了。现代关中的丧葬和其他时代丧葬的变迁一样，都是一定时代风貌和社会风貌的展现。

关键词：丧葬；佛教；功能

虽然说佛教在很大程度上已经融入传统文化，并成为传

---

① 2018 年教育部青年基金项目"陕西关中民俗佛教遗存调查及其文化意象学探究"（编号：18YJC760122）阶段性成果。

② 宇恒伟，遵义医科大学马克思主义学院副教授，历史学博士，主要从事信仰民俗和水族民俗研究。鲍中义，遵义医科大学马克思主义学院教授，主要从事哲学研究。

统文化的有机组成部分，它深远地影响着民众的社会生活，并在社会的诸多领域产生了极为深远的影响，但是，随着历史的变迁和时代的变化，佛教自身也在发生着变化：有些佛教元素成为民俗中不可或缺的部分，并以独特的民俗佛教形态展现出来；有些佛教元素仅仅是民俗领域的点缀和衬托，其形式和地位主要取决于对主体的作用和价值……礼仪是人们交往的日常表现方式，反映了人和人之间交往的基本规则，甚至也反映了人对于自身及对天地的认知。如今，渗透在礼仪之中的佛教也越来越成为个人的事情。这从侧面体现了佛教在社会中的变化。作为民俗的一部分，无论这些佛教元素如何变化，实际上它们都属于特定地域中的群体意识，都在刻画着民俗的动态变化，成为支撑民俗佛教的主体文化之一。

一、佛教之于丧葬的价值

丧葬是人类社会发展到一定阶段的产物。从历史记载看，丧葬并不是随着人类的产生而产生的，它是人产生后群体以及社会意识的一种体现。周苏平在《中国古代丧葬习俗》中讲道："人类社会已经有了三百万年的历史，而葬俗的出现只不过是数万年前的事情。"[①] 葬俗的形成有极其复杂的原

---

① 周苏平：《中国古代丧葬习俗》，西安：陕西人民出版社，2016年，第1页。

因，如人类对死亡的态度、生产力发展水平、社会规范等。无论是哪种因素所造成的，丧葬都以具体的形式或者反映了人类的死亡观，或反映了一种群体心理等等。源于丧葬存在一个动态过程，佛教具体何时参与到中国人的丧葬之中也不是很明确。从意义层面而言，丧葬和佛教在很多方面具有共通性。从佛教之中获得借鉴，并将其融入民俗之中。有时，佛教直接被民众加工和创造后引入丧葬，这在佛教早期传播中体现得比较明显。从佛教的旨趣看，它在丧葬中所起的作用具有扩展性。古往今来，佛教在丧葬中的功用大致又体现为以下方面。

1. 避殃

佛教在丧葬中有什么功用，史料记载似乎并没有直接阐明。不过，丧葬自始至终，或作为社会功能的承载者，或从其他角度渗透着民众对死亡的感悟等；而佛教作为特殊的文化，基于死亡具有特殊的关注点。两者这方面的共通，决定了佛教可以在丧葬中发挥一定的作用。通过一些比较明显的和较为潜在的表达，能够从一定侧面展现丧葬的状况：

> 按：今陋俗，丧事用乐，酒肉燕客，门挂纸幡；柩行，以瓦盆掷地；避殃用浮屠；停柩不葬，释服从吉；丧中嫁娶；谢孝信风水，异姓为后，皆伤情害理之甚，俗之万不可从者，尤当严为禁革，以为

世道、人心之防。①

这段话的重点不在于讲述佛教在丧葬中的作用，而在于将佛教在丧葬中的作用概括为"避殃用浮屠"。因此，至少可以肯定佛教在丧葬中仍然起着极为重要的作用。至于佛教所起的作用，这里的"殃"可以与佛教联系起来就是一种暗示。在民众眼中，儒家等其他传统文化却没有类似的功能。

即使在史书之中，也很少出现"避殃"这个术语。避殃，大略等同于消灾解难。

但是，无论是在史书还是在民间这个词语却非常流行。它经常被后人所提及，并作为论证儒家文化具有现世特征的依据。然而，从另外一个侧面而言儒家的确缺少对来世的追问。这种追问很显然不是基于现世的，在丧葬之中只有具有来世关怀的宗教才能承担。在长期的历史文化传统中，虽然偶尔有吉祥、如意、欢喜等术语说明佛教信仰的益处，但是消灾解难恐怕也是一种诉求，小说等市井文化的传播也加剧了这种倾向。久而久之，可能就逐渐成了一种深入人心的民俗观念了。

讲述佛教功能的小说在古代比比皆是。言轮回，言报应，逐渐成为一种主题，在现代也是如此。佛教在我国陕西关中具有较为厚重的积淀。深处文化之源，自然就会对此多了几

---

① 《咸阳经典旧志稽注》编纂委员会：《咸阳经典旧志稽注》清光绪《三原县新志》，西安：三秦出版社，2010年，第116页。

番认识；有些人或许并不特别热衷和认可佛教观念，但是在习俗的影响下相对会容易受到佛教的影响。从一些相关案例，我们很难看到民众的具体心理活动。但是，我们仍然有理由相信，一些民众具有从众心态。这种从众心态，或许并不能反映其内心的真正的和完整的状况。不过，可以肯定的是，他们默认了这种行为，进而在丧葬活动以及与此相关的集体行为中遵循着大致的规范。

对于来世，民众多有无力之感，因其超出了人们的预想。与亲人的血脉相连关系，使民众深忧去世亲人未来的生活以及自身现世的生活。美好的祈愿只能借助于其他方式，这可能是民众最通常的想法。对于来世，民众总是用现实的方式比拟和对照来世。在丧葬中，他们通常所用的拜祭品或直接是去世亲人的日常生活所需，或是为了满足设想的可能的精神代替品。

2. 对另一个世界的塑造

对于普通人而言，之所以对死亡讳莫如深，这主要源于死亡是一个未知的领域。对于人们而言，未知又是令人恐惧的。如果清楚了死后世界的样子，哪怕只是艰辛和恐惧的影子，人们也会有思想准备去克服困难。在丧葬期间，如何做到和另一个世界的对接，似乎个体没有选择的权利。民众或许不赞成以往的习俗，但是又从心底里默认某种观念。或者，他们没有更好的选择，暂时只能借助于佛教等因素去对待丧葬。

长期以来，佛教就被当作高度关注来世的宗教。佛教中有很多谈论生死的内容，有古老的触动生死的历史与传说，有对人生意义的追求与思考，还有具有神话意义的净土世界……对于处于特殊环境之中的民众而言，其实一切都离他们很近，很近。从对死亡的畏惧到不得不面对世俗死亡的事实，诸如形体消失，与亲人阴阳相隔，如何才能在现实中克服心理障碍，活出自己的精彩等等，佛教逐渐成为亲人联系的纽带。佛教塑造了这样的一个世界，在塑造中也体现了一定的规范性特征。

佛教所塑造的世界具有一定的历史渊源。即，在依照历史传统的同时，又嫁接了中国的传统，特别是儒家文化的观念，并在塑造中形成了宁静、肃穆、庄严等氛围。佛教对死亡的看法并不是一个整体，但缘起、业报轮回等观念贯穿于佛教始终。同样如此，佛教徒认同佛教关于死亡的观念。不同于佛教信仰者，世俗社会的民众对死亡有很多担忧，这就需要对死亡进行解释。一般而言，从生透视死亡乃是一种基本态度。在亲人临死之际或者死亡后，除了依照传统习俗外，民众往往显得手足无措，借助于佛教关注亲人的未来乃是常态。佛教之所以参与到丧葬之中，实际上也经过了长时间的积淀。对于大多数人而言，死亡是一件非同寻常的事情，它或让人恐惧，或让人难以捉摸。同时，对于民众而言，死亡又是一件严肃的事情。因此，长期以来丧葬具有宁静、严肃、静默、悲凉等格调。之于丧葬，佛教具有的出世情怀以及人文关怀就顺理成章地成为主动性的因素。从物理层面看，死亡意味着终结。对于现世的人而言，死亡并不意味着终结。相反，死亡是生命的另一种形式。古往今来，人们相信死亡是不同于生的另外一种状态。于是，在丧葬习俗中参与丧葬的人员保持着对生命的敬畏、对亲人的怀念等，而参与了一个类似被塑造的世界。这个世界就是，佛教是在参与丧葬的仪式、格调中实现它的职能。佛教所塑造的世界，乃是基于人们认知基础上。在其中，人们相信通过具体的行为可以达到某种目的，佛教的塑造性正体现在这种认识上。

二、丧葬与佛教共同的趋向

丧和葬，严格地说属于两个不同的术语。丧是人生命的完结，是一种事实；葬，是对生命完结后的处理方式。从丧到葬，两者还存在着一个过程，两者之间也并不完全对等。但在葬俗出现后，丧和葬被认定为紧密相关，从而逐渐在社会生活中具有了丧葬之说。葬俗一旦出现，就意味着它开始具有了群体意义和社会意义。葬俗具有的意义通常通过埋葬的地点、朝向、仪式等形式体现出来，而仪式则是最为显眼的。当葬俗固定下来，也就具备了很多社会功能，诸如家族凝聚力、血缘关系、地域文化等。其中，作为礼仪的丧葬具有特别的意义。

1. 作为习俗

习俗不是单个人的习惯，而是始终具有一定的地域性和群体性特征。丧葬成为一种习俗，意味着丧葬成为一种集体行为，甚至社会行为。集体行为意味着，某种行为具有较强的认同性，在具体的操作层面乃是根植于其背后的理念也是相同的。这种认同通常又意味着，它能够得到更大的认可和传播，这是习俗文化的发展趋向之一。当然，在习俗的传播过程中，它会因人群、经济和社会状况而有所变化。

丧葬是一种极为古老的习俗，今人可以通过考古、文献等资料获得其缘起及规制等内容。从作为习俗看，丧葬存在着非常鲜明的功能延展和变迁过程。这种变迁随着社会发展而具有不同的特点，但是其大致程序又为各个社会阶段所承认。丧葬首先源于人们对死亡的思考，这不需要任何质疑。面对死亡这一现象，人们自然会产生各种心理，因为死亡对于人们而言不是经常的，但却是可以重复的；是不可避免的，但是离生有一段距离；死，截然不同于生，其出现自然会促使人们进行思考，各种非正常心理自然会随之而来。死亡，千百年来人们一直对其进行探索和思考，但是囿于当时的条件，在恶劣的自然环境、巨大的生存压力、社会危机等状况下，生存占据第一位。我们很难去切实地了解远古时期的生存条件，但是他们将死亡与生存区别开来，同样首先源于心灵上的撞击。当死亡不断重复出现后，人们通常会懵懵懂懂，认定死亡具有事实意义。生存是一种希望和延续，死亡因此被予以特别的关注。对于死亡，穷究天地的看法的确很普遍，但也只是人们对死亡的总的看法之一。作为一种观念，丧葬并不被人们重视；但是它作为一种行为却被人们所关注。作为习俗，丧葬正是以区别于观念的方式存在着，这可能是丧葬存在的重要意义吧！

2．社会秩序的扩展

作为一种群体所认可的行为，丧葬自然而然会延伸到其他领域。本来丧葬只是作为死亡及临终的一种方式，但是从集体认可中它相应地具有了普遍意义。即，丧葬通常是以集体的形式出现的，而非个人意志的产物。在很长时间内，丧葬对于经济有着高度的依赖，具有和劳作互助以及互助救济大致相同的性质。从单纯的丧葬行为扩展到具有社会性，丧葬的意义和价值有所变化，但大致又可归入如下层面：

一是作为礼仪而存在，丧葬长时间内都属于一种基本规范，甚至到今天也是如此。丧葬成为一种礼仪，主要表现为它是人人遵循的规范。贯穿到现实生活之中，这也是丧葬作为礼仪最主要的意义。回顾诸多古代文献，几乎都能看到相关记载。这些记载有些是零星的，有些则非常具体和翔实。不管如何，丧葬作为一种礼仪是社会发展到一定阶段的产物。当然，这也不排除它在不同地区和不同民族层面有不同的表现形式。在汉地丧葬中，《周礼》的影响极为深远，至今仍然能看到丧葬中浮现着很多《周礼》的影子。不可否认，有些丧葬在后续传承和变迁中也有很多变化，但是作为礼仪的功能仍然是存在的。

二是作为礼仪，丧葬同时也具有秩序的作用或者意义。单纯的丧葬礼仪肯定是存在的，但是它同时有没有其他功能则很难甄别。从历史资料看，丧葬的功能往往并不以礼仪而存在。相反，丧葬具有的社会秩序作用或意义往往糅合了礼仪。丧葬的社会秩序功能是它在社会中的一种反映形式，与此同时，又具体表现为不同的程度和不同的表现方式。人的社会群居生活，是人之所以区别于其他动物的标志之一。作为社会的产物，丧葬往往自上而下，取决于社会上层上通下达的结果，它在广大社会空间的实行也就具有了制度化的结果。因此，丧葬也就自然具有了社会规范的意义，很容易延伸到社会的其他领域。从《周礼》关于丧葬的具体的阶层规定，很明显就能看出这一点，在此不一一赘述。应当说，丧葬及其在社会中的延伸仍然基于丧葬本身的价值。当然，社会管理需要多种因素，从丧葬作为礼仪到它被予以政治、经济、习俗、道德等各方面的解说，也具有更多元的文化内涵和社会内涵。古往今来，丧葬犹如社会群体的一个缩影，展现了人们的设想和愿景，以及在现实社会中不同阶级构筑的序列。

3. 现世观念的呈现和再现

不同于丧葬具有的物质性的现实要素，丧葬所带给人们的总会是一片虚拟空间。死亡具有不同于现世的特点，在对这个核心问题的追问中，人们想方设法解决死后问题。丧葬礼仪中的具体规定，诸如参与人员、程式、活动、地点、时间等都有比较明确的规定。实际上，这一切都围绕死后而展开。源于死亡具有的神秘性，通常人们借助于现世来比照死后，因此也就提供了一个虚拟的空间给予死者亲人和家属。这个虚拟空间说是虚拟，是因为它不同于现世，是一个难以捉摸的世界；说它是一个空间，毕竟人人又相信。因此，现世观念可以并且通常会反映到丧葬当中。因为人们相信，这个虚拟空间会被参与人员真实地对待。

　　虚拟空间给予亲人特殊的场景和时间、地点而存在，给予亲人以自由。这种自由和空间大体是一致的。亲人通过亡者即将临终或者临终时，获得了思考的机会。作为亲人，他们会更深切地体会人世间的冷暖，体会个体面临的无助和困境，进而思考自身的命运以及每个人都难以逃脱的事实。如此种种，都在促进亲人对人生进行思考。这个空间不同于日常世俗的被牵绊的空间，而是自身及他人将视野转向了自由思考的世界。他们渴望未来能有好的转折，希望将来有不同于现在的处境，都具有对未来的希冀。然而，对于这个未知的问题，自己只能触摸和思考。如何对未来有好处，只能借鉴前人的想法和做法。于是，现实的事物始终是个体面向未来的凭借。那些古老的遗留下来的风俗也罢，习惯也罢，在遵从这些既往的规定时，将现世的东西投射到未来，乃是一条必由之路。因此，按照现世的方法将之建构到未来，就成为几乎每个人的抉择。虚拟空间所带来的是精神的思考，每一个物象和事象展现的都是民众面向未来的观念。

三、丧葬中的佛教元素与群体认知模式

在佛教中，死亡当然是一个重要话题。但是，佛教并不唯一专注于死亡。或者说，死亡在佛教中并不是最重要的。这主要源于佛教并不将死亡视为永恒灭亡的观念有关。说到底，与佛教的智慧有关。死亡是人类生命的一个过程。这个过程是生死流转不断的过程，也是一个因缘和合的过程。在佛教传承的不同阶段，在不同的佛教派别中，死亡具有的地位和重要性都是有所差别的。佛教传入中国后，逐步与社会融合，进而在一定程度上影响和塑造着丧葬。丧葬中渗透着不同的佛教元素，这些佛教元素展现了群体的认知模式。

1. 死亡用语的避讳

受传统儒家礼法的影响，民间一般讳言死亡。死亡，特别是在节日中更是如此。当然，在不同宗教、民族、地区等，是否避讳死亡这一用语是有所不同的。陕西关中地带民众对死也是极为避讳的。一个人去世后，民众经常用"去、没、蹬腿"等同义词来修饰。在特殊的对话场合中，这些词语能够正常交流。傅功振主编的《关中民俗文化概论》中也有这样的表达："在关中地区，老人去世了，要称没了或走了。回民叫无常了。"① 民众的日常用语毫无疑问地反映了他们

---

① 　傅功振主编：《关中民俗文化概论》，西安：西安交通大学出版社，2018年，第172页。

对死亡的忌惮和畏惧。从生到死，通常被认为是生命的整个过程。使用什么词语修饰死亡，也能在一定程度上展现人们对死亡的基本态度。如上文所引的"无常"，这种用法肯定有其特殊意义。有时候，日常用语不仅体现在口语之中，三秦的讣告就几乎不用死这个字，而以"病、终"等来替代。民众对死亡的这种认知，是长期的历史传统所塑造的。它不仅是单个人的观念，也是群体甚至整个社会人群的认知。这种认知基于对死亡现象的观察，也是长期以来人们对死亡认知的不断传承，甚至形成的心理惯性。当然，死亡的日常用语很少用佛教术语替代，这说明民众更习惯于儒家传统。

2. 引魂灯或佛灯、开路引等

这是出殡中的佛教元素。当一个人濒临死亡时，亲人们往往会联想他将来也会走同一条路。当设身处地时，自己又应该如何度过这段时间，这是丧葬所引发的核心问题。这条路通向遥远的未来。这是从古到今一直传承的一种认识。在这个过程中，亲人们在长辈、亲朋好友以及左邻右舍的帮助下，按照既定的程序走完。

亲人亡故后，亲人们先点引魂灯，也就是佛灯。人们认为，亡者所走的路一片漆黑。要点灯，他才能看清通向另一个世界的路。一般尸体头朝外，灯放在脚头的位置。也就是说，人死后，还有一段路要走。这条路需要亲人帮助他完成。如果这条路走得不好，人们认为会引起不好的后果。这时候，一般需要专人看护佛灯，确保不灭，一直持续到出殡为止。

在佛教中，灯是一种重要的象征，它本身并没有特殊的佛教义理，但是佛教中有燃灯、燃灯佛等术语，元宵节张灯就被赋予了特别的含义。因此，灯有光明和圣洁的意思。

开路引是从出殡开始到埋葬死者的一段程序。这个程序在不同地方有不同的做法。根据杨景震主编的《陕西民俗》所载，陕北的开路引程序非常严格。[①] 今天关中出殡中也有大致的情形，只是很多方法有所不同。其中，与佛教相关的是请和尚诵经。当然，有些出殡不会有诵经这个环节。诵经的意义在于，人们相信它可以引导死者在地狱或者另一个世界顺利托生，不受来世之苦。这种观念并不纯粹是佛教的，而是很多人的观念。只不过它采取了佛教的形式，显得更加庄重。或许，这与关中的佛教氛围有关，一些佛教信仰家庭多采用这种方法。

3. 葬后的法事

如何安排死者的丧事，似乎是面向来世的问题。在这方面，传统儒家学说缺少相关规定，而佛教就成为民间甚至整个社会所要汲取经验的对象。在这方面，佛教形成了一整套相关的理论和程序，民间的丧葬主要体现为两个方面：

佛教对死后的世界有所设想，亲人们关心的是如何安排好死者以后的生活，使亡者能够顺利地通向美好的未来。其

---

① 杨景震主编：《陕西民俗》，兰州：甘肃人民出版社，2002年，第256-257页。

一，死后三天往往被安放在家。这三天内，由儿女守夜。儿女等亲人往往因失去其人而痛哭流涕，随之有邻居亲朋好友前来慰问，并帮忙进行白事的准备工作。在这个特殊的时间段，张灯，使之灯火通明。同时，要扎纸车马，天黑后进行焚烧。在这个阶段，放焰口是常备的选项。因为人们普遍相信，人死后灵魂即将进入另外一个世界。这时候要规避灾祸，特别是要避开恶鬼，借用佛教的放焰口可以使恶鬼得到救助，死者不会被恶鬼所缠，而进入净土世界。这种鬼神观念可谓人类社会中非常普遍的观念之一。佛教被认为在这方面具有特殊的功能，因此才被世人所选择。其二是逢七天而成的祭七，这是葬后最隆重的仪式。《重修泾阳县志》记载："七七之中，必卜一日家祭。先期讣告亲友，远近往奠，赠赙馈食，各称情之薄厚；葬亦如之。自初葬以及窆棺，皆用乐，具酒食，款宾客。富家务为豪侈，往往刍灵塞巷，僧道诵经，踵事增华，无所底止。间有一二守礼之家，不用乐，亦不以酒食宴宾。而习俗沉迷，寡不敌众，卒且与之俱化。"[1]从此处可知，祭七是非常普遍的。此外，三原、乾县等县志也有明确记载。观之今天，祭七已经广为流传，可以说没有特殊情况的话，每家都要严守这种风俗。在丧葬中，出殡是最严肃的事情，祭七寄托着亲人对亡者的哀思。随着时间的推移，这种庄重

---

① 《咸阳经典旧志稽注》编纂委员会编：《咸阳经典旧志清宣统·重修泾阳县志》，西安：三秦出版社，2010年，第45页。

肃穆的氛围越来越少地体现出来。对于亲人而言，这也是心理的一种外在体现。做七的程序非常严谨，据说铜川的耀县就有这样的做法：当地有"逢七逢八，铜锤铁叉，烧七逢九，阎王请酒"的谚语，认为烧七遇到七和八的日子，阎王会拷打亡魂，是死者灾难最深的日子。[1] 谚语中的话语很有韵律感，可见民间所传语句经过了加工后便于传诵。它反映了阎王等鬼神观念在民间的根深蒂固。这种观念不完全是佛教的，但是受到佛教较大的影响。因此，丧葬中佛教的影响非常大，备受人们的重视。说到底，做七正是源于人们相信它，它反映了佛教转世轮回的观念深入人心。

不得不提的是，丧葬仍然深受传统儒家的影响，其礼仪、规制等都是不断流传下来的。只是在丧葬中，有些佛教元素被吸收了，有些佛教元素则被排斥，甚至被加以其他解释。经过长时间的历史变化，佛教元素在民间习俗中固定化的同时，其流变主要取决于民众的选择。今天，伴随着现代化的冲击，人们对身前死后的思考已经越来越少，似乎只有当丧葬发生时，人们才想起来如何去做。丧葬文化对于他们而言，似乎是和现实生活是割裂的。丧葬民俗在民间的广泛传播，特别是在老一辈人中懂得最多，这也能说明类似的问题。因此，丧葬作为民俗文化不断流失是可以肯定的。文化能否传

---

[1] 杨景震主编：《陕西民俗》，兰州：甘肃人民出版社，2002年，第268页。

播和发展，当然不是个体所能改变的，它更多的是社会现实的一种反映。丧葬毕竟是人类始终要面对的问题，源于多重因素的影响，佛教在丧葬文化中被民众接受的程度和范围或许会有所减弱，但只是它的形式和功能不同于以前了。

参考文献：

韩养民、王小兰编著：《关中节庆》，西安交通大学出版社，2014年。

杨景震主编：《陕西民俗》，甘肃人民出版社，2002年。

陈淑君、陈华文著：《中国民俗文化丛书：民间丧葬习俗》，中国社会出版社，2011年。

【济世民俗】

中国佛教慈善发展的现代化探索

朱光明 [①]

内容提要： 本文回顾了中国佛教慈善发展的百余年历程，首先阐述了佛教慈善现代化意涵的三个方面内容。其次，阐述了中国佛教慈善现代化的缘起、初期的实践成果和理论创新。再次，分析了新中国成立以后佛教慈善的曲折发展的原因，阐述了改革开放以来佛教慈善的大致状况、当代创新和存在问题。新中国成立前后的佛教慈善实践并不具有明显继承性，存在的问题仍有很多共同特征，特别是佛教信仰与慈善工作之间的张力问题，成为贯穿中国佛教慈善现代化过程始终的一条主线，也成为未来发展的重要挑战和动力。

关键词： 佛教慈善；现代化；探索

2012 年，国家宗教局等六家部委局联合下发了《关于

---

① 朱光明：山东威海人，山东建筑大学马克思主义学院讲师，研究方向：马克思主义中国化、慈善事业与社会治理、统一战线理论。

鼓励和规范宗教界从事公益慈善活动的意见》，其中明确指出，"鼓励和规范宗教界从事公益慈善活动，是新形势下贯彻党的宗教工作基本方针、引导宗教与社会主义社会相适应的必然要求，是发挥宗教界人士和信教群众积极作用的重要途径，也是促进中国公益慈善事业健康发展的有益补充"。作为中国目前影响力较大的宗教，佛教界积极参与社会主义现代化建设和全面建成小康社会的历史进程，是落实和贯彻"积极引导宗教与社会主义社会相适应"的重要举措。研究中国佛教慈善事业的现代化问题，对中国佛教慈善事业发展具有理论创新价值和现实指导意义。对中国佛教慈善事业发展现代化的考量，不应仅仅囿于当下时空中的辗转腾挪，更需从历史纵深中找寻其发展的本质、逻辑、轨迹和趋势等命题，以及我们可以凭借的资源、方法和选择路径等内容。笔者拟以中国近代以来的历史进程为线索，探寻中国佛教慈善事业的发展历程，认知和梳理其现代化的探索脉络。

一、佛教慈善语境下的现代化意涵

从宽泛的意义上讲，现代化是指人们利用近现代的科学技术全面改造自己生存的物质条件和精神条件，是变传统社会为现代社会的过程，是以现代工业产生为发端，以科技发展为动力，涉及经济、政治、文化和社会等各方面的整体性、进步性，不断加速和推动全球性的社会变迁①。现代化意味着持续加速的知识积累、科学技术进步与应用、产业结构升级、更有效率的能源应用、日益丰富的产品和服务生产或供应、效益最大化的目标、市场化的资源配置、宗教去魅的世俗化世界、标准化和功利化价值导向、自由宽松的经济政策以及个人自由主义的观念等等属性②。那么，在佛教慈善的语境下，现代化意味着什么呢？

（一）佛教慈善现代化应以践行人间佛教为基本宗旨

从宗教的角度来看现代化，与之关系最为密切的当属"世俗化"的命题。对于宗教世俗化，不同的人可能有着不同的理解③。在可预见的相当长的历史时间内，人们可以达成这样的共识："尽管在一个给定的社会里特定的宗教会衰退至失去领导地位且永不可能赢得它以前的影响力，但以这样或那样形式存在的宗教现象却不会消失"④。如果宗教世俗化意味着宗教生活的凡俗化，即"宗教仅仅是众多机构中的一

① 李芹：《社会学概论》，济南：山东大学出版社，2009 年，第 326 页。

② John G.Blair、Jerusha Hull McCormack, *Western Civilization with Chinese Comparisons*（*Third Edition*），Shanghai：Fudan University Press，2010，p.355.

③ [美] 罗纳德·约翰斯通：《社会中的宗教——一种宗教社会学》，袁亚愚、钟玉英译，成都：四川人民出版社，2012 年，第 632-633 页。

④ [美] 罗纳德·约翰斯通：《社会中的宗教——一种宗教社会学》，袁亚愚、钟玉英译。成都：四川人民出版社，2012 年，第 651 页。

种，且并不必然享有首要的地位"①，那这一概念适用于欧洲的基督教，而不适用于中国的佛教，因为中国佛教在历史上从未获得过像基督教在欧洲那样的对整个社会的支配性法权地位。对中国佛教而言，世俗化更多的指向了"内在世俗化"，即"宗教组织为适应世俗世界而对其教义和实践做出程度不同的调整"②。佛教在我国向来被视为出世的宗教，佛教的僧尼被称为出家人，给人以避世清修、打坐参禅、坐而论法和不问红尘俗事的印象。佛教的内在世俗化意味着要朝向入世性转变，传统佛教的入世性主要表现在经忏佛事上，而今则要参与到社会生活的各个方面。笔者认为，佛教慈善现代化是以内在世俗化为线索，以慈善实践为路径来践行佛教世俗化。

（二）佛教慈善现代化是以理性化原则为实践导向

自 18 世纪中期以来，人类社会追求现代性中的重要表现之一就是人类对理性的崇尚和运用③。理性原则要求人们在追求和实现某一目标时，根据一系列一般性的或普适性的规则，对手段和效率进行理性计算，据此做出效用最大化的

---

① ［美］罗纳德·约翰斯通：《社会中的宗教——一种宗教社会学》，袁亚愚、钟玉英译，成都：四川人民出版社，2012 年，第639-640 页。

② 同上引，第 640 页。

③ Linda Woodhead, *Christianity*：*A very Short Introduction*，New York：Oxford University Press Inc.，2004，p.89.

行为选择①。一般而言，理性从外延上包括价值理性和工具理性两方面的内容。慈善的价值理性主要表现为慈善主体以公民意识觉醒为标志，积极主动地将缓解和消除人类苦难、维护社会公平正义、促进人类社会可持续发展等视为愿景和使命，即慈善的志愿性。慈善的志愿性不但意味着行为主体没有受到外在的胁迫（即自由性），也表明其意思表示具有自觉、积极、进取、创新等内容和要素，这其中包含信仰的成分，但不限于有神论或宗教信仰。慈善的工具理性则主要是慈善行为的专业性和有效性诉求，这滥觞于工业化工程中的科层化导向，即"社会中的组织趋向理性，目的在于生产效率提高，管理效能增加"②。以工业化为主要内容的经济现代化的成功不仅在于科学技术的应用，也在于科学高效的管理方法的贡献，突出表现为现代企业制度的建立和不断完善。现代慈善事业起源于 19 世纪末 20 世纪初进步主义时代的美国③，当时涌现出塞奇基金会、卡内基基金会、洛克菲勒基金会和福特基金会等一大批现代慈善机构，而这些组织的发起者和捐赠人大都是具有现代企业管理经验的企业家。

---

① [英国]安东尼·吉登斯、菲利普·萨顿：《社会学基本概念》，王修晓译，北京：北京大学出版社，2019 年，第 24-25 页。

② 彭怀真：《社会学（第二版）》，台北：洪叶出版文化事业有限公司，2012 年，第 290 页。

③ Robert H. Bremner,, *American Philanthropy*, Chicago：University of Chicago Press，1998，p. 86. 转引自陈斌《改革开放以来慈善事业的发展和转型研究》，《社会保障评论》2018 年第 3 期。

这些慈善机构的出现标志着现代企业管理的经验和模式引入慈善领域，并成为现代慈善事业发展过程中的一条主线。经过不断实践发展和经验积累，现代慈善事业逐渐形成了自身独特的科学理性管理范式，即非营利组织管理。基于理性化的考量，现代慈善要求进行组织化建构，保持信息公开透明，实行依法规范运作，提高工作专业性，保证慈善资金的安全稳定充裕，最重要的是要切实高效地解决社会问题，乃至消除导致社会问题出现的根源。

慈善的价值理性诉求和工具理性导向相结合，意味着慈善主体应该高效、专业、规范地解决社会问题和创造社会价值，与这一诉求相背离的表现或现象，则被称为"志愿失灵"。慈善事业以美好愿景和崇高使命为特征，能引起社会大众的广泛共鸣和积极参与，但令人惊讶的是大多数慈善活动的效果几乎完全未被检验或评估过，很多慈善捐赠被浪费，也有很多慈善活动破坏了受助地区和群体的自我发展能力，其生活境况不仅没有改善，反倒进一步恶化，这就是志愿失灵的极端表现——"毒性慈善"（Toxic Charity），而宗教驱动型的慈善活动是其中表现最为突出的①。为解决"志愿失灵"或"毒性慈善"的问题，人们提出"社会企业""影响力投资""慈善资本主义"等新理念和新思路，其宗旨在于提高

---

① Robert D. Lupton, *Toxic Charity*: *How Churches and Charities Hurt Those They Help* （*And How to Reverse It* ）, New York: Harper Collins Publishers, 2011, pp.3-4.

慈善活动的效能，且无不渗透着资本和商业的逻辑。然而，慈善活动的实际效果可能需要较长周期的沉淀才能显现，而实现了经济上的可持续或财务上的成功，并不意味着就克服了"志愿失灵"，且商业手法本身也存在"市场失灵"的天然缺陷，因而如何更好地实现理性化是现代慈善事业一以贯之的终极命题。

（三）佛教慈善现代化应把握信仰与慈善的辩证关系

目前我国佛教慈善现代化研究的主流观点认为，佛教慈善在向世俗的大众慈善靠拢，其宗教色彩逐渐淡化，即一种趋同化走向的"解构论"论调。比如，邓莉雅认为佛教慈善组织转型的自我调适必须进行观念形态的转变，剥离宗教信仰的驱动属性，更多地开展公民志愿精神的动员能力[①]；周缘圆认为佛教慈善的现代化转变在内容上表现为输出的双向开放、基金会等形式的组织化和政社分开的民间化管理，其重要特征之一就是弱宗教性（去宗教性），指出对于宗教性淡化可能存在争议，但应该持包容坦然，留给时间去检验[②]；刘选国从中国历史和现实的具体案例比较出发，阐述

[①] 邓莉雅：《从功德会到基金会——佛教慈善组织现代转型问题探析》，《法音》2015 年第 3 期。

[②] 周缘圆：《进化与变迁：中国佛教慈善的现代化转变》，《海南大学学报（人文社会科学版）》2017 年第 3 期。

了宗教与慈善关系过于紧密的潜在危险性①。当然，从佛教慈善事业的个案研究来看，慈济慈善事业基金会、河北佛教慈善基金会和厦门南普陀寺慈善会等佛教慈善机构并没有消除其佛教属性，但多数从事佛教慈善实践研究的学者，大都把精力放在了其慈善活动的表述上，佛教信仰与慈善工作的关系基本上是语焉不详的，更没有对如何在慈善实践中坚守佛教信仰提出建设性和针对性的操作模式②。

二、清末至民国：中国佛教慈善现代化的初步探索

自明清以降，进入末法时代的中国佛教总体上呈现衰败迹象，在近代以前就饱受争议。比如乾隆皇帝就曾批判末法佛教中的一些不良现象："今僧之中有号为应付者，各分房头，世受田宅、饮酒食肉 无所顾忌 甚者且蓄妻子"③。太虚法师对应付僧也表现出了厌恶之感："忏焰流，则学习歌唱，拍击鼓钹，代人拜忏诵经，放焰设斋，

---

① 刘选国：《去宗教化对慈善机构的影响（上）》，《公益时报》，2017 年 7 月 22 日，http://www.gongyishibao.com/html/gongyizixun/8263.html（阅读时间：2021 年 7 月 15 日）。

② 参见林建德：《出入于圣俗之间——佛教慈善事业之初步思考》，《玄奘佛学研究》第 28 期（2017 年 9 月）。

③ 中国第一历史档案馆编：《雍正朝汉文谕旨汇编（第二册）》，桂林：广西师范大学出版社，1999 年，第 351 页。

创种种名色，裨贩佛法，效同俳优，贪图利养者也"①；不仅如此，他对当时佛教界的整体状态也提出了批评："现在的佛教，实在太腐败太不像样，不但在家的教徒多数不了解佛教的真理，即多数的出家教徒尤未能明白自身应负的责任与事业"②。到了民国时期，一些寺庙的僧人会盗窃香油功德钱，甚至还鼓励同伴从事这一行为③。鸦片战争以后，佛教僧尼仍依靠田产地租、信众捐献和经忏收入等生活，继续做远遁山林的方外之人，对已经到来的空前的民族危机不闻不问，很容易遭到社会舆论的抨击，甚至成为被打击瓦解的对象。

（一）中国佛教慈善现代化的发展缘起

中国佛教慈善现代化的导火索是清末"庙产兴学"运动的兴起。1898 年湖广总督张之洞上书光绪皇帝，提出了"庙产兴学"的主张，要求动用全国寺庙财产作为兴学的经费来源："大率每一县之寺观，取什之七以改学堂，留什之三以处僧道。其改为学堂之田产，学堂用其七，僧道仍食其三。"④

---

① 释太虚：《震旦佛教衰落之原因论》，《海潮音》1921 年第 2 期。

② 释太虚：《菩萨学处讲要》，《太虚大师全书》第 18 卷，北京：宗教文化出版社，2005 年，第 284 页。

③ 释圣严：《归程》，北京：中国文联出版社，2011 年，第 54—55 页。

④ 张之洞：《劝学篇》，郑州：中州古籍出版社，1998 年，第 121 页。

有学者认为最早提出"庙产兴学"主张的是康有为[1]，但康有为奏折中的"庙产"是针对民间用来祭祀鬼神的"淫祠"而言，并没有涉及佛道教寺院道观所拥有的房屋田产[2]，明确指向佛教财产的第一人应该说是张之洞。张之洞是晚清北方清流派的重要骨干，也是洋务运动的代表人物，在当时具有较高的声望和影响力，其观点主张在一定程度上反映了清末士大夫阶层的共识。尽管"庙产兴学"的政策在戊戌变法后被一度叫停，但这股风潮在实践中并没有中断，清末新政又重新认可了这一主张的合法性[3]，甚至到了民国时期仍有类似政策法令出台[4]。全国各地的官员和乡绅积极实施"庙产兴学"，也出现了不少以兴学之名肆意霸占寺庙房屋田产贪污肥己的现象[5]，但其根源之一就在于"庙产兴学"被认

---

[1] 吴艳：《康有为与晚清庙产兴学探略》，《社会科学论坛》2019 年第 3 期。

[2] 康有为：《康南海自编年谱（外二种）》，北京：中华书局，1992 年，第 47 页。

[3] 舒新城：《中国近代教育史资料（中）》，北京：人民教育出版社，1981 年，第 438 页。

[4] 北洋政府 1915 年颁布的《管理寺庙条例》之第十条规定："寺庙财产，不得抵押或处分之，但为充公益事项必要之需用，禀经该管地方官核准者，不在此限"；南京国民政府 1929 年颁布的《寺庙管理条例》中规定："寺庙得按其财产之丰绌、地址之广狭，自行办理各项公益事业一种或数种。"详细情况参见纪传华《南京国民政府时期的庙产兴学运动》，《中国佛学》2015 年第 2 期。

[5] 吴林雨：《清末庙产兴学及其社会反应》，《济南大学学报》2005 年第 3 期。

为具有政治上的合法性与道义上的正当性，地方财政困窘的情况下，在"庙产兴学"的过程中，即使行动过激也容易被理解和宽容。清末民初的"庙产兴学"运动，给早已呈现衰落态势的中国佛教以沉重打击，造成了极大的经济损失，产生了严重的生存危机。中国佛教界为了自保自救，开展了自办教育等慈善活动，很大程度上是勉为其难，是极不情愿的被动之举，经济上也是捉襟见肘。南亭法师曾指出：（当时）一般乡村小庙自给自足尚属不易，田连阡陌的名寺巨刹由于僧侣众多，日常开支巨大，并无多少节余，遇到灾荒歉收，还会入不敷出，需靠借贷、化缘和经忏佛事贴补用度[①]。无论是主观意愿还是客观条件，中国佛教寺院因庙产兴学运动而开展慈善活动大都并不理想，但客观上却拉开了中国佛教慈善现代化的序幕。

（二）中国佛教慈善现代化初步探索的新特征

中国佛教慈善有着源远流长的历史传统，历朝历代都有佛教开展施粥赈灾、安老慰孤、义诊施药、修桥铺路等慈善救济活动。进入近代社会以后，中国佛教慈善仍具有明显的传统性，现代化进程尽管稍稍有些迟缓，但在时代大潮的冲击和影响下，一些慈善实践呈现出与以往慈善活动所不同的现代属性特征。

---

① 韩焕忠：《慈善活动与佛教振兴——浅谈南亭长老的宗教竞争意识》，《闽台文化研究》2018 年第 3 期。

1. 重视受助人自我发展能力

传统的佛教慈善以救济性的消费慈善活动为典型，主要是解决受助人现时的温饱问题等生活基本需要，给予临时性的救助帮扶，并不从根本上解决问题。清末至民国初年，佛教慈善活动对孤儿救助坚持"授人以鱼"与"授人以渔"并重的方针，不限于基本生活保障，增加了教养结合的实践，给予孤儿适当的文化教育，对其谋生的劳动技能进行培训[①]，将生活救济、文化教育和就业培训相结合。

2. 建立科层制的组织架构

当时的佛教慈善活动开始由独立的慈善组织来承担，而不再是由僧团或寺院的内设机构负责，且这些慈善组织开始有了一套具有现代特征的科层化的组织管理体系。以北平五台山普济佛教会为例，该会开展了学校、施诊所、平民工厂等慈善业务，其内部机构设置与现代社会团体在结构上基本相同，设有会员大会、理事和监事，理事与监事由会员大会选举产生，并设有候补理事、候补监事、常务理事和常务监事等，理事和监事任期为两年，可以连选连任，而其下设的育幼院也建立了董事会制度架构[②]。

---

① 高秀峰：《近代中国佛教慈善事业研究》，湖南师范大学历史文化学院 2010 年硕士学位论文，第 54-55 页。

② 任超：《从传统到现代的转型——民国北京佛教界慈善教育初探》，《史志学刊》2017 年第 2 期。

3. 开始组织专门的筹款活动

寺院发起或创办的慈善机构其经费来源以寺产收入为基础，但不足以支撑慈善活动的运营成本，会对外开展向社会各界的劝募活动，甚至会开展一些现代金融类的投资经营性活动①；与此同时，佛教界开展自然灾害赈济类慈善活动时，也会主动向社会公开筹款，如开展街头演讲、刊登劝募广告、进行义演义卖等活动②。

4. 居士群体开始独立发挥作用③

从清末民初著名居士杨文会起，中国佛教居士群体可谓群星璀璨，诸如谭嗣同、章太炎、李正刚、桂柏年、谢无量、李证刚、梅光羲、欧阳竟无、韩德清、朱芾煌、周叔迦等都是当时非常具有佛学造诣的知识分子，一大批官员和富商都是佛教信徒。新中国成立前，江南地区的佛教会社中，60%的创办者或组织者为军政、工商、学界、普通信众等佛教居士，僧俗联合创办的占12.9%④，足见当时佛教居士在

---

① 曾桂林：《慈航普度：近代中国佛教慈善事业论纲》，《中国文化研究》2014 年第 4 期。

② 明成满：《民国佛教慈善团体资金募捐研究》，第六届圣严思想国际学术研讨会（台北·2016）。

③ 唐忠毛：《作为民间慈善组织的近代居士佛教——以民国上海佛教居士林为例》，《上海师范大学学报（哲学社会科学版）》2008 年第 6 期。

④ 徐安宁：《民国江南地区佛教会社研究》，《历史地理》2019 年 1 期。

佛教界的影响力。正是当时的中国佛教界拥有这一大批社会精英群体的居士信众，才在寺院经济日益凋敝的情况下，能够有效地筹集资金和动员社会力量，在慈善事业方面有所成就和发展。

总之，近代中国佛教慈善活动已开始呈现现代化特征，由原来的自给自足经济模式下内在性的自为活动，变为更具有自觉性和主动性的公民行动，体现了积极入世的"内在世俗化"倾向，但在实践上并不具有全国范围内的普遍性，佛教慈善活动较为活跃的地区主要分布在沿海沿江等经济较为发达的地区，而且与当时的基督宗教慈善发展状况相比，无论是资金实力还是发展水平都相对逊色。尽管作为本土化的宗教，中国佛教有着较为广泛的群众基础，但对公众的慈善动员的能力仍不足，慈善资源供给仍主要局限于佛教界范围内，而且有较强的自益性倾向：不仅有应对"庙产兴学"的权宜之计，也会专门开展僧才培训教育[1]，或者开展一些带有信徒互助色彩的临终助念[2]，甚至在慈善活动中进行宣教活动[3]。

---

[1]　明成满:《民国佛教慈善学校研究》,《中国矿业大学学报(社会科学版)》2015年第2期。

[2]　明成满：《民国的佛教临终关怀团体研究》,《绍兴文理学院学报》2014年第4期。

[3]　唐忠毛:《民国上海居士佛教慈善的运作模式、特点与意义》,《社会科学》2013年第10期。

（三）中国佛教慈善现代化的理论创新：人间佛教思想

1913 年，太虚法师在寄禅法师追悼会上提出教理革命、教产革命、教制革命的主张。其中，教理革命的主要内容是他阐发的"人生佛教"概念。到了 20 世纪 30 年代，太虚法师又进一步提出了"人间佛教"的概念。在太虚法师看来，"人间佛教，是表明并非教人离开人类去做神做鬼，或皆出家到寺院山林里去做和尚的佛教，乃是以佛教的道理来改良社会，使人类进步，把世界改善的佛教"①，但太虚法师并不是让佛教一味地迁就和适应现代社会，而要用佛法引导人和成就人，"今后佛教新的发展和建设是应把佛教的精神普遍地打入大众心中，唤起大众热情的信仰和认识。"②易言之，人间佛教最终是要回归佛法，也就是 1938 年太虚法师提出的"仰止唯佛陀，完就在人格，人圆佛即成，是名真现实"③。总之，人间佛教以人生改善、后世增胜、生死解脱和法界圆明为目标④。当代高僧惟贤法师用"完人、超人和超超人"概括了太虚法师的人间佛教思想的内容："首先要做一个完

---

① 释太虚：《怎样来建设人间佛教》，《太虚大师全书》第 25 册，北京：宗教文化出版社，2005 年，第 354 页。

② 释太虚：《菩萨学处讲要》，《太虚大师全书》第 18 册，北京：宗教文化出版社，2005 年，第 253 页。

③ 释太虚：《即人成佛的真现实论》，《太虚大师全书》第 25 册，北京：宗教文化出版社，2005 年，第 379 页。

④ 释太虚：《人生佛教开题》，《太虚大师全书》第 3 册，北京：宗教文化出版社，2005 年，第 218-2019 页。

人，就要遵守三皈五戒十善，明因识果，保持人身，完成人的人格，提高人的道德；以后就要做超人，超人就要修解脱行，少欲知足，宁静淡泊，求身解脱、心解脱、慧解脱；超人以后要做超超人，超超人就是菩萨，就要具足大悲、大智、大愿、大无畏的精神，发菩提心，修四无量心、四摄六度，去救苦救难，度脱一切苦厄，这就是成佛的因。"①

太虚法师的人间佛教思想既是佛陀精神的弘扬与回归，也是中国佛教传统的转化与传承②，形成一个从出世间到入世间再到出世间的完整逻辑，而不能将其庸俗地理解为从出世间法变成入世间法。人间佛教思想本质上并不是慈善思想，但"人间佛教的革命性在于它成功地将信仰与慈善实践结合在现代化的组织及制度中"③。这一革命性在太虚法师生活的民国时代并没有得以彰显，直到 20 世纪 60 年代以后，在印顺、星云、证严、圣严等法师推动下才在我国台湾地区发扬光大；我国大陆地区则是改革开放以后的 20 世纪 80 年代，由中国佛教协会会长赵朴初提出并确认"人间佛教"的

---

① 释惟贤：《从人生佛教到人间佛教》，《中国宗教》2008 年第 9 期。

② 释圣凯：《人间佛教的三个维度——佛陀精神、中国佛教传统、现当代佛教》，《江苏佛教》2016 年第 4 期。

③ 齐伟先：《宗教与慈善的分合》，《宗教的现代变貌》，台北：联经出版公司，2016 年，第 224 页。

主导方向①，且对人间佛教思想进行了具有时代性的发展阐述②。人间佛教思想的创新发展并没有从根本上解决佛教与慈善之间的客观张力问题。这一问题在理论上可能不易觉察，但在改革开放后的实践中则逐渐显露出来。

三、当代中国佛教慈善现代化的曲折实践

新中国成立后，中国共产党领导下的人民民主政权首先要完成新民主主义革命的遗留任务，其中对佛教影响最大的是1950年至1952年的土地改革。1950年6月6日，中央人民政府颁布实施的《中华人民共和国土地改革法》第三条规定："征收祠堂、庙宇、寺院、教学、学校和团体在农村中的土地及其他公地。但对依靠上述土地收入以为维持费用的学校、孤儿院、养老院、医院等事业，应由当地人民政府另筹解决经费的妥善办法。"于是，在土改过程中，寺院占有的土地也被征收，分配给无地少地的农民耕种，很多出家人还被要求还俗参加生产劳动③。当国民经济从战争中恢复过

---

① 赵朴初：《中国佛教协会三十年——中国佛教协会第四届理事会第二次会议上》，《法音》1983年第6期。

② 李晓龙：《赵朴初论"人间佛教"的三重本质意涵》，《西北民族大学学报（哲学社会科学版）》2017年第4期。

③ 春贤：《重整寺院 庄严国土——记殊像寺住持圣忠》，《五台山研究》1996年第3期。

来以后，中央政府又不失时机地开展了农业、手工业和资本主义工商业的社会主义改造，最终建立起"一大二公"的社会主义计划经济体制，与之对应的是以国家为主要责任主体、城乡单位负担共同责任的国家—单位社会保障制度[①]，加上物资生产供应严重不足，导致佛教慈善彻底失去了存在的物质基础和现实可能性。佛教慈善事业陷入停滞的僵局。

（一）佛教慈善现代化探索的恢复发展

"文革"十年的浩劫结束以后，中共中央开始在各行各业进行拨乱反正的工作。1982 年 3 月，中共中央印发了《关于我国社会主义时期宗教问题的基本观点和基本政策》（简称 1982 年中共中央 19 号文件），重申了宗教信仰自由的政策，对宗教人士从事社会服务和社会公益方面的工作予以肯定。然而，佛教慈善事业并没有马上恢复过来，第一家宗教背景的慈善机构是中国基督教领袖丁光训等人于 1985 年发起成立的爱德基金会。爱德基金会是目前我国捐赠收入和公益支出规模最大的宗教背景的慈善机构。起初，爱德基金会的善款主要来自海外，直到 2014 年以后爱德基金会的境内捐款额度才超过境外部分[②]。中国第一家正式注册的佛教慈善机

---

① 郑功成：《当代中国慈善事业》，北京：人民出版社，2010 年，第 135 页。

② 根据《爱德基金会 2013 年度工作报告》，爱德基金会 2013 年境内捐赠总收入 41732493.06 元，境外捐赠总收入 43485277.45 元，2014 年相对应的则分别是 50800391.83 元和 39056177.16 元。

构是 1994 年才成立的厦门市南普陀寺慈善会（原名为厦门南普陀寺慈善基金会，2003 年改为现名）。佛教界必须挖掘和动员本土化的资源，没有了旧社会的大量土地经营收入，只能依靠信徒的宗教捐献。改革开放后，中国经济开始迅猛发展，人民生活水平日益提高，佛教信徒解决了温饱问题以后，才有能力为佛教寺院的建设发展提供资金支持，这也就造成了一定的时间差，导致了佛教慈善的恢复相对滞后于基督教慈善。

经过三十多年的发展，当代中国佛教慈善发展已经初具规模，其贡献超过了其他宗教群体。根据中国人民大学《中国宗教调查报告（2015）》的数据，截至 2015 年上半年，中国仍有 65.3% 的佛教活动场所未开展过扶贫助困、敬老、助学、医疗救助、救灾和公共设施建设等方面的公益慈善活动①，但平均每家佛教寺庙每年的慈善支持资金数额最高为 4.1 万元，远高于平均数的 1.8 万元②。由此，大致可以推断少数开展慈善服务的佛教活动场所的资金势力较强，与其他各主要宗教相比，慈善支出规模较大。据不完全统计，目前中国具有宗教背景的基金会共 97 家，其中佛教背景基金会

---

① 邱永辉主编：《中国宗教报告（2015）》，北京：社会科学文献出版社，2016 年，第 324-325 页。

② 中国国家调查数据新闻中心：《中国宗教调查（CRS）2015 报告发布》2015 年 7 月 8 日 ,http://www.cnsda.org/index.php?r=site/article&id=126（阅读时间：2021 年 6 月 20 日）。

最多，达到 75 家，占比 77.3%，其后依次是基督教 9.3%、道教 6.2%、天主教 4.1% 和伊斯兰教 2.1%[①]。这一数据在一定程度上也佐证了目前佛教的慈善贡献要强于其他宗教。

（二）中国佛教慈善现代化发展中的当代创新

1. 从人间佛教到心灵慈善的理念创新

北京仁爱慈善经济、苏州和合文化基金会和福建同心慈善基金会等佛教背景的慈善机构都提提倡与践行"心灵慈善"，但没有进行理论上的归纳和概括，但从其实践情况来看，可以从三个层面来理解：一是慈善参与主体从事慈善活动中首先应考虑自己的内心，慈善行为的产生是内在驱动的结果；二是慈善行为更关注受助人的心灵需要，在慈善中践行佛教的拔苦、与乐的慈悲观；三是从慈善团队建设的角度而言，重视参与主体（尤其是志愿者）的心灵成长。北京仁爱慈善基金会在组织架构上并没有领薪的专职工作人员，全部由志愿者组成，因此更强调志愿者的心灵成长性；苏州和合文化基金会具有鲜明的寺院背景，重视文化的推广，更重视受助人的心灵成长问题；福建同心慈善基金会则保持着对志愿者和服务对象双重关注[②]。心灵慈善的理念将人间佛教思想具

---

① 杨团主编：《中国慈善发展报告（2019）》，北京：社会科学文献出版社，2019 年，第 168-169 页。

② 康晓光、冯利：《中国第三部门观察报告（2016）》，北京：社会科学文献出版社，2016 年，第 237 页。

象到慈善领域，使得其更加容易理解、认知和把握，实现了从佛教思想到慈善观念的转变和飞跃。

2. 进行佛教慈善的机构构建

佛教寺院的慈善活动是在僧团的领导下开展，即使是没有注册成立独立法人资格的机构，也会保持系统上的相对独立性。很多寺院成立的功德会属于寺院内设机构，但一般与寺院的居士护法团适度分离。这种分离既是出于分工管理、提高效率的需要，也是佛教慈善动员的基本步骤，因为并不是所有佛教信徒都有能力有意愿参与慈善活动，通过建立功德会组织，可以将更加愿意参与慈善活动的信众联合起来，且门槛较低，不需要大额捐赠，能够适应多数信众收入不高的现实情况。不少佛教背景的基金会，是由功德会转型而来，但仍有后者的某些表征，特别是保持着会员制的原有架构。从治理的规范性角度来看，这种状况似乎涉嫌违规操作，但基金会的会员并不具有社会团体会员的选举权、被选举权和重大事项的决定权，本质上应界定为基金会的小额捐款人。"基金会 + 功德会"的架构设置形成了一个较为封闭而稳定的慈善社群 [1]，在一定程度上有利于保持和塑造社群的佛教群体属性，也是一种宗教与慈善张力的初步解决方案。

----

① 这一模式最为成功的是台湾的佛教慈善基金会，参见丁仁杰：《社会脉络中的助人行为：台湾佛教慈济功德会个案研究》，台北：联经出版事业公司，1999 年。

3. 佛教慈善重视对传统文化的借鉴与倡导

一方面，对佛教民俗进行现代改造升级，比如腊八节的奉粥活动。腊月初八向寺院的信众、施主奉粥的民俗传统由来已久，但这项活动原本并不是慈善活动，而是为正月十五上元节的佛事活动进行筹款的劝募活动[①]。但诸多寺庙将其转变成纯粹的公益活动，成为每年一度的慰问贫困户、环卫工人和孤寡老人的固定活动。北京仁爱慈善基金会的"心栈项目"更是把"奉粥"活动变成了常规性的公益项目，突破了时间和空间的限制，每天早晨全国会有 57 个心栈项目点同时开展奉粥活动，成为所在城市的一道亮丽的风景，先后被评为北京市慈善公益优秀项目（2009）和中国社工协会全国百优社会工作服务案例（2015）；另一方面，直接把传统文化作为项目内容，举办国学、传统文化培训班等活动，比如寒山寺创办的苏州和合文化基金会每年都会举办一期国学培训，还举办古琴公益培训和中医养生公益讲座等[②]，而浙江安福利生基金会则以传统文化作为重点，以华鼎书院为载体，开发了传统文化成人师范班、社区老年班以及国学课堂

[①]　张晖:《门徒与门眷：明清江南经忏佛事的商业化经营》，《兰州学刊》2013 年第 7 期。

[②]　《苏州和合文化基金会 2016 年工作报告》，http：//cishan.chinanpo.gov.cn/biz/ma/csmh/a/csmhadetail.html?aaee0101=ff8080815ebdce65015effeee5af010d（阅读时间：2021 年 8 月 10 日）。

等一系列国学课程 [①] ；而浙江建德禅寺倡导并发起的"雨花斋"免费公益素食项目，倡导孝老文化，将探索社区居家养老与传统文化倡导有机结合。

除上述情况之外，当前佛教慈善实践也在积极探索新路径，重视佛教慈善的专业提升，倡导和践行社会企业理念，开展联合慈善行动，推动慈善行业发展进步等，基本上能够与中国慈善发展整体状况同频共振，从总体而言，也优于民国时期的发展状况。

（三）改革开放后佛教慈善现代化中存在的问题

改革开放以来，佛教慈善活动得到了恢复发展，且经过了二十多年的积淀，但总体上仍处于发展的初级阶段，目前大部分仍采用传统的"授人以鱼"的方式。诸如通过直接或间接地捐款捐物，来帮助部分社会弱势群体解决现实的生活困难，资助行为具有随意性和主观性，缺乏对服务对象成长性的关注；慈善项目缺乏科学规划和管理，可复制可示范的成熟项目偏少；筹资渠道较为单一，募款行为缺乏主动性，且捐赠主体局限在信徒范围内，且对企业捐赠和大额捐赠比重高；法人治理机构并不健全，机构章程贯彻不到位，理事会功能弱化，财务管理规范性亟待加强；专职人员义工化比较明显，无相关专业技能社会工作训练和经验；不重视慈善

---

① 《浙江安福利生慈善基金会 2018 年工作报告》，http：//www.chinanpo.gov.cn/viewbgs.html（阅读时间：2019 年 8 月 10 日）。

品牌塑造，信息公开透明工作亟须加强；慈善活动参与诸多单一，资源动员和整合能力不足等等一系列问题①。但是，这并不是佛教慈善活动所特有的，其他类型宗教的慈善活动乃至非宗教类的慈善活动也或多或少存在上述问题，在现阶段的中国慈善事业发展过程带有普遍性。随着慈善实践不断深入，经验不断沉淀，加上法律法规政策体系日臻完善，整个慈善行业的治理程度会不断完善，上述问题会一一得到解决。笔者认为，反思佛教慈善发展现代化进程，更多地应该从佛教本身着眼，认识和把握相关"元问题"。

1. 佛教慈善的非必然性问题

佛教中的慈悲观、布施观、福田观、报恩观、业报轮回观等都具有慈善色彩②。然而，佛教主体投身慈善并非一定出于佛教信仰的动机，"从实际的历史考察中，我们不难发现：慈善者的施助行为可能出于政治的考量、宗教的传播、社会

① 详细情况可参考：莫光辉、祝慧：《宗教慈善组织的发展困境及治理转型探索——基于广西佛教济善会的个案分析》，《太原理工大学学报（社会科学版）》2012 年第 5 期；孙浩然：《佛教慈善的历史发展、现实问题及对策建议》，《江西广播电视大学学报》2014 年第 1 期；李刚强：《当代大陆佛教慈善事业发展中存在的问题及对策研究》，上海师范大学 2013 年硕士学位论文；孙晓舒：《当代佛教慈善的优势、挑战与发展方向》和北京师范大学中国公益研究院编：《中华佛教慈善十大案例》，首届佛教与现代慈善研讨会会议材料（福清·2014）以及若干佛教背景基金会年报。

② 林志刚：《中国佛教慈善理论体系刍议》，《世界宗教文化》2015 年第 2 期。

地位的维系、经济市场的再生产等各种因素，甚至于这种种因素还可能纠结在一起，共同导引着施助行为的产生，怜悯在其中可能只是配角。"① 佛教慈善参与主体慈善动机多元性，在一定程度上佐证了佛教教义理论的慈善证成是人为建构的结果，并不具有必然性。之所以产生这样的误区，主要在于外界对佛教信仰的两方面误读：一方面，佛教信徒似乎都应像历代高僧大德一样，有着超然的道德觉悟和为人师表的品行，像菩萨一样救苦救难；另一方面，佛教信仰重出世的属性和持诵佛号求功德的做法，会让人认为佛教徒异类，而助人行善成为其"异类"属性得到认可和尊重的主要方式。佛教信仰不具有慈善导向的必然性，意味着佛教慈善现代化不能依赖于伦理道德，应重视建立规范科学有效的管理机制和制度创新。

2. 佛教与慈善的"资助混同"问题

从法律规则来看，对宗教捐献的主体可以获得税收优惠②，但这种捐赠并不是法律意义上的"慈善行为"③。在实际操作中，很多宗教背景的慈善机构把捐赠收入用于道场

---

① 李健鸿：《慈善与宰制：台北县社会福利事业史研究》，台北：台北县文化中心，1996 年，第 102-103 页。

② 《财政部 国家税务总局关于非营利组织免税资格认定管理有关问题的通知》（财税 [2014]13 号）。

③ 无论是《中华人民共和国公益事业捐赠法》还是《中华人民共和国慈善法》均将宗教列入慈善的条目项下。

建设、僧才培养、编印佛书和相关佛事活动，被称之为"弘法型慈善"[①]。现代慈善以其公益性或公共性为重要特征，而服务于自身发展的活动属于自益性行为，比互惠性社会团体的公共属性还低，因而不应该界定为慈善行为。目前，通过依法成立的慈善机构对佛教自身传承给予支持，很大程度上在于佛教活动场所大都不具有法人地位，不具有税收抵扣资格，且相应的慈善机构与寺院道场存在人事、财务和管理上存在依存性，佛教慈善组织开展自益性活动在某种程度上也属于迫不得已的无奈之举。目前，我国正在开展宗教活动场所法人登记工作，宗教主体与慈善机构的法人界限明晰后，这一问题将会最终得以彻底解决。

3. 佛教慈善的潜在优势反思

截至目前，佛教慈善在当代中国慈善事业发展过程中并不具有任何特殊性，甚至还相对滞后。佛法修为与慈善工作属于不同范畴的事物，出家法师如果没有专业化的知识储备，也没有丰富的慈善工作经验，大都是不可能做好慈善工作的。佛教信仰所激发的慈善热情能够支撑慈善活动的开展，但这主要适用于传统的消费性救济活动，对专业化规范性要求程度高的慈善活动并不能产生直接的积极效应。佛教徒的信仰并不是均质化，存在着旨趣、倾向和程度等层面的差异性，

---

① 王佳：《中国佛教慈善组织的发展现状》，《黑龙江民族丛刊》2010 年第 5 期。

并不一定与道德修养和工作态度具有正相关关系，且无任何事实依据证明慈善是佛教徒修行的最佳法门。佛教慈善"优势论"，基本上属于一些人的主观臆断，是不具有现实依据的迷思。

除此之外，关于佛教慈善的组织方式，有一种倾向认为功德会转型为基金会是佛教慈善现代化的进步趋向[①]，有利于佛教慈善向更加专业化、规范化、社会化方向发展。佛教慈善发展科层化的重要表征之一是基金会化，这符合现代化的理性化原则导向。但是，基金会是现代慈善事业专业化的重要载体，无论是资助型还是运作型的模式，都对基金会从业人员的相关领域的专业技能以及非营利组织管理能力有着较高的要求，且每家基金会的工作人员较少。若佛教慈善以基金会化运营为导向，走集约化、专业化发展道路，而忽视其佛教属性，很容易走向去宗教化。由此，佛教信仰将人引入慈善之路，最终导致佛教信仰与慈善工作分道扬镳，这就是构成了信仰与慈善的张力悖论。

四、结语：中国佛教慈善现代化任重道远

佛教慈善活动既开展捐款捐物扶贫解困，也对传统优

[①] 邓莉雅：《从功德会到基金会——佛教慈善组织现代转型问题探析》，《法音》2015 年第 3 期。

秀文化进行推广和传播，既专注于佛教软硬件建设的投入，也有积极推动慈善行业整体发展的探索，不同类型、不同属性、不同发展阶段的慈善活动在同一时空中呈现出来，体现了当前佛教慈善实践在中国社会发展中的多元性和复杂性。中国佛教慈善目前整体发展水平不高，可持续发展缺乏稳定的物质支持，多数佛教寺院经济基础薄弱，尤其是在偏远山区或乡村地区的小庙，没有门票、租金等经营性收入，信众功德捐献能力有限，不少僧尼自身处于经济拮据的穷困状态[1]，即使香火旺盛知名度高的寺院成立的慈善机构也主要靠外部资金支持，且很多佛教背景的基金会捐赠收入依赖少数捐赠人，对组织稳定可持续化发展造成潜在风险[2]。宏观角度来看，中国佛教慈善活动自古以来不具有纯粹的民间属性，往往是政府"出于政治目的而施行的慈惠事业的另一种形态"[3]。在中国特色社会主义社会，佛教慈善事业发展既是中国社会保障体系的一种补充形式，也是践行和落实"引

---

① 中国国家调查数据新闻中心：《中国宗教调查（CRS）2015报告发布》，http://www.cnsda.org/index.php?r=site/article&id=126.（阅读时间：2021 年 6 月 20 日。）

② Philip D. Byers：*We Are Doing Everything That Our Resources Will Allow"：The Black Church and Foundation Philanthropy, 1959–1979*，https://doi.org/10.3390/rel9080234.（阅读时间：2021 年 8 月 15 日。）

③ 李向平：《从信仰到宗教的制度差异——佛耶制度比较论》，宗教对话与和谐社会学术研讨会论文（兰州·2007）。

导宗教与社会主义社会相适应"方针的需要，引导佛教界参与社会主义和谐社会建设。

　　佛教信仰与慈善工作之间的张力问题不容忽视。这种张力既有外在制度的刚性约束，也有内在因素的机制冲突。各宗教组织在开展宗教活动过程中受到一定的限制，比如未经批准不得在宗教活动场所之外开展宗教活动[1]，不能干扰教育活动[2]，不得在宗教慈善活动中传教[3]。在实践中，佛教慈善组织一般会避免进行刻意传教，不仅仅是法律法规的硬性规定，更在于可能会引起受助人的反感，且干扰专业化服务的推进，但存在通过传统文化倡导、禅修活动、奉送善书和护生放生等活动潜移默化地传播佛教教义的现象，进而通过慈善活动突破刚性制度对佛教活动的空间约束，构成一种客观的法律监督挑战，这是其一。其二，慈善现代化的理性导向与佛教信仰超越导向之间的张力，现代慈善发展在一定程度上会追求规范化和标准化，特别是对于慈善服务的实施与管理，相关的专业化技能和规则要求内化为参与者的工作伦理和职业伦理，并以此为基础建立组织文化，除非佛教慈善组织有意识地加强自身信仰社群建设，否则慈善专业化的深入最终会对其组织造成宗教信仰的解构，这成为佛教慈善组织在专业化和规模化发展中必须面对的抉择和挑战。这一

---

[1]　《宗教事务条例》第 40、41 条。

[2]　《中华人民共和国教育法》第 8 条。

[3]　《宗教事务条例》第 56 条。

问题，中国佛教慈善现代化探索之初就存在，今后可能将继续萦绕佛教慈善发展的进程中的重要课题，只是在中国显得格外微妙而复杂。究竟会成为佛教慈善活动的重要动能，还是慈善组织的佛教信仰解构的根源所在，只能留给实践去检验和回答。笔者相信：至少在相当长的一段时间内，佛教信仰与慈善工作的张力关系，是贯穿佛教慈善现代化进程始终的命题和线索，也是推动其不断发展的重要动力。

【经济民俗】

中古高昌寺院饮食支出考

——对《某寺条列月用斛斗账历》再探讨

张重洲①

一、引言

吐鲁番阿斯塔纳第 377 号墓出土的《高昌乙酉、丙戌岁某寺条列月用斛斗账历》（以下简称《某寺账历》），是一件反映高昌国时期寺院经济发展状况的代表性文书。此件文书是剪成纸鞋样随葬、由八个片断缀成的一份残文书，时代上对应麴氏高昌国时期，正值寺院经济发展的黄金阶段。关于此件文书的书写时间，唐长孺最早提出有延昌五、六年（565、566）或延寿二、三年（625、626）两种说法，土肥

---

① 张重洲，博士，清华大学哲学系助理研究员，主要研究方向：吐鲁番学、西域佛教史。

义和、吴震、陈国灿等大多数学者倾向于前者。[①] 文书完整地记录了高昌国某寺院一年的支出账目，从"条列""记识"判断应当为此寺院向官府报告账目的正式文书，这种以年为单位的汇报源于秦汉时期的"上计制"，此制度一直延续至魏晋南北朝时期，仍然作为考核地方官员政绩的功用而存在。故而对本件文书的解读和研究具有典型的个案价值。

《某寺账历》的书写时间从乙酉年十月记载至丙戌年十月。除了根据正月的记载反向推断之外，"供祀，充作冬衣""冬至""腊日"等都验证了对应的季节。书写支出文书遵循固定的格式。在每个月份之前先列出寺院中各级僧官的身份、寺院内的僧众和沙弥人数，其次要记录寺院中使人、作人、狗、牛等数量，每项后都标明各自需要消耗的食物。再列出寺院中缴纳各类赋税的情况，买卖各项物品的支出，部分情况下标出用途和目的。最后则是合计总数并冠以"谨案条列斛斗如右，请僧记识施行"的结语。类似格式书写的文书还见于《高昌某寺月用麦、粟、钱、酒账》，由于文书本身残缺部分过多，只记载了正月、二月、十月共三个月的支用账，故以后者的记载作为论证前件文书的辅助。

---

① 参见土肥义和：《敦煌·吐鲁番出土汉文文书の新研究》，东京：汲古书院，2013 年，第 229 页；吴震：《吐鲁番出土高昌某寺月用斛斗账历浅说》，《文物》1989 年第 11 期，第 63 页；陈国灿：《斯坦因所获吐鲁番文书研究》，武汉：武汉大学出版社，1995 年，第 355–359 页。

目前，学术界对于《高昌乙酉、丙戌岁某寺条列月用斛斗账历》的研究共有三篇文章。陈良文《从〈高昌乙酉、丙戌岁某寺条列月用斛斗账历〉看高昌寺院经济》[1]一文主要从寺院人数及阶级构成、土地经营方式、寺院支出入手来进行研究；陈国灿《对高昌国某寺全年月用账的计量分析——兼析高昌国的租税制度》[2]一文的关注点在僧人食量、雇价、寺院租赋三个方面；吴震《吐鲁番出土高昌某寺月用斛斗账历浅说》[3]则结合出土文书中所记载的粮食数量，推断寺院占有的土地数量，进而认为寺院为世俗社会提供了一定量的商品粮。诚然，已有成果极大地推动了此件文书的释读与研究工作，却也不可避免存在一定局限。一是囿于单篇文章的篇幅限制，此件文书包含的内容极其丰富，未能对其中很多问题进行深入探讨。特别是对于单件物品的支出情况，由于原文书信息缺失，难以具有样本意义，故而极其容易被忽略。二是寺院人数及阶级构成、外作人雇价、维修建造寺院的雇工、各色工匠等的价格等，虽然也属于寺院支出的一部分，

---

[1] 陈良文：《从〈高昌乙酉、丙戌岁某寺条列月用斛斗账历〉看高昌寺院经济》，《湘潭师范学院学报》（社会科学版）1987年第2期，第49—53页。

[2] 陈国灿：《对高昌国某寺全年月用账的计量分析——兼析高昌国的租税制度》，《魏晋南北朝隋唐史资料》第9—10辑，1988年，第4—13页。

[3] 吴震：《吐鲁番出土高昌某寺月用斛斗账历浅说》，《文物》1989年第11期，第60—70页。

却更应当归于人口管理的方面来探讨。三是寺院租赋方面，既有寺院整体上缴的部分，也有僧尼个人上缴的部分，不能一概而论。因此，本文拟通过解读文书内容，结合其他出土材料，着重探讨有关佛教寺院中饮食的支出情况，分析其背后的经济因素。

二、高昌寺院中的饮食分类与加工

在中古时期的高昌社会中，饮食问题影响着社会中的各色群体，也是普通百姓和僧尼生活的最大开销所在。高昌国百姓的食谱中长期保持以碳水化合物为主的饮食结构。根据对吐鲁番盆地墓葬的考古发掘，墓葬中的尸骨普遍存在着龋齿病，说明百姓日常饮食中淀粉类食物占比较高。蔬菜虽然有夏葱、夏韭、胡瓜子等作为补充，但由于气候、水源等因素的限制，普遍产量不高，所以高昌国人食用蔬菜的比例较低。在生产力受限和食物相对匮乏的时代，保持基本的热量和碳水摄入是人类维持生存的本能，这也与中国人传统饮食中碳水占据较高比例的习惯相互吻合。此外，高昌国地处丝路要道，风俗习惯还深受非汉族饮食习惯的影响，肉类的消费量也要远高于中原、河陇地区。《梁书》《南史》中均记载高昌国："备植九谷，人多啖面及羊牛肉。"[1] 证明日常

---

① 　《梁书》卷五四《高昌》；《南史》卷七九《高昌》。

饮食中面食和肉类占较高比例。同时，高昌本地水果品种丰富且产量较高，如葡萄、梨、瓜类等，有效填补了蔬菜缺乏在维生素和膳食纤维方面所造成的短板。

根据吐鲁番出土文书中的记载，高昌国内的可耕地资源极为稀缺，故佛教寺院土地上种植的主粮以麦类为主，粟米和粳米次之。佛教寺院中的粮食多是依靠自身生产和接受布施所得，或采取以物易物的交换方式，直接用银钱购买粮食的案例较为鲜见。《某寺账历》中记载该寺院至少占有土地四十一亩六十步。陈国灿从"六升敛"入手已有详细的论述，他认为某寺院生产的粮食基本能够满足其各项支出的需要，此不赘述。高昌寺院中粮食的支出通常在粮食账中予以记载。从《高昌某寺条列粮食账》《高昌僧众粮食账》中所见主食的支出结构来看，寺院饮食中主食有大麦、小麦、粟、糜、米、豆等多个品种。但是关于粮食支出的众多细节还不甚明了，以下先分析《某寺账历》中食品部分的构成：

（一）主食部分

高昌佛教寺院的土地主要种植麦子，收获的麦子首先要初加工为面粉，还可以深加工为品质更好的细面和白罗面，便于食用和储存。从《高昌重光三年（622）条列虎牙氾某等传供食账》《高昌传供酒食账》等文书的记载可见，细面、白罗面属于品质较好的粮食，只供应襄邑夫人、张夫人、世子夫人、吴尚书等官僚阶层或高级贵族食用。高昌寺院中对于麦制品的记载，几乎出现在每一件供食账中及每一日的饮食中。相较而言，寺院中麦类的加工程度远不如前者，主要是用作面食和炒制食用。具体有如下的加工制作之法：

高昌寺院人口的饮食以面食为主，故寺院中最常见的活动是"作面"。寺院中每月都会拿出大约一斛五斗的麦子用以"作面"。《某寺账历》记载：

8　☐☐☐文麦一斛五斗，作面。

37　麦一斛五斗，作面。

46　☐☐☐三斗，作面。

58　麦一斛五斗，作面。

73　麦三斗，作面，用迎枣。

《唐杂物牲畜账》中记有"铁调量面称一"，可见寺院中还有固定的称量工具。小麦加工成为面粉后，下一步可以制成各种饼类，日常有饼、汤饼、饺子、炉饼、馄饨、胡饼、佛饼、水家饼等多种做法。《某寺账历》第60行中记载"五斗，用买油，用作佛饼。麦一斗半，供水家饼，麦五斗。""佛饼"可能是专门为寺院祭祀活动制作的饼，"水家饼"可能指未加发酵的死面饼，但两者的原材料均为小麦。

新收的麦子也可直接炒制后食用。"炒麦"的做法属于胡食的一种，主要借鉴了北方游牧民族的饮食习惯。炒制的加工方式较为简单，加工数量无疑多于作面，某寺之中平均每月用量在二斛五斗左右。《某寺账历》记载：

8　麦五斗，作麨麦。

16　麦一斛，作麨麦。

25　炒麨。

46　麦二斛五斗，作麨。

51　▭▭五斗，作麨。

61　麦三斛，作麨。

67　麦二斛五斗，作麨。

炒麦更容易携带和长期保存，方便寺院中的人随时取食。这种饮食方式见于多件文书之中，根据《高昌付张都堆等供粮食账》记载："众僧细九斛▭▭四日，麨一斗付苟▭▭。"① 以及《高昌付思相等粗细粮用账麨》"麨一斗付孝祐，供宿卫寺中"② 等文书的记载，炒麦也成为世俗社会供养寺院僧尼的布施物之一。炒麦既可以干吃，也可以磨碎后用乳制品或热水冲制。最早汉代的戍边将士以粉状粮食溶水，调成粥类食用，这种传统一直被延续下来。需要指出，炒制的粮食不局限于麦类，米、糜、粟、青稞等均可进行烘炒，将其炒熟后作为干粮食用，这种饮食方式为僧俗两界所广泛接受。

糜子又可称"黍"，也是北方地区的主要粮食作物之一。

---

① 　《吐鲁番出土文书》第二册，北京：文物出版社，1981 年，第 288–289 页。

② 　《吐鲁番出土文书》第二册，第 296 页。

糜子初加工为糜米或糜细米,《高昌僧众粮食账（四）》记载:
"人食小麦一斛三斗二升,糜米饼一分▭▭"①,可做糜米
饼或直接发酵酿酒。糜子另一项重要用途是做羹,《某寺账
历》第17行:"五斗,用作羹",第58–59行:"糜三斗,
作羹,尽,供七月七日食",可见制作羹汤的粮食数量并不多,
且非经常性出现。此处制作羹是为了"供七月七日食",据
此推测可能只有在佛教节日或法事活动期间才需要制作羹。

糜的另一种做法为"阿摩肾糜",《高昌重光三年（622）
条列虎牙氾某等传供食账（一）》记载:"次阴传,粟米二斗,
供张夫人用作阿摩肾糜。"②具体做法不明,很可能为粥类。
寺院中也未见"阿摩肾糜"的记载,目前这种精加工的食品
只见于供应贵族阶层。除此之外,糜还出现在往来使者的日
常饮食之中,《高昌竺佛图等传供食账（一）》记载:

（前略）

2 ▭▭升。次竺佛图传,面五斗六升,糜米
九升,供婆觚吐屯牛儿中三人。

3 十三日,合用麦五斛六斗,糜米九斗。次吕
僧忠传,面六斗,糜米一斗二升,供鸡弊零

（后略）③

---

① 《吐鲁番出土文书》第三册,北京:文物出版社,1981年,
第359页。

② 《吐鲁番出土文书》第三册,第189页。

③ 《吐鲁番出土文书》第三册,第250页。

供食账是记载供应往来使者饮食的支出账目。文中提到
"婆瓠吐屯牛儿中三人"，《旧唐书》云："其西域诸国王
悉授颉利发，并遣吐屯一人监统之，督其征赋。"[①]"吐屯"
的身份应当是突厥驻高昌的最高代表。从供食账第一纸中的
内容可见，高昌国对往来使者的食品供应中，面和粟米仍为
供应的主体。往来使者的身份既有世俗官员，也有高僧大德，
更多的是云游取经、客居寺院的普通僧尼，其中"竺佛图"
很可能就是来自天竺的僧人。

粟本身抗旱性强，适宜在干旱的吐鲁番盆地内种植。
在吐鲁番文书中出现的频率也仅次于麦，饮食中可与其他主
食搭配加工成粟细米、糜粟等。考古发掘阿斯塔纳第 305 号
墓中就出土有一陶碗粟饭，童丕认为"粟和麦是穷人的主
食"[②]。《某寺账历》中第 6 行："沙弥一人，食麦五斛六
升半，糜粟十斛四斗四升。"沙弥群体多食用糜米与粟米的
混合物，反观第 7 行"使人二，食粟二斛九斗"，说明使人
群体则只供应粟米。饮食差别也反映出寺院内部不同群体之
间的等级次第。

此外，主粮中还有米、豆、青稞等。大米的产量虽然低，
却也可分为多个品类。《高昌僧众粮食账（一）》记载：

---

① 《旧唐书》卷一九四下《突厥下》。
② 童丕著，余欣、陈建伟译：《敦煌的借贷：中国中古时代的
物质生活与社会》，北京：中华书局，2003 年，第 37 页。

（前残）

1 ▭▭小食丸米一斗五升▭▭

2 ▭▭二斗五升，细米廿二斗。知。

3 □日小食丸米▭▭米一斗，中羹▭▭

4 □一斗。知。六日，小食丸米一斗五升，细

米 。

5 ▭▭中羹米二斗五升。七日，小食▭▭

6 ▭▭斗，五升▭▭ ①

仅文中所载的"米"就可分为丸米、细米、羹米三类，寺中僧尼小食丸米、中食羹米。王素认为中羹米的"羹"应是粳米之"粳"的同音假借②，《某寺账历》中却记载"糜五斗，用作羹"，证明做羹的原材料并不只限于粳米。

豆类也是五谷之一，由于其本身产量不高，因此在寺院饮食中只作为副食供应，目前在吐峪沟石窟寺考古中发现了黑大豆的遗存。《高昌重光三年（622）条列虎牙氾某等传供食账（二）》记载："次传，豆一斗，供康禅师用。"③与豆类情况类似的还有青稞，高昌国时代的文书中虽然未见到青稞的记载，但同时期的墓地如阿斯塔那149号墓和173

---

① 《吐鲁番出土文书》第三册，第356页。

② 王素：《高昌史稿·交通编》，北京：文物出版社，2000年，第87页。

③ 《吐鲁番出土文书》第三册，第170页。

号墓都曾出土过青稞种子，另在新塔拉遗址、洋海墓地、胜金店遗址等也均出土有青稞。考古证据说明青稞的种植时间虽然较早，但在高昌国时期种植面积较小，自然在文献中记载不多。目前明确记载的种植青稞的文献是唐西州时期的《唐租田所得地子青稞账》。

（二）副食部分

《某寺账历》中所记载的副食只有枣和油，肉类和酒水等未记载于《某寺账历》之中，本文尚且存而不论。枣在《某寺账历》中出现的频率不高，文书中出现枣的月份集中在十一月、十二月、来年二月共三个月中，其中十一月合计四斛五斗，十二月合计三斛，二月合计二斛。说明枣的产量不高，并且产量随月份递减。一般而言，枣的生长周期可达四个月，中原地区的枣常在九至十月间成熟，受到气候和温度的影响，高昌国地区的枣可能晚至十一月份才成熟，与文书中所记载的时间基本一致。已知高昌地区枣的品种有洿林枣、帝万枣、迎枣等。

枣的用途较为广泛，《某寺账历》第32行："帝万枣二斛，供作使晡时使"，第73行："麦三斗，作面，用迎枣"，可以直接食用或加入面中。枣还可以供杂用，第10行："枣二斛，供杂用"，第19行："枣三斛，供腊日用"。同样由于产量有限，枣在饮食中多用于各类活动或作为主食的添加剂，抑或是制成干果，而非作为日常的主要食物或水果。

与高级客使的往来供养中也有枣的出现。《高昌传供酒食账》中地位最高的"吴尚书"的供品包括："得白罗面三斛、粟细米一斛、炉饼一斛、涝林枣一斛、麻子饭五斗、香□一斗、酱二斗、细面□斛、粟米一斛。"[①] 对吴尚书的供应超过了普通接待客使的标准，甚至与突厥使者相当，其中就出现了品质最好的涝林枣。

油料的来源通常有两种，一种是购买胡麻子或核桃等经济作物，然后从籽实中炼油。另一种方式是直接购买加工后的成品食用油。《某寺账历》中记载：

> 8 麦三斗，买麻。
>
> 10 ══五斛，得钱十文，买胡麻子五斛，供佛明。
>
> 17 四斗，得钱一文，买麻子。
>
> 25 麦六斗，买麻子。

此处交易的方式也有两种，一种是物与物之间的交换，即用麦子直接等价交换。或用货币购买商品，流程为先将其他商品兑换成通用货币，然后在市场上购买油料。文书中记载胡麻子价格为一斛二文，某寺选择购买胡麻子后在寺院中进行加工。除了直接食用外，"供佛明"一词说明寺院中还会将油作为佛像前长明灯的燃料。毫无疑问，《某寺账历》

---

① 《吐鲁番出土文书》第三册，第146页。

中也有直接买油的记载，第 60 行："麦五斗，用买油，用
作佛饼"，整件文书中唯此一处是寺院直接在市场中买油。
此处记载的时间是七月，当月正值有两次重大的活动，即"祀
天"和"七月七日"。推测某寺中的油料支出已经十分紧张，
为了能够尽快使用油料，可能来不及购买胡麻子再进行压榨，
只能选择直接购买成品油。另外，购买油的原料"胡麻"也
可以用来制作胡麻饭，《高昌传供酒食账》中就有"麻子饭
五斗"的记载。

寺院饮食生活中还会提供茶点，《高昌某寺月用麦、粟、
钱、酒账（一）》记载："━━酒一斛供□用。果九斛供作
晡时食。"① "晡时"指下午的 3 点至 5 点，"果"指果干
或新鲜水果。高昌地区的寺院考古中还发现有各式点心，如
四角式、漩涡纹、三角式漩涡纹、叶片型、双环式等各种形
状的点心，类似下午茶的点心或小食，表明寺院中饮食供应
的多样化。

总之，统计《某寺账历》中粮食的支出情况后可以发现，
麦的支出数量达三百余斛，占某寺总粮食支出的近三分之一。
粟和糜两者的合并支出共计四百五十余斛，占某寺总粮食支
出的近二分之一。麦、粟、糜三者同为主粮，其数量占据了
全寺粮食支出总量的绝对比例，其余则为副食。"某寺"虽
然仅是个案，却代表了高昌国时期绝大多数寺院的情况。明

---

① 陈国灿：《斯坦因所获吐鲁番文书研究》，第 357 页。

晰了寺院中粮食结构的组成之后，我们再来分析粮食具体用于哪些方面的支出。

三、高昌寺院中的饮食支出

单就寺院饮食制度而言，收获的粮食中直接用于饮食部分的支出可大致分为三类：第一类是寺院内各种群体的口粮消费，第二类是宗教节日、祭祀、丧葬等活动中的粮食消费，第三类是寺院中所饲养牲畜的粮食消费。另外，寺院还使用粮食代缴官府的各类赋役，多是以实物缴纳或以粮折钱后再向官府上缴，此项不在本文的讨论范围之内。

（一）各种人口的消费

高昌国寺院中的人口由僧尼、沙弥、寺院附户等群体构成，这些人口无疑是粮食消费的主力。《某寺账历》记载此间寺院有僧六人，沙弥一人。现将寺院中每月的粮食消费门类和数量统计如下：

月份	麦	糜粟	合麦	合糜粟
乙酉年十月			九十五斛一斗	九斛□
乙酉年十一月	五斛六升半	十斛四斗四升	□□□一升半	四十斛三斗九升
乙酉年十二月	五斛四斗二升		九斗四升半	六十七斛二斗
丙戌年正月			二十一斛一斗九升	八十六斛九□□
丙戌年二月	五斛二斗四升	十斛八斗	三十三斛四斗四升	□九斛

丙戌年三月	四斛八斗九升	十斛四斗		
丙戌年四月			四斛七斗半	九十二斛三斗七升
丙戌年五月	五斛二斗半	七斛五斗	十五斛六斗	二十六斛一斗
丙戌年六月	九斛七斗半			
丙戌年七月		二斛八斗	二十七斛一斗	口斛六斗四升
丙戌年八月	九斛六斗半			
丙戌年九月	九斛三斗		十四斛三斗半	九斛九斗七升
丙戌年十月	七斗半			七斗半

　　从上表的统计来看，寺院中每月麦、糜、粟的消费数量基本保持固定不变。寺院人口多食用麦，口粮消耗也占麦类支出的绝对数量，每月支出大致在五斛至九斛之间。由于部分数据缺失，这里选取了数据较为完整的"丙戌年五月"作为案例，寺院人口对麦的消费量占全月的34%，对糜粟的消费量占全月的29%，两者各占总粮食支出的三分之一。进一步探讨某寺全年麦、糜、粟消费量，发现麦的消费数量在前一年的十月份达到峰值，共计九十五斛一斗，而糜粟的消费量在当年的四月份达到峰值，共计九十二斛三斗七升。但是，同月麦和糜粟的消费量则是达到了全年中的最低水平，分别只有九斛九斗和四斛七斗半。这是因为不同种类的粮食成熟时间略有差异，导致当月中寺院饮食只有某一类的主粮可供食用，而在其他月份中两种粮食的消费量基本维持平衡。

　　僧尼和沙弥还食用"小食粟"，"小食"很可能是寺院中的早餐。但小食粟并非全年都予以供应。而是从当年的五月至十月之间才有，其余月份则未见到。现将其统计如下：

时间（丙戌年）	文书中位置	小食粟数量
起五月一日至月竟	第 44 行	僧六人，沙一，食麦五斛二斗半、糜七斛五斗，小食粟□□□
起六月一日至月竟	第 50 行	僧六□□□□麦就斛七斗半，小食粟四斛□□□
起七月一日至月竟	第 57 行	二斛八斗，小食粟斛三斗，使□□□
□□□□□□月竟（顺延推测八月）	第 64 行	僧六人，沙弥一人，食麦九斛六斗半，小食糜粟四斛一斗八升
（顺延推测九月）	第 71 行	□□□人。食麦九斛三斗，小食粟四斛六升
（顺延推测十月）	第 77 行	□□□七斗半，小食粟四斛二□□□

　　从供应的月份来看，同样与原材料的收获季节有关，每年可能只收获一季。通常西北地区四五月份是粮食收获的季节，粟米正值此时收获。每月消费的"小食粟"数量比较稳定，平均在四斛左右。其他月份可能供应其他品种的主粮来进行替代，推测可能为"小食麦"或"小食糜"等，具体不得而知。最后将《某寺账历》中使人、作人、外作人等寺户群体的粮食消费数量统计如下：

时间	使人		作人		外作人		合计
	人数	粮食数	人数	粮食数	人数	粮食数	九斛□
乙酉年十一月	二	食粟二斛九斗					四十斛三斗九升
乙酉年十二月	二	食粟三斛	二	食糜粟			八十六斛九□
丙戌年二月						粟四斛二斗	□九斛三斗
丙戌年三月					二十	粟八斛四斗	

丙戌年四月	二斛九斗			六	粟二斛五斗二升	九十二斛三斗七升
丙戌年五月	二	糜三斛		十	□□五斛，糜一斛二斗	□十六斛一斗
丙戌年六月				六	糜三斛二斗□	
丙戌年八月	二	食粟三斛	糜粟二斛四斗□		麦四斛	
丙戌年九月	二	食粟二斛九斗	二	食麦□斗二升		九斛九斗七升

根据上表统计，某寺之中有两名使人、两名作人作为常备人口，合计四人。他们日常消费的粮食为糜和粟，平均每人糜粟的食用量在一斛五斗左右。使人、作人虽然以糜粟作为主食，但饮食中也会供应有面和米，《高昌食用面米账》中记载："□□九月廿七日即食面，干面一斛四斗□□面一斛二斗，细米一斛二斗。供六个大作人□萄中食。"[1] 对六名作人的粮食供应中就有"细米"和"□面"。六人就食的环境为葡萄园，说明其受雇于经营状况较好的寺院。

《某寺账历》记载寺院内全年的糜粟消耗量，单月最高消耗高达九十二斛三斗七升，单月最低消耗仅九斛九斗。通常寺院人口对糜粟的消耗量基本保持固定，四名使人、作人

---

[1] 《吐鲁番出土文书》第三册，第361页。

每月消耗大致为六斛，加上僧人、沙弥对糜粟的月平均消耗为八斛三斗，每月共计消耗最多十三斛。然而，最终合计的总数却远高于此，原因何在？这就说明除了固定人口的消耗之外，绝大部分糜粟都被用于非僧尼、使人、作人群体，推测应当全部用于供应临时性人口，即寺院所雇佣的外作人群体。当僧众和作人、使人等不堪负担一寺的全部生产任务，就需要雇佣外作人进行劳作，《某寺账历》中寺院的土地近七十亩，却只有作人两人、使人两人，无法满足耕种的需要，雇佣"外作人"无疑成为了最方便快捷的选择，自然也需要消耗大量的粮食。此外，文书中"作使"一词出现的频率较低，可被认为是作人和使人的省称。但并不明确是否包括外作人。《某寺账历》中三月粮食的消费量：

35　僧上坐　　　　　中坐　　　　　下坐

36　起三月一日至月竟。僧六人、沙弥一人，食麦四斛八斗九升，粟十斛四斗。麦五升。

37　祀天。糜粟十斛四升，供作使，并狗。粟三斛九斗，得钱三文。麦一斛五斗，作面。

38　□□斗，供三月三日食。粟八斛四斗，雇外作人二十人，用西涧重桃中掘沟种。

"作使并狗"一项的糜粟消费总数为十斛四升。其中犬类消费占粟三斗，外作人二十人消费粟八斛四斗，仍能够剩余一斛三斗四升，据此认为"作使"之中还包括外作人。

（二）宗教活动的消费

高昌国统治者本身崇信佛教，并大力支持寺院经济的发展，因此对佛教节日的庆祝极为隆重。比较重大的全国性节日和集会有：诞辰（佛诞日）、忌日、二月初八、四月初八（浴佛节）、七月十四（中元节）、盂兰盆会、腊日（佛成道日）、每月定期的斋会，讲经等传统仪式和法会。除佛教节日外，世俗活动和中原传统节日也要在寺院中举行，如当朝统治者的忌辰日的国忌、民间的大岁、寒食节、重阳节、冬至等都与寺院有关。《某寺账历》中所载的节日有：

> 9 尽，供冬至用。
>
> 17 尽，供腊日用。
>
> 38 □□斗，供三月三日食。
>
> 59 尽，供七月七日食。

冬至、腊日（腊八节）、三月三日（上巳节）、七月七日，多为中国传统社会中的节日，主要在汉族群体中流行。《高昌僧僧义等僧尼财物疏（十四）》首行中就记载了"冬至"[①]，寺院在"冬至"和其他节日中会收到檀越布施的钱财，并分配给众僧尼。又《高昌某寺月用麦、粟、钱、酒账（一）》记载："供正日食。"[②] "正日"有正月一日或节日当天两

---

①　《吐鲁番出土文书》第二册，第235页。

②　陈国灿：《斯坦因所获吐鲁番文书研究》，第355页。

种指代，但寺院无疑要为节日专门准备饮食。高昌国的佛教寺院中盛行过传统节日，也反映了汉文化的传播普及和高昌佛教的高度世俗化。

文书中的"腊日"又被认为是"腊八节"。"腊日"最早出自《礼记》所记载的蜡祭，"伊耆氏始为腊。蜡也者，索也，岁十二月，合聚万物而索飨之也。"① 蜡祭有八，可能转写为腊八。高昌国时期的"腊日"同样也是佛教节日，之后才逐渐演变成汉民族的传统节日。敦煌文书中记载了腊日中"药食"的流程，即每年十二月八日吃"药食"的风俗，S.1519/1《某寺油盖破历》记载："十二月八日面五升、油半升祭拜吴和尚及灸药食用""十二月七日直岁法胜所破油面历：油半升、酥半升、八日灸药食用。"② 又，P.3234Vb《行像社聚物历》记载："十二月八日抄药食油半升。"③ 又，S.508《日用账》记载："腊月八日炒药食用面壹斗、油两合子。"④ 虽然三件文书的书写时代靠后，但基本流程未发生改变，均说明制作"药食"的过程中要加入油和酥，调和面粉后而成。

---

① 扬雄、陈仲夫点校：《法言义疏》卷六《问道》，北京：中华书局，1987 年，第 132 页。

② 《英藏敦煌文献（汉文佛经以外部分）》第三卷，成都：四川人民出版社，1990 年，第 88 页。

③ 《法国国家图书馆藏敦煌西域文献》第二十二册，上海：上海古籍出版社，2002 年，第 238 页。

④ 矢吹庆辉：《鸣沙余韵·解说篇》第一部，京都：临川书店，1980 年，第 314 页。

药食也仅供僧人内部食用，不做施粥。

盂兰盆节是另一个广为庆祝的佛教节日，时间一般在阴历七月十五日。《盂兰盆经》最早为西晋月氏三藏竺法护译，《佛祖统纪》记载梁武帝下令在建康建造同泰寺后，于大同四年（538）举行了盂兰盆斋戒。盂兰盆节的具体形式是信众拜访寺庙，绕塔诵读《盂兰盆经》并献"盂兰盆"供品，将供养的食物放置在盂兰盆中。信众布施给寺庙饮食以及生活必需品，积累功德，僧人则做法事进行回报，最后是众僧受食。《某寺账历》中记载的"佛饼"正是"神佛食"的一种，即在所有的转经和其他佛事活动中，都要在戒坛或特定的场合供献一定的食物。[1]

"祀天"也是高昌国时期一种独特的现象。高昌国的佛教寺院中存在着崇拜祆教诸神的现象。众多学者就此问题提出了怀疑，如张广达认为该寺诸多称谓虽然类似佛教，但奇怪的是不见佛事活动。[2] 学术界对"某寺"为祆寺的猜测，主要集中在祀胡天和供狗方面。《某寺账历》中有关"祀天"的记载如下：

---

[1] 高启安：《唐五代敦煌饮食文化研究》，北京：民族出版社，2004 年，第 357 页。

[2] 张广达：《吐鲁番出土汉语文书中所见伊朗语地区宗教的踪迹》，载季羡林主编：《敦煌吐鲁番研究》第四卷，北京：北京大学出版社，1999 年，第 4 页。

2 ▭▭文，供祀，充作冬衣。

7 麦五升，祀天。

15 麦五升，祀天。

24 麦五升，祀天。

29—30 麦□升祀天。

36—37 麦五升祀天。

45 麦五升，祀天。

58 祀天。

该寺按月以麦五升祀天，还要额外供应衣物。"充作"一词解释为凑数，表面上需要提供冬衣，更多的是具有象征意义。《高昌高乾秀等按亩入供账（二）》中"玄领寺"条下有云："十二月十五日，一九斛付阿▭▭▭祀胡天。"[1]"胡天"与此处的"天"应当指代同一神祇。此件文书应为寺院向官府交纳的田赋账，可以推测"祀天"是在官方主导下以寺院为祭祀场所的活动。食物方面，《高昌重光三年（622）条列虎牙氾某等传供食账一》记载："次阴传，粟米二斗，供张夫人用作阿摩肾糜"，据此认为张夫人虽然为汉人，却为供养祆教"阿摩"神制作供品，间接说明张夫人的身份可能为祆教教徒。

丧葬活动同样是高昌国僧俗两界非常重视的大事，往往在随葬品中要放置大量的粮食。根据考古发掘，吐鲁番地区

---

[1] 《吐鲁番出土文书》第二册，第183—184页。

的墓地出土有大量瓶装、小五谷袋装小米，馕、水饺、馄饨、各种点心及麦麸、麦草等①，应当都是人们为纪念死者所精心挑选的陪葬品，目的是确保其在轮回往生的过程中不挨饿。在当时"视死如生"的观念下，这些粮食的品质无疑是最为优质的。进一步证明，宗教节日和祭祀活动中粮食消费都是寺院支出的重要项目之一。

（三）饲养牲畜的消费

高昌国寺院中饲养牲畜是极为普遍的现象，饲养的品种主要为马、牛、羊、驼、狗等。既有政府的强制摊派，也有寺院僧尼主动饲养的行为。饲养牲畜的用途十分广泛，不仅可以为农业、运输提供畜力，还可以用于供奉祭祀、食用、军事等多方面。然而，《某寺账历》中反映出消费粮食的只有牛和狗，推测其余马、驼、羊等牲畜则多以苜蓿为食。

佛教寺院中多饲养有牛，《杂物牲畜账》记载："大牛八头，在外大牛一头……大草牛十五头，特辖八头，二岁草字六头。犊子七头。女犊子三头。"②该寺院有大小牛共计四十八头，牛群规模较为可观。"在外"一词证明寺院中牛群与土地一样，都可以对外租赁。高昌国土地虽少却较为

---

① 王炳华：《新疆农业考古概述》，《农业考古》1983年第1期，第102-117页。

② 《吐鲁番出土文书》第四册，北京：文物出版社，1983年，第60页。

平整，耕牛的存在十分必要，故而牛在寺院中存在的意义是帮助耕犁，并非为了产奶出售或租赁。《某寺账历》第52行："□□用雇六人种秋，并食粮。麦四斛□□□牛耕。麦五斛□□"，虽然寺院会雇佣外作人进行耕种，但同时也提及了牛耕。饲养牛无疑需要消耗一定数量的粮食，牛酢即养牛所需的饲料。各种粮食均可作"酢"，高昌国寺院中一般用麦和粟，《某寺账历》中记载：

9　麦二斛，作牛酢

16　麦二□作牛酢。

24　麦五升，祀天。麦二斛，作牛酢。

31　粟六斛，用□□□麦二斛，作牛酢。

51　麦一斛五斗，作牛酢。

61　麦一斛五斗，作牛酢。

66　□斗，作牛酢。

上述记载均为制作"酢"的出入账目，可见养牛的粮食消费量较高，单月消耗数量在一斛五斗至二斛之间。又，《高昌某寺月用麦、粟、钱、酒账（一）》第3行："□供正日食。次大麦九斛，供大牛三头□□。"同件文书第9行："□麦八斛七斗，供大牛三头用作麦。"[1] 此处每头牛单日消费大麦的数量在一斛左右，也有可能杂食苜蓿。

---

① 　陈国灿：《斯坦因所获吐鲁番文书研究》，第355—356页。

同时，狗在高昌国主要作为家畜饲养且有多个品种。《新唐书》记载："后五年，（高昌国）献狗高六寸，长尺，能曳马衔烛，云出拂菻，中国始有拂菻狗。"[①]证明高昌国上至高昌王族，下至佛教寺院均有饲养。这种狗很可能是原产于伊朗地区的萨路基猎犬，体型长、善于捕猎，随着丝路贸易的畅通先行进入高昌。狗在寺院中也被登记在案，但是萨路基猎犬多是为了打猎和观赏所用，本身较为名贵，因此寺院中所饲养的品种应当与其有所区别。《高昌延和八年（609）七月至延和九年（610）六月钱粮账》记载："升，糜粟二斛九斗，狗☐☐☐次依案，次己巳岁七月一日。"[②]为犬类消费粮食单独列出支出账目。《某寺账历》也记载僧人供养犬类的详细支出账单：

15-16 粟三斗，供狗。

37 糜粟十斛四升，供作使，并狗。

39 粟二斗九升，供狗。

45 粟三斗，供狗。

65 粟三斗，供狗。

72 粟二斗九升，供狗。

单独供应犬类较为常见，但文书中还出现了"供作使，并狗"的记载，指将作人、使人、狗的粮食合并在一起计算。

① 《新唐书》卷二二一《高昌》。
② 《吐鲁番出土文书》第四册，第151页。

供应犬类的粮食数目大致稳定，参考其他文书中《高昌某寺月用麦、粟、钱、酒账（一）》第8行："公狗一日粟五升。寺狗五，一日粟五升。"同件文书第19行："公狗一日食粟五升。寺狗五、一日食粟□□。"可知高昌国寺院中粟是狗粮的标准，每月食粟二斗九升或一斗。《某寺账历》中只有一条狗，故而省略了数量。反观"高昌某寺"的规模并不算太大，却饲养有五只狗，每月消费粟的数量共计七十五斗，超过了僧尼和沙弥粟消费量的总和。为什么寺院中要花费粮食养狗？部分学者认为可能与祆教有关。《通典》记载康国祆教徒的葬俗："国城外别有二百余户，专知丧事。别筑一院，院内养狗。每有人死，即往取尸，置此院内，令狗食之，肉尽收骸骨，埋殡无棺椁。"[1]高昌国作为汉文化传播较强的区域，这种葬俗是否能够为社会风俗接受，加上暴尸有可能导致的传染病问题，仍有待考量。同时，寺院中本身记载供应犬类的日常食物为粟，至少证明在佛教寺院中饲养的犬类与祆教无关，其存在的原因和功用值得进一步研究。

四、结语

总之，饮食问题是高昌国佛教寺院的核心问题。基于自然环境和地理因素，中古高昌佛教寺院中的饮食习惯与世俗

---

[1]　《通典》卷一九三《边防九》。

社会基本保持一致。《某寺条列月用斛斗账历》作为寺院经济的代表性文书，其中记载了大量日常寺院饮食的种类，主食部分由麦、糜、粟等构成，并辅以米、豆、青稞等粮食。副食部分则由油、枣组成。佛教寺院中的食品支出主要用于寺院内各色人群的口粮、日常宗教节日或活动、饲养牲畜三方面之需。高昌佛教寺院本身为非营利性质，其存在也是为了维持自身运转，并非以广泛的盈利为根本目的。正常的寺院经济体制下，寺院饮食支出也是维持寺院财政平衡的重要支出，饮食问题也成为中古时期高昌寺院经济的缩影。

"泉涌"与"暗圩":明清时期
韶州南华寺的山地纠纷

张　锐[①]

内容提要: 明清时期,作为禅宗祖庭的韶州南华寺与周边民间接连发生山地纠纷,寺僧在利用文字证据的同时,也利用传说故事和风水观念维护寺院的土地权利,最终形成法律勘定上可以作为行事准则的事例和公文告示。本文从区域社会的角度入手,对这种现象的社会历史过程进行较为深入细致的讨论,力求揭示出地方社会利用文化资源以建构合法性的过程中隐含的丰富的权利观念与秩序结构。

关键词: 南华寺;山地纠纷;传说;风水

明清时期,位于韶州府曲江县曹溪之畔的禅宗祖庭南华寺与周边民间社会发生过一些山地纠纷,寺僧利用寺后泉涌

---

①　张锐,澳门大学历史系 2023 级硕士研究生。

卓锡泉的传说故事，指出"俗人"构造暗圩、破坏山林等行为，导致泉水干涸，影响寺院风水，其目的在于维护寺院的山地权利。

对于南华寺历史上的土地纠纷，笔者所见有傅贵九在《明清寺田浅析》一文有所提及，其关注点在于明清寺院经济的剥削性①，此外在更广阔的学术背景方面，笔者目力所及未见有其他研究成果。当我们将视角转移到区域社会中不同群体如何利用文化资源和其他合法性条件以争夺土地资源时，区域社会史与法律社会史领域相当多的成果给予笔者启发，譬如张小也的《区域社会中的民事法秩序——以湖北汉川汈汊黄氏的〈湖案〉为中心》关注湖北汈汊黄氏"湖分"权利的实现与宗族建设、司法审判与民间秩序之间关系密切②，以及杜正贞对山场资源竞争与山场界址确立的历史过程的研究等。③在这些研究的基础上，本文充分利用南华寺寺志《曹溪通志》④中保留的诉讼文书、碑文告示、寺产记录，以及

---

① 傅贵九：《明清寺田浅析》，《中国农史》1992 年第 1 期。

② 张小也：《区域社会中的民事法秩序——以湖北汉川汈汊黄氏的〈湖案〉为中心》，《官、民与法：明清国家与基层社会》，北京：中华书局，2007 年 8 月，第 131–162 页。

③ 杜正贞：《明清时期东南山场的界址与山界争讼》，《史学月刊》2021 年第 2 期。

④ 南华寺寺志《曹溪通志》一书形成复杂，目前笔者目力所及有北京大学图书馆藏的明万历年间旧志（后文称"万历旧志"）。见北京大学图书馆编：《北京大学图书馆藏稀见方志丛刊》第 283 册，北京：国家图书馆出版社，2013 年。此外有杨权等人依据道光年间怀善堂版

未收入寺志的其他相关材料如文集等，对明清时期南华寺的山地纠纷进行一个较为全面的分析，梳理出明清时期南华寺依靠六祖的文化资源构建风水故事、形成连环诉讼案例，及通过承担纳税义务为寺院所在土地的控制权寻求合法化的重要依据的历史过程，揭示区域社会中土地权利的证明方式、民间秩序的历史脉络和韶州府治理的地方特色。

一、南华寺山地"来历"与僧民之争

据南华寺寺志《曹溪通志》追溯南派禅宗发展历史的记载，南华寺坐拥一山，源于禅宗祖师惠能。唐仪凤年间，惠能来到宝林寺附近，发现原本的寺庙过于简陋狭窄、不能容纳信众听经修学，而当时寺院周围山地均属于地主陈亚仙。万历旧志回顾当时情形：

> 师乃谒告曰："老僧欲就檀越求坐具地，得否？"
> 亚仙曰："和尚坐具几许阔？"师出示之，亚仙唯然。
> 师以坐具一展，尽罩曹溪四境，四天王现身，坐镇

本为底本点校而成的版本，即（清）释真朴著，杨权、张红、仇江点校：《曹溪通志》，广东教育出版社，2016 年 10 月。（后称"清《曹溪通志》"）"新志"对"旧志"有大量的保留，亦有相当多的删改，体例、形式等均发生较大改变，笔者另有文章详论之。本文以标志出新、旧志的方式来说明不同史源及形成年代不同，仅此说明。

四隅。①

陈亚仙最终赠予曹溪四境，以供扩建寺庙，并说："也知和尚法力广大，但吾高祖坟墓并在于此，他日营建，冀望存留，余愿尽舍，永为宝坊。然此地乃生龙白象来脉，只可平天，不可平地。"②佛教故事多神奇瑰丽，此描述也是让人叹为观止。此座具一展开，便覆盖住附近山脉以内的广阔山地③。明万历间的憨山德清描述，所谓"袈裟地"④东至天王岭外七里的社溪、南至天王岭外五里的鹅鼻、西至天王岭外三里的马鞍山高陂角、北至天王岭外紫笋庄，共计约五十余顷。这些山地多生荆棘、常年无人开垦。⑤《曹溪通志》记录的南华寺历史多有不实之处，已有学者指出，这个故事的神奇性自然也使得我们不能将其视为真实发生过的事。⑥但是，倘若这个记载仅仅被视为神话故事，那么又让我们失

---

① 《兴废沿革品第三》，（万历）《曹溪通志》，北京大学图书馆编：《北京大学图书馆藏稀见方志丛刊》283 册，北京：国家图书馆出版社，2013 年，第 93-94 页。

② 同上。

③ 即《曹溪通志》中常言的"四境之内""四至之内"。

④ 原本惠能所用"坐具"为何，无从得知，因明万历年间驻锡南华寺的憨山德清言为"袈裟所罩""袈裟地"，故本文表述为"袈裟地"。参见《众僧自置产田》，（万历）《曹溪通志》，第 359 页。

⑤ 《众僧自置产田》，（万历）《曹溪通志》，第 360 页。

⑥ 参见罗香林：《禅宗与曹溪南华寺》，《国立中山大学文史学研究所月刊》，1933 年第 1 卷第 4 期，第 25-48 页。

去其真正的价值。笔者以为，这个故事旨在说明南华寺的山地"来历"问题。何谓来历？寺田浩明在研究中指出，明清时期行使权利称为"管业"，而"管业"的依据被称为"来历"。[1]故事至迟在明万历年间被写入《通志》中，为寺院证明山地"来历"的证据。由于山泽之利的历史背景，南方的一些山地的管业问题不明确，这是因为山林湖泊在原始农村公社以后维持了很长时间的公有制，最终才被天子所独占。[2]明中叶之前，南华寺周围山地的赋税情况比较模糊，可以说正是因南华寺先行占有而私有化，有的可堪耕种的山地因被俗人侵占后寺僧花钱赎回而存在明确承饷记录，但大多数贫瘠山地似乎并没有承饷的事实。

前揭陈亚仙高祖坟墓，最初在寺院之外，在历次修建中，它逐渐被纳入寺院的范围内，至民国时，已经处于寺院中心位置，受僧人和香客的供奉礼拜。[3]笔者在田野工作中听到当地民众对此事件有更细节的描述："……袈裟上有一个洞，刚好落在陈亚仙祖墓上，所以除了陈亚仙祖墓所在的这一片地方，其他的地都是寺院的了。"我们不能想见高空中袈裟

---

① 寺田浩明：《权利与冤抑》，《明清时期的民间审判与民间契约》，北京：法律出版社，1998年。

② 参见 [日] 增渊龙夫著，吕静译：《中国古代的社会与国家》，上海：上海古籍出版社，2017年。

③ 虚云：《重兴曹溪六祖道场记》，载岑学吕编，仇江整理：《云门山志》，上海：上海古籍出版社，2014年，第198-211页。

上的一个小洞如何能够对应上陈亚仙祖墓的所在，但其隐含的土地归属权问题更加清晰了。无数信众在拜谒六祖真身时，也不忘为陈亚仙祖墓增添香火。由此看来，陈亚仙与六祖之间的利益得到了统一。除此之外，寺院还在山门附近为陈亚仙修建一座祠堂，历代供奉。康熙年间周韩瑞所绘寺院格局图表明其位于寺院的东南方向 ①，后不知何时废弃。陈亚仙祖墓以及寺院为陈亚仙所修建祠堂的存在，正是维护该故事合法性的重要证据。正如清人杨德亨游览陈亚仙祠时留下的诗作所说："后山留骨此留形，香火千年与寺馨。毕竟便宜公占得，祠门常有老僧扃。" ② 陈亚仙的故事为明清时期寺院证明所得山地"来历"提供了丰厚的文化资源，本文将在后文详述之。

明中后期时，南华寺的世俗化趋势愈加明显。③ 依照南华寺的具体情况而言，我们不妨将"世俗化"理解为远离佛教创教伊始的一些基本原则的趋势，其中一重要原则为僧人不能拥有资产。佛教本讲究无欲无求，然实际上，自魏晋以来寺僧多有私产，从衣帽银钱至房屋田地，丰俭不一。④ 明

----

① 　（清）《曹溪通志》，第6页。

② 　杨德亨：《亚仙祠》，《曹溪通志》，第230页。

③ 　参见江灿腾：《晚明佛教改革史》，桂林：广西师范大学出版社，2006年9月。

④ 　现代佛教学术丛刊编委员会：《佛教经济研究论集》，《现代佛教学术丛刊》9，台北：大乘文化出版社，1977年7月。

清时期的南华寺寺僧亦有私产，目前史料所见，其多为土地。前文所述，南华寺所在山地由来，是六祖向陈亚仙所求的。六祖圆寂之后，山地归属寺院僧人所共有，在明弘治十四年之前，寺院比似宗族分房析产：《光孝寺志》记光孝寺于"弘治十四年……比曹溪事例，十房阄分。"[①] 佛家师徒如俗世父子般传递财产，利玛窦流寓韶州时，得观这样的传承形式，嗤之以鼻，指出："这部分人靠人施舍并靠过去专为他们设立的收入为生，虽然他们也靠人的劳作来提供生活开支。这种寺院特殊作奴仆的阶层被认为是，而且也的确是，全国最低贱和最被轻贱的阶层。他们来自最底层的群众，年幼时就被卖给和尚们为奴。他们由作奴仆而成为弟子，以后再接替师父的位置和津贴。人们采用这种继承的办法以便保持职位。但他们里面决没有一个人是心甘情愿为了过圣洁的生活而选择了参加这一修道士的卑贱阶层的。他们也和师父一样既无知识又无经验……"[②] 利玛窦所提及的问题极为关键：寺院子孙制的传承方式，是寺僧在幼童时被收为徒，而后跟随亦父亦师的和尚耕种劳作，"与俗人无异"，因而导致佛法不行，僧人不能在修行上取得进步。

南华寺分房缘由何在？目前笔者目力所及，唯有万历旧

---

① （清）顾光、何淙修撰，仇江、曾燕闻点校：《光孝寺志》，《岭南古寺志丛刊》，广州：广东教育出版社，2015 年，第 83 页。

② 利玛窦著，金尼阁译，何高济、王遵仲、李申译，何兆武校：《利玛窦中国札记》，北京：中华书局，1983 年，第 108 页。

志中提及南华寺因地处府城与翁源县之间，且山产较丰而被过往官吏滋扰，作为招待往来、随需随取之处，因此不得不分房别居以逃避纷乱。明嘉靖四十年，南韶兵巡道发布告示，"南华寺僻居山谷，路通翁源，每被公差使客到寺需索酒食土产椒茶，或逼取人夫护道，以致各僧乘机借口避居田舍。"①官员几次要求寺僧归寺居住，并于隆庆六年拟定制度，要求"凡过往使客、吏承、阴医、驿巡、义民、舍人、皂壮、健步、马夫、站丁等项，员役敢有指称公差，仍前求索饭食者，先问姓名及公干何事，登入循环簿内"，寺院接待以供当道查验。②这种做法实际上并没有规范和限制来往官吏的行为，反而多使寺院赔累，难堪重负。万历四年，寺僧的一条乞文尽书其苦楚："（南华寺）答应往来上司使客无异，分作十房，每房粮十四石，祖佛四十石，与民同差……"③如此，我们能够推测南华寺分房情由：寺僧在弘治十四年之前便不断遭受官吏滋扰，被迫充当劳役、被索取财物山产、无奈招待来往人士等，难以忍受，于是选择将寺院所在山地均分至十房，一些远在翁源县的寄庄定为公产。嘉靖至万历年间，寺僧不断被要求回归寺院集中居住，官员的实际目的是继续利用或征派之；另一方面，僧人师徒传递以土地为主的财产，亦是客观需要。

---

① （万历）《曹溪通志》，第 335 页。
② （万历）《曹溪通志》，第 338 页。
③ （万历）《曹溪通志》，第 340 页。

南华寺在分房后，处境更加没落，连以土地为主的财产也不能够保全。明代，附近豪强渐兴，试图侵占此时已属寺僧私产的祖地。在明中后期频繁发生的僧俗土地纠纷中，有一件得到了比较详细的介绍，是因为其结果直接影响到清中期的僧俗诉讼。明正统年间，象脉以内的山地被豪强侵吞，后豪族衰落，寺僧用钱买回一部分。但是在万历二十年，寺院山地又被地方豪强江应东巧取豪夺：

> 万历二十年间，豪民江应东假买僧田，盘占后山一带，图为风水，以至象脊与祖山中分，且砍伐渐侵内地。时师心痛曰：从此祖山将尽为民业矣！遂激劝众僧赴告军门，准批本道行府亲勘。比蒙署掾肇庆府通判万亲诣山中踏勘，定立界石，断将前田令僧收赎，以绝祸源。时师自行募银二百两，将前田赎回，连后山场树木一并尽为禅堂永远供瞻。故今不惟保全祖山，且为禅常永永之业。然师以此致怨，而不法之僧交结外侮为害，然竟以坚固立碑为金刚幢矣。①

万历二十八年，憨山大师受邀驻锡南华寺，他发现这一问题，遂向韶州府知府等地方官员请求帮助，凭借着其个人与官员的密切关系，案件很快得到解决。憨山大师用二百两

---

① 《复祖山以杜侵害》，《憨山老人梦游集》，第508页。

银子将土地赎买回来，归入寺院常住，但这也触犯到各房的利益。不止于此，憨山德清还见寺僧四散，禅堂废弃。原本供养给寺院的土地被"僧佃通同干没"，僧人务农而不修行，"僧俗倒置"。①来华传教的利玛窦见南华寺场景后，甚至言："有的和尚过着放荡的生活，有很多的子女；还有许多和尚拦路抢劫，使得行旅不安。"② 这些散居在寺院周边山地的僧人与周围民间社会产生纠纷，寺志与其他高僧文集对此有零散的记述：

其一，俗人进入寺院山门，修建坟墓夺取田地。清《曹溪通志》载：

> 师见曹溪道场之破坏，盖因四方流棍聚集山中，百有余年，牢不可破；而俗人坟墓皆盈山谷，视为己业矣。③

流棍进入寺院的地盘，干扰僧人正常的生活，死后便埋在原本属于南华寺的山中，实际等于占据了寺院的土地，时间长了，他们已经理所当然视为己业。

其二，地方豪强勾结官员，侵占寺院产业。与一般俗人侵占土地的方式有所不同，俗人多采取耕种、造坟的方式暗

---

① 《中兴曹溪禅堂香灯记》，《曹溪通志》，第 77-80 页。

② 利玛窦著，金尼阁译，何高济、王遵仲、李申译，何兆武校：《利玛窦中国札记》，北京：中华书局，1983 年，第 237 页。

③ 《中兴曹溪禅堂香灯记》，（清）《曹溪通志》，第 77-80 页。

暗达到实际占有，而豪强则是架构诬告，"合法"地将寺院土地、财产收归囊中。"成化元年，韶州始开阡陌、定井田，本山尽为豪右并吞"①。憨山德清的文集《憨山老人梦游集》中有一篇《驱流棍以洗腥秽》：

> 顷则附近豪强亦垂涎其间，乃通同衙棍，互相架构，以包奸为词，讦告道府，借为口实，以张骗局，耸动上司，骇心惊听，遂以为实，乃具申军门，令下将庄居尽行拆毁，僧不如法者累逐。时奉令者无良，信共耳目以为奇货，乃亲入山踏勘，每至一店居，备估其值，输半乃免。由是寺僧尽入罗网，业已失其平，而祸方滋蔓，不遑一息安堵矣。②

豪强发现寺院的经济之中有利可图，于是和基层胥吏通同一伙，伪造口实、欺骗官员。政令下达到地方又给了弄权之人巧取豪夺的机会，以至于寺院受到了沉重打击。

其三，在与俗人的交易或合作中被欺诈。憨山文集中《驱流棍以洗腥秽》：

> 始也起于偏货，久则经营借资于僧，当山门外起造屋成，开张铺店，屠沽赌淫，日滋其害，而愚

---

① 《复祖山以杜侵害》，（明）憨山大师著述，孔宏校：《憨山老人梦游集》，曹越主编：《明清四大高僧文集》，北京：北京图书馆出版社，2004年，第508页。

② 《驱流棍以洗腥秽》，《憨山老人梦游集》，第496—497页。

僧不察，与之塑犿，寅缘交相为利……以故僧之田
地、山场、房屋，因是而准折者盖多多矣。①

　　寺僧开始与俗人进行合作买卖，开设店铺，甚至做了一
些违反戒律的事。寺僧沉迷于其中的，受到蒙骗，折损利益。
这些虽然看起来是诈骗的行为，却都有契约，"师以流棍驱，
则向之所骗田地、山场、房屋皆执其左券……"② 这些流棍
能够凭借着有契约作用的"券"来要求偿还欠债。

　　明中后期南华寺与周边社会的山地纠纷日益突出，寺僧
开始编织寺院山地来源的故事，一方面是因为此时南华寺周
围山地人口增多，山地开发与占有成为常态；另一方面在于，
万历初年韶州府地区土地丈量以及赋税白银化，寺院需要对
以往无明确权利证明的土地寻找来源的合法性解释。并且，
在此过程中，僧人购买部分被侵占的土地，获得后续土地纠
纷中使用的契约文书等证据。

二、明崇祯年间卓锡泉丰涸与暗圩

　　面对外界压力，南华寺仅仅依靠讲述与书写陈亚仙施舍
山地的故事是远不能达到维护土地、证明"来历"的目的。《曹
溪通志》中的文本，除了具有神话色彩、同时隐含寺院山地

---

①　《驱流棍以洗腥秽》，《憨山老人梦游集》，第 496–497 页。
②　《复产业以安僧众》，《憨山老人梦游集》，第 497 页。

来源的故事，还记载着有关泉水丰涸与寺院风水的事例。简言之，即是将寺院内一处泉水丰涸与南华寺风水、官员德行、地方文化等联系在一起，建立起一套关联性极强的文化资源为统治者利用。

最早明确提及泉水干涸时间的是明崇祯年间李日宣的《卓锡泉来复记》。当时当朝重臣李日宣获罪被贬斥，流寓南华寺，因寺中卓锡泉干涸而被延邀：

> 至本山，前有卓锡，后有明通两泉。泉有时巨细，而绝无淤塞，自唐至今未之有异。惟锡泉于万历十三年八月偶竭，有异人来言，此必山中有暗圩者为之崇。圩者闻其恐，即暗自相去，异人亦随乘空。[1]

卓锡泉，同治《韶州府志》中记录："在郡东南五十里南华山，六祖浣衣卓锡所出。"[2] 万历旧志追溯其来源，"卓锡泉在寺后一里许。师欲浣所授衣，苦无美泉，因见寺后山林郁茂，瑞气盘旋，师振锡卓地，泉应手而出，乃跪膝浣衣石上。至今流溢香美，甚宜瀹茶，东坡有铭。"[3] 值得注意的是，同为泉水的"明通泉"，在万历旧志中与"卓锡泉"

---

① 李日宣：《卓锡泉来复记》，（清）《曹溪通志》，第83-85页。

② 同治《韶州府志》卷十三《舆地略·川·曲江》，《中国地方志集成·广东府县志辑》8，上海：上海书店出版社，2003年，第286页。

③ （万历）《曹溪通志》，第67页。

同被归入《山水附》中；但到了清《曹溪通志》，"明通泉"被归入《泉》类，而"卓锡泉"被列为《古迹》①，也就是说卓锡泉在后世被赋予了特殊的历史文化内涵，其为六祖亲手所创，在禅宗祖庭南华寺具有相当的神圣性。北宋绍圣元年（1094）的《卓锡泉铭并序》记录："六祖住曹溪，卓锡泉涌，清凉滑甘，赡足大众，逮今数百年矣！或时小竭，则众汲于山下。今长老辩公住山四岁，泉日涌益。"②

《卓锡泉来复记》的说法便和宋人所言产生出入，宋人说卓锡泉"或时小竭"，曾经出现过短暂干涸的情况，前述明通泉的得名也是因为"每遇卓锡泉脉枯涩，寺僧持祖衣拜叩石穴，泉遂通流"。③而李氏却说"绝无淤塞"。可能泉水干涸的情况并未为李氏所知，但是在此处文本中强调泉水之前从未干涸过：在万历十三年左右，卓锡泉出现了史无前例的绝流现象，文本采取了神秘的书写方式，说是有异人告知系有人造"暗圩"导致。圩，亦作圢，坟墓意。建造坟墓与卓锡泉断流之间存在着何种联系呢？

在事实上，明清时期，卓锡泉的文化资源力量为寺院、官府所承认与利用。卓锡泉是自然的泉水，正常情况下是泉涌丰沛的，偶尔也会枯竭干涸。这些情况本是一件寻常事，

---

① （清）《曹溪通志》，第 3-5 页。
② 苏轼：《卓锡泉铭并序》，（万历）《曹溪通志》，第 198-199 页。
③ （万历）《曹溪通志》，第 67 页。

但时至明清时期，寺僧和一些官员将泉水干涸和回归丰盈联系到寺院风水被侵犯，实则是为了维护山地权利，以及个人德行或功业突出上。

寺僧对泉水干涸有着严密的解释：

> 切惟南华象岭卓泉为祖庭后龙，风水攸关，千年香火，泉流不息，稍有侵葬骸骨以及盗砍木石，有碍龙脉，泉水即涸。①

卓锡泉因在象岭这条被视作南华寺的龙脉上，事关南华寺禅宗祖庭的风水，千年来香火不断、泉水不息，但是稍微有人做出侵犯行为，偷偷在龙脉上下葬或是砍伐附近的树木，泉水都会干涸。在寺僧的观念中，侵犯南华寺的土地行为都会造成泉水干涸，而泉水和寺院香火是紧密相关的。

关于南华寺所谓"龙脉"的风水说法，《通志》中有更早的历史追溯。前文所述，六祖惠能向当时韶州拥有大块土地的陈亚仙乞求一个区域以结兰若，陈亚仙最终赠与曹溪四境，并说："也知和尚法力广大，但吾高祖坟墓并在于此，他日营建，冀望存留，余愿尽舍，永为宝坊。然此地乃生龙白象来脉，只可平天，不可平地。"② 自六祖以来，南华寺的香火被认为与风水密切相关，一旦改变了寺院风水格局，尤其是改变"生龙白象来脉"，会对寺院造成重大打击。明

---

① （清）《曹溪通志》，第 98 页。
② （万历）《曹溪通志》，第 93-94 页。

晚期憨山德清、民国时期虚云大师驻锡曹溪时都尤其注意恢复六祖时南华寺的风水。

　暗圩因为破坏了南华寺龙脉的风水尤其被反对，而明中后期世俗百姓甚至是僧人在寺院周边山地上修建坟墓的行为并不罕见。俗人在寺院周边侵占山地造圩，一方面解决先人安葬的问题，同时可能是想利用墓葬来合理甚至合法地占有南华寺的土地；而僧人之所以也随葬山脉，是因为至迟在明万历之前，原本焚烧南华寺僧人尸首的"化人亭"及投放骨灰的"万人井"都废弃不用了①，到民国之前，南华寺尚无用以安葬僧人的普同塔："缘南华旧无普同塔，历代亡僧随山乱葬"②。笔者在田野调查中也注意到，一些僧人墓地零星散落在山间。③最初南华寺土地的获得并非具有相当明确的法律效力，而是通过类似神话故事的方式。南华寺能够宣扬土地的权利的唯一证据便是陈亚仙与六祖惠能之间的故事，却没有购买土地的契约文书或者能够标志土地四至的界碑等证据，因而难以证明土地归属问题。俗人造暗圩于斯，一来因南华寺周边边界较大、寺僧不能及时巡查；二来他们可以通过寺院缺少证据的缺点、以墓地来证明对土地的所用权，徽州地区明清诉讼文书所见寺院与宗族争产、俗人拿祖

---

① （万历）《曹溪通志》，第73—74页。

② 虚云：《重兴曹溪六祖道场记》，载岑学吕编，仇江整理：《云门山志》，上海：上海古籍出版社，2014年，第198—211页。

③ 譬如笔者田野时所见的"文献大师之墓"。

先坟墓作为土地权利的证明为我们提供了丰富的案例。①

万历十三年，偷偷建造坟墓的人得知异人告诉寺僧泉水绝流原因，于是将坟墓掘走，"圩者闻其恐，即暗自掘去，异人亦遂乘空。次年三月泉果复，山灵之不受妒若此，此后无闻也。"②此为令人怀疑的问题：坟墓一旦修建成功再改迁不是一件容易的事，这些被迁走的坟墓可能是空冢、实际上并没有先人故去而埋葬；或是这个故事是伪造的，用来警示后人。材料所限，故事的真实性已经难以度量。崇祯十七年（1644），李日宣因罪到达韶州，听闻卓锡泉干涸一事。寺僧说去年（1643）八月，泉水突然枯竭，至今干涸无水。李氏深感困惑，询问寺僧原委，"闻去冬僧众曾祷于祖，得利见大人签，今春太守黄公循故事行寮，得徙一二圩。至五月，余值至不数月，同观察李公、督军宋公与家叔祖司李及金令君，先后亦至，皆徘徊雨中。僧众有举术数家言者，谓欲取厚利。"③泉水干涸过后，僧人向六祖祷告，抽取到一支"利见大人"签，即泉水复涌、香火接续需要得到王臣外护的加持。当时的太守按照以往的行事做法，迁走了一两座（在龙脉上的）坟墓。后来，李氏等官员也到达了南华寺，可泉水依旧未能涌出，直到当年六月"忽有僧奔来告泉至者，余急走捷

---

① 阿风：《从〈杨干院归结始末〉看明代徽州佛教与宗族之关系》，《徽学》2000年卷，合肥：安徽大学出版社，2001年。
② 《卓锡泉来复记》，（清）《曹溪通志》，第83—85页。
③ 同上。

足，视之井，久枯而冷，今果生寸水。按井口遂有暖气炙手，少顷龙口下滴不断。至次早起视，则引之长流矣。僧众急鸣钟，约会合寺，叩祖殿谢。余复为口占记之，时初四日辰刻也。僧众复谒谢余馆。余避席不敢当，因谓众僧曰：'和尚无以祖签有利见大人语，今见大人多矣。'"[1] 神奇的事情发生，卓锡泉逐渐有水涌出。寺僧集合起来叩谢六祖，同时感谢这些官员的帮助。李日宣对于寺僧的殷勤感谢也欣然接受，同时记录了卓锡泉水的干涸有着长期以来造成的原因："取曹溪山田，旧有定界。年来值邻近侧目挖石诱水，几于斫龙废田，大为道地虑，寻得憨大师料理，先后徽诸地方宰官，执正护持，始复睹曹溪威仪。乃泉流告竭，行者心恻。此诸和尚所以于兹泉去来深用忧喜。"[2] 周边存在着用水不当的现象，以至于泉水不蓄积。泉水的丰枯不仅是寺院兴旺发达的重要表现，也是官员的责任所在。由此，以对泉水的维护为由，与地方官员建立起联系。

至迟在明中后期，南华寺就面临着俗人以营造暗圩的方式来侵占寺院土地，文献中并没有记录寺院如何应对这些外来压力。寺僧束手无策的根本在于南华寺并没有象脉以内土地权利证明的地契、界碑等，于是只能反复利用陈亚仙施舍给六祖土地的故事宣告土地来历的合法性。崇祯末年，流放

---

① 《卓锡泉来复记》，（清）《曹溪通志》，第 83-85 页。
② 同上。

途中取道韶州的李日宣说起万历年间异人告知寺僧是暗圩导致南华寺龙脉风水被破坏，因而卓锡泉断流。后来，在按照故事迁走几座坟墓后，寺僧向六祖祈祷，得到一支写着需要王臣外护加持的签，几个月后，卓锡泉复流。寺僧感恩戴德，同时定下了两条原则：其一，诸如营造暗圩等破坏寺院风水的行为会导致卓锡泉断流，南华寺这座禅宗祖庭也会香火断绝；其二，寺院风水的维护需要有德行的王臣帮助。表面上看，这些说法是在谈论风水问题，实际上是寺僧把握寺院土地权利的方式。但是，李日宣只是一个因罪流放的官员，何以在地方事务的处理中拥有如此威望？当时一同处理事件的人被记录下来："余值至不数月，同观察李公、督军宋公与家叔祖司李及金令君，先后亦至，皆徘徊雨中……司李即家叔祖讳邦英，邑侯金讳鼎，江西人。"[1] 当时李氏的叔祖李邦英在韶州府担任官职，且李氏本人流放前在朝中担任吏部尚书，影响力很大，因而在地方上也会备受礼遇。换句话说，此时地方官员个人的意志也是诉讼判决中的重要影响因素，审判具有较大的自由度和弹性。

---

① 《卓锡泉来复记》，（清）《曹溪通志》，第83—85页。

三、从"故事"到"证据"——清代南华寺山地权利证明的方式

到了清代，寺院对象脉内土地"来历"有了新的解释方式。康熙年间，复又出现了几起卓锡泉干涸与百姓侵葬事件："情因去年夏月内，陡被豪恶朱廷佐等擅违宪禁，在于来龙过脉、象腿等处凿石挖窑烧灰，伤脉以致井泉枯涸。"①这里说到康熙四年（1665）夏天朱廷佐等人在龙脉附近凿石挖窑烧灰以至于泉水枯竭，"僧案傍惶，具呈本府。钦奉钧票，着令住持僧如权、塔主僧明哲、十房僧悟胜众等，逐一挨查。起去盗葬三坵，烧灰尽行禁止，开窑即令填塞。幸于本年六月初三日，井泉复流，香火重兴。"②僧人向官府反映上述情况，得到了允许后，寺僧逐一排查，迁走三座暗坵并且禁止挖窑烧灰的行为。但是地方上的势力聚集人手，无视寺院示禁，强行越过寺院土地边界进行生产活动："未经一月，又被群恶朱廷佐等仍前恃众强悍，违禁开挖烧灰。山长僧会中巡获向论，被朱廷佐等统令二十余凶手，持枪刀大棍擒僧赴殴，称言复以人命加害。有此刁横，法纪成灰，道

---

① （清）《曹溪通志》，第 97 页。
② 同上。

场倾圮，不甘词赴钦命太爷台前，伏乞作主，勘究施行。"①
寺院蒙受冤屈，山长等人也被殴打和威胁。"山长"系明万
历三十年憨山德清新设置的寺院管理职位之一："新设山
长一人，看守祖山树木，修理栽培，每岁量给食米银，一两
五钱。"② 明末以来南华寺对其产业加强管理，设置许多专
门管控资产的职位："监寺四名……内以一人专管锁钥……
内以一人监收租课……设库司书记一名，专管收支登记账
簿……户长一名……都管一名……都寺九品……以佐都管征
收粮差……"③，山长也是其中重要一员。

从整体脉络来看，这些职位的设立一方面用以防止寺院
内部的贪腐、浪费，另一方面是为了应对复杂多变的外部环
境：在子孙制下，每房会尽力维护本房原有资产，使之不向
寺院公产转移，更有甚者，户长僧作为每房的大家长会利用
职务便利侵吞寺院公产。同时，寺僧分散居住，力量薄弱，
难以管控产业，职位的专门设立有利于保护资产不被外人侵
吞。④

同时期的另一条寺僧控诉地方恶霸的材料说法与此有较

---

① （清）《曹溪通志》，第 97 页。
② 《计开二》，《憨山老人梦游集》，第 505 页。
③ 《计开一》，《憨山老人梦游集》，第 502—503 页。
④ 关于晚明南华寺面临的困境及应对方式，详见赖喜德：《明
清佛教丛林子孙化宗法化现象研究》，福建师范大学 2013 年硕士学位
论文。江灿腾：《晚明佛教改革史》，广西师范大学出版社，2006 年 9 月。

大的差异。在康熙五年三月二十八日，寺僧可相、呈洁和性遴等人呈报给当时的布政使司参政张文炳，曰："切惟南华象岭卓泉为祖庭后龙，风水攸关，千年香火，泉流不息，稍有侵葬骸骨以及盗砍木石，有碍龙脉，泉水即涸。"① 以往寺僧指出卓锡泉干涸的原因是有人暗圩、侵犯龙脉，至康熙时期已经将"盗砍木石"这样的行为也纳入其中，可见寺僧将泉水与寺院的土地权利联系得更加紧密了。但是，这条上报到"广东分守岭南道、布政使司参政"张文炳的公文中对朱廷佐的恶行只字不提，成为一个疑点。事实上，这个时期的确发生了泉水断流的情况："兹因泉水自去冬绝流，以至于今。合寺僧众寻查，仍有无知僧民复行侵葬，毁伤龙脉，一旦以至泉水壅塞。"② 僧人发现不仅有百姓盗葬，还有僧人参与其中，这一方面说明寺僧之间的联系松散，以至于僧人故去却没有通过寺院进行处理。

　　寺僧面对地方"恶霸"朱廷佐的殴打和威胁，自不会容忍，于是选择向官府再次告状，得到的批示是："佛境灵泉，有关一方风气，何物朱廷佐等，辗转谋其烧断，屡禁不遵，反持枪戕僧，何其凶横至此！韶府即最拿为首者，重加究治！"③ 械斗与诉讼皆是地方社会解决纠纷的途径，"每一次诉讼都

---

① （清）《曹溪通志》，第 98 页。
② 同上。
③ 同上。

有可能是械斗后退而求其次的办法（反之亦然）。"① 虽然后续韶州府是否有缉拿朱廷佐的行动不得而知，但是韶州府层面保护寺院风水（功能上起到维护土地权利）的决心是可以看出的。该事情被上报到布政使司处，寺僧希望能够得到更高一级官府的支持，最终布政使司参政张文炳作出决断："据此合行给示严禁，为此示谕南华寺附近居民人等知悉：嗣后不得盗伐象岭前后左右山林树木及打石烧灰、挑挖煤炭等项，有伤胜地龙脉，并不许僧民盗葬附近，损坏风水。示后敢有故违，许各僧指名呈报本道，以凭严拿重究，决不轻贷！须至告示者。右仰知悉。康熙五年三月三十日给。"② 从此，南华寺象岭龙脉的土地得到了明确官府文书的权利保障。同时，两条公文批示都在当地法律层面肯定了风水与暗圩、挖窑甚至是砍伐树木之间的关系。原本没有明确象岭以内土地权利证明的南华寺获得了张氏允许公开的告示：

告示

铭记祖山后龙界至：

东至象尾坑水为界；

西至天王岭上拜石为界；

---

① 张小也：《区域社会中的民事法秩序——以湖北汉川汈汊黄氏的〈湖案〉为中心》，见氏著《官、民与法：明清国家与基层社会》，北京：中华书局，2007年，第166页。
② （清）《曹溪通志》，第98页。

南至祖师后龙山为界；

北至大溪田边为界。

上述公文以及告示都被寺志《曹溪通志》记录下来。但是其中的时间节点为人所怀疑：在康熙五年三月份的公文中，提到当年六月泉水复流，这显然是不合理的。且泉水断流是复流前一年的冬天，也就是说，泉水断流是在公文形成的前年冬季，《通志》中这些时间点在某处出现错误。

平南王尚可喜之子尚之信也曾参与卓锡泉干涸之事中，他描述：

今康熙四年，泉又竭，视井若焦，燥不复泡，刺之夏夏，皆砂石声，盖两年间如一日矣。丁未杪春，予随父王瞻礼登陟，遍访诸名路，寺僧导行，指其处兼述所以……余笑谓僧曰："我常为师卓一锡也。"僧不解余语之故，曰："是宜还他卓锡泉。"为是捐货，命僧重镌勒石，且默荷之。遂于是年四月念有八日，碑成建置，五月朔四日黎明，溪害不生，明星在天，微闻井中流流有声，童子妇报寺僧，水已寸许，烟霞郁蒸，从井上盘结，跆时方散。圈寺僧果，宣调耀拜。顷之盈溢，满井泓流，不异他时。虽源流去来，冥然难稽，然际会适及，谓非一日因缘异数不可也。①

自两藩王南下，广东地区就在两个势力集团的影响之下，平南王尚可喜及其子尚之信、尚之廉、尚之智对韶州地区有更为直接的管理。尚之信在康熙六年（1667）跟随尚可喜来到南华寺，得知卓锡泉已经干涸了两年，想要充当王臣护法，当年五月泉水复流，这是尚氏的功德。《平南王重兴南华寺记》②中也有提到丁未年，在卓锡泉"枯涸多年、忽尔潸发"后重修南华寺。综合上述寺院呈报给韶州府、布政使司的公文以及尚之信等人重修卓锡泉、南华寺的碑文记录，可见泉水的确是在康熙四年冬天干涸，康熙六年夏天复流，寺院记录公文批复误将"康熙六年"记成"康熙五年"。

时间的误记并不影响对于事实的判断，但是不同文本对泉水复流的原因解释和事件描述大相径庭：上报给韶州府的公文重点说明朱廷佐挖窑打人的行径，但上报给布政使司参政张炳文的公文中对这个恶性事件只字不提，只说僧民侵葬、砍伐树木，破坏风水；尚之信连卓锡泉与风水之间的关系都不提，只说个人德行修养。三份材料各有目的：向具有地方行政、司法审判的州府报告，以案件的恶劣性描述为中心，官府批示能够及时有效地打击对寺僧不利的地方恶霸；向分管广东地方的布政使司汇报南华寺长期以来面对的问题，并

---

① 《俺达公卓锡泉碑记》，（清）《曹溪通志》，第57–58页。
② 《平南王重兴南华寺记》，（清）《曹溪通志》，第56–57页。

乞求获得确定土地产权的告示，是寺院长期生存的保证；而尚之信并不提暗圩或是挖窑、砍伐树木的行为，却只说"我今从师，为师卓锡"的祝语，充分表现其对寺院的功德，也是地方上实际统治者的自然想法。

在明万历十三年至崇祯年间，再到康熙初年，一系列关于暗圩与卓锡泉丰涸的事件的始末是一个权利证明的过程。崇祯年间，李氏处理暗圩问题的两条原则分别为后人所沿用。寺僧在上报给张文炳的文书中写道："切惟南华象岭卓泉为祖庭后龙……历来宰官护法结有钧示在案。如崇祯甲申年，卓锡泉绝流半载，后蒙当道护法，严着侵葬，奸刁起穴，遂得泉流如故。"① 寺僧举出崇祯年间类似案件的处理结果，一是利用故事给官员提出借鉴的例子，二是强化"宰官护法"与当前执政者的联系，以期获得帮助。

尚之信的利用侧重点则不同，"明代崇祯年间，泉涸七阅月，吉水尚书李日宣者来山焚祝，泉洄故流。"② 在描述了李氏祝祷后泉水即复流后，尚之信则开始讲述自己见到泉水干涸，于是勒碑祝祷，不久之后泉水盈溢。其他准备重修寺院的人也为之欢悦，"庀材鸠工，即卜吉矣，而卓锡泉枯涸多年，忽尔潏发，万众翕然，以为得未曾有，下至工役，无不生欢喜心，子来恐后焉。"③ 这些和乐景象全系尚氏卓

① （清）《曹溪通志》，第 98 页。
② 《俺达公卓锡泉碑记》，（清）《曹溪通志》，第 57—58 页。
③ 《平南王重兴南华寺记》，（清）《曹溪通志》，第 56—57 页。

锡使得泉水复涌的功德，而与暗圩毫无关系了。在这些地方统治者的笔下，泉涌与其自身密切相关，系一人之功业。王萌筱分析尚氏在重修南华寺、处理卓锡泉问题及寺院为尚可喜修建生祠的现象，指出尚氏"不仅向当地僧众和居民展示其绝对的操纵力，甚至试图进入当地的民间信仰体系"[①]，有一定的道理，但忽视了寺院此时面临土地纠纷的困境以及南华寺对尚氏父子裨助重修寺庙的拳拳感激之心。如康熙六年尚氏资助重建大雄殿，使其"爽垲宏敞、遂成壮观"，寺僧赞叹："非王愿力广弘，能有此乎！"[②]

经过康熙六年官府判定象脉以内土地归属南华寺并且立下了告示碑文后，土地纷争并没有停止。雍正三年，杨宗瑞、杨奇瑞兄弟试图侵吞山地：

> 不意于雍正三年，复有杨宗瑞兄弟等效尤计吞，住持僧福成、深湛、道峻、广讷、侣樵、心广、净玉，十房真翠等而有占业斩脉一案具控。府始委官，继亲勘详问审看，得宝盖山上下坑及象尾坑、杉树坑、鹧鸪坑等山场，皆属常住之业，开山以来，历世藉印契班班可考。庭讯之下，侵占之徒始吐实情，

---

① 王萌筱：《权力的场域：清初平南王尚可喜在广东的寺庙建设及其权力运作》，《励耘月刊（文学卷）》2014年第1期，第150-168页。

② 《殿》，（清）《曹溪通志》，第9页。

其契乃伪契也。实时涂销，应当加以侵占之罪，姑
念愚民无知，捐俸代清原价，以斩葛藤，件令僧俗
公同定界存案。①

能够看出，在牵扯到寺院财产时，名义上总管全寺的住
持以及实际运作中起到核心作用的十房家长都出动了。② 韶
州府派出官员实地勘察被霸占的地界，其中就包括康熙六年
的告示中提到的"象尾坑"。同时，官员指出这些土地属于"常
住地"，并且从六祖以来便有契约证明。庭讯中得知，杨氏
霸占土地是通过伪造契约。寺僧再一次面对土地被侵占并没
有使卓锡泉绝流的偶然现象，或者是其他情形导致寺院风水
被破坏的话语，而是直接拿出了印契来证明寺院对于土地的
绝对拥有权。但是，这些印契并非"开山以来"保留下来的，
却是万历二十年的一场官司。按前文所述，万历年间憨山大
师用二百两银子将土地赎买回来，归入寺院常住、承担赋税，
这也是雍正三年官员判断被占土地"皆属常住之业"的由来。
所以，至早在成化、万历年间，南华寺才有因土地被寺僧买
回以及被憨山大师赎回的印契。雍正三年的事件得到了解决，
卷宗登记在案，寺僧担心弊事再次发生，于是刻下"合寺为

---

① 《合寺为杨奇瑞兄弟占宝盖山上下二坑田山碑文》，（清）《曹
溪通志》，第 100–101 页。

② 关于南华寺内部权力机构运行方式，详见王荣湟《明清禅宗
丛林制度研究》，南开大学 2017 年博士学位论文；赖喜德：《明清佛
教丛林子孙化宗法化现象研究》，福建师范大学 2013 年硕士学位论文。

杨奇瑞兄弟占宝盖山上下二坑田山碑文"，并将其记录在《通志》中，成为故事。

光绪十三年，已值清廷风雨飘摇之际，围绕着此山地，南华寺僧人与生员邱国光等人互相控争。此案最终由曲江县一陈姓官员调停，立下示禁碑。当时双方各执一词，曲江县派出人手实地勘察，发现"龙王塘东边树木已被邱姓人等砍伐"①。官员认为，"当经谕以该树山乃从前善士陈亚仙施以供佛，无论何人均不得觊觎图利。"下令维护南华寺所管业的山地，禁止邱姓人和其他僧人的砍伐，枯落树枝仅由寺僧使用。此前砍伐的树木，"令邱国光等出铜钱二千文为寺香油费。"最后，此告示公布于"紫笋庄龙王祠前"，警告寺僧、邱姓及其他邑人，若再有盗砍山树等行为，定"严拘到案、从重究惩"。这样具有神秘色彩的公布地点无疑加重了告示的严肃性。后龙王祠衰落，这块碑被移至南华寺钟楼内，至今仍然保存。类似于科大卫所说的"入住权"，寺院拥有"开发尚未属于任何人的土地的权利、在荒地上建屋的权利、在山脚拾柴火的权利……"②这样的权利具有非常强烈的排他性，因而从明文规定和实际操作上，都将南华寺拥有的山地和其他百姓割裂开。

① 《光绪曲江县令示禁碑》，禤细贤主编：《曲江文物志》，广州：广东人民出版社，2015年3月，第143-144页。
② 科大卫著，卜永坚译：《皇帝和祖宗：华南的国家与宗族》，南京：江苏人民出版社，2010年10月，第5页。

四、结论

　　明中后期以降，南华寺的公产被分散居住的各房僧人收归己用，原本较为凝聚的僧团力量也大大减弱了。外界世俗力量兴起，寺院的土地被以营造暗圩、挖窑、砍伐树木等形式侵占。面临着这些压力，僧人无可奈何，他们一方面述说着寺院山地系六祖时陈亚仙施舍而来，表明合法性来历；一方面将卓锡泉丰涸与寺院香火、风水联系在一起，同时凭借着王臣外护的力量与世俗人群抗争。张小也在对祖坟及山地的管业问题研究中指出，"历史上山场林地的开发中……以坟占山是其起点，纠纷是其必经阶段，经过官府审理后，以纳税登记作为管业或落业的依据。"[①]从明中期至康熙年间，寺院对于象脉以内原本不具有权利实质性证明的土地把握得越来越牢固，因其逐渐具有法律勘定上可以作为行事准则的事例和公文告示。虽然至雍正年间，寺院与杨氏仍然有着土地纠纷，但寺僧能够轻易举证，拿出契约等合法的依据，是寺院的土地权利证明日臻完善的过程。光绪年间再兴争端，寺院比较顺利地获得诉讼胜利。除了依靠六祖的文化资源，及通过"承饷"这样以承担纳税义务为前提，为寺院所在土

---

　　①　张小也：《从骆秉章与郭嵩焘之争看南方山地的开发与管业》，《清史论丛》2021年第1期，第148–164页。

地的控制权寻求合法化的重要依据之外 [①]，仍然是官府的势力。

在相当长的脉络中，寺僧通过"故事"——其一是具有神话色彩的故事，其二是官员曾经判案的例证，来实现对于土地的掌控。而官员则利用卓锡泉在南华寺的神圣地位，宣示自身的崇高品质。这并非是对不同群体的做法进行性质高下判别，而是旨在揭示文本隐含的内容。南华寺在对土地纠纷的处理中，与世俗社会结合交融得越来越紧密。寺僧需要凭借官府的力量达到目维护权利的目的，这种依靠越紧密，事实上就可以说明寺院力量的衰退。如科大卫所言：土地登记和国家对于粮民土地占有权的认可，实际上给国家权力向基层社会渗透提供了一个途径。[②] 在官员判案方面，地方官员在审理数百年的连讼时，没有明确的法令与规则作为援引，具有较大的自由裁量性。在维护南华寺正统性的同时，遵从以往诉讼累积形成的证据。能够看出，这样的民间审判是基于一定的民间秩序的。南华寺与周围民众的土地纠纷等问题，历经数百年，对古老珍贵的寺院建筑造成了严重的破坏、打

―――――――――

① 刘志伟在明清豪强对沙田的争夺的研究中指出，势豪之家将沙田据为己有的方式，有暴力、乡绅背景及承饷等，且使得目的更为合法化和稳定化的做法是后两种。参见刘志伟：《在国家与社会之间：明清广东地区里甲赋役制度与乡村社会（增订版）》，北京：北京师范大学出版社，2021 年 1 月，第 20 页。

② ［英］科大卫著，周琳、李旭佳译：《近代中国商业的发展》，杭州：浙江大学出版社，2010 年，第 101 页。

乱了寺院的整体格局。困局终于在 2001 年曲江县人大常委会通过"关于批准《南华寺佛教场所和佛教建筑遗址保护范围及建设控制地带》的决议"及广东省人民政府颁布《关于对南华禅寺东侧土地遗留问题处理的批复》后得以解决，百年的连讼在当代得以终止。① 这样较长时段的历史追溯，不仅对于南华寺历史遗留问题有了交待，亦是我们关注地方社会之形成的个案途径。

---

① 释传正主编：《南华史略》，北京：中国社会科学出版社，2002 年 10 月，第 224-227 页。

【其他民俗】

论中国汉地寺院空间的神圣特质 [①]

段玉明 [②]

内容提要：中国汉地寺院不是一般的普通建筑，除了可供居住、活动的基本用途外，还是一处不同凡俗的神圣空间。由于原初圣显、直接宣示以及开光的介入，寺院兴建即是神圣向凡俗挪用空间的意义转换过程。同时，通过特定的殿堂配置，建筑本身还有很深的象征寓意，观念上有所谓曼陀罗场的神圣意味。祝圣、象征等等技术催生了寺院空间的重构，重构又反过来强化了寺院空间的神圣特性。借助神圣的建立以及象征模式、宇宙重构，汉地寺院空间有了异质空间的特性，转成了信众观念上的神圣世界。中国汉地寺院空间的神

① 本文为 2013 年度国家社科基金重大招标项目多卷本"中国寺观文化史"（批准编号 13&ZD079）阶段性成果。

② 段玉明，香港中文大学哲学博士，四川大学道教与宗教研究所教授、博士生导师，佛教与社会研究所所长。主要研究方向为宗教社会文化史。

圣特质是佛教文化研究非常重要的内容。它既是一系列技术性操作的结果，又是历代僧众费尽心力的智慧型结晶，理当引起学者的高度重视。

关键词：神圣特质；寺院空间；祝圣

中国汉地寺院不是一般的普通建筑，除了可供居住、活动的基本用途外，还是一处不同凡俗的神圣空间，因为"宗教人渴望只活动于圣化了的世界中，亦即神圣空间中"①。而此神圣的获得，既有一系列的技术性操作（如祝圣、象征、宇宙连接等），也耗费了历代僧众无数的心力。有赖于此，寺院作为佛教屋化的活动场所②，才能够真正发挥它们的宗教效力。因此，考察中国汉地寺院，建筑及其艺术营造固然十分重要，但更重要的还是这些寺院空间神圣特质的获得，即它们是怎样被从凡俗的同质空间中异质出来的？否则，即有可能将其内在的宗教性规约视若无睹，最终误读了汉地寺院艺术与文化的本质本义。

---

① 伊利亚德：《圣与俗——宗教的本质》，杨素娥译，胡国桢校，台北：桂冠图书股份有限公司，2000 年，第 78 页。

② 在中国古代，不同的宗教活动场所有其不同的称呼，汉地佛教活动场所一般称寺院，而道教活动场所称宫观，原始信仰与民间信仰的活动场所则多称祠庙与庵堂。

一

寺院在物质形态上表现为屋化的空间占用，寺院兴建则是神圣向凡俗挪用空间的意义转换过程。如伊利亚德所提醒的，由凡俗空间向神圣空间转化需要建构，需要神圣介入，而不是本然如此的自然结果，"每一个神圣空间都必然包含着一个圣显，这是神圣的介入，使它与周围的宇宙氛围分开，并在本质上有所不同"[①]。因此，中国汉地寺院兴建绝不只是建筑的问题，建筑的问题还在其次，更重要的是空间意义的转换，唯此方能对此屋化的空间占用赋予神圣的特性。

在《相国寺——在唐宋帝国的神圣与凡俗之间》一书中，笔者曾经详细考察过相国寺空间转换的问题。当慧云从南方一路北上，最后选定在开封兴建寺院之时，被其选定的地点已经不是飞地，而是一处达官贵人（传为歙州司马郑景）的私宅。这位有权有势的主人起初未必有意出让此一宅院，是慧云运用了一系列的祝圣技术强行使其空间意义发生转化，最后方才如其所愿地获得了此一物理空间。其具体步骤，首先是宣称此地"有异气属天"，并称自己在其地的池沼中见到了弥勒兜率宫院的影像，从而将其地赋予了佛经所

---

① 伊利亚德：《圣与俗——宗教的本质》，杨素娥译，胡国桢校，第 76 页。

谓"不思议之境界"的意义。反过来，这又变成了他言于俗
众何以要在此地兴建寺院的理由。其次，仅仅以个人的见闻
打造空间意义显然不够，慧云复至濮州报成寺摹铸弥勒佛像
一尊，准备安放在新建的寺内。摹铸弥勒佛像当然与慧云在
池沼中所见兜率宫影像有关，但也不排除其媚俗、媚权的成
分，因武周之时正值弥勒信仰盛行。第三，寺院开工之时掘
得古碑，记载其地北齐时曾是寺院，名建国寺。[①] 既然北齐
时此处已属寺院所有，复在此地建寺也就成为一种宿命。如
此一来，慧云即为相国寺所占用的空间建立了一个连续的神
圣意义传统。第四，新寺尚未建成，因无寺额即已敕命拆毁，
佛像迁至安业寺中。当此之时，慧云再次启用了弥勒佛像的
"奇瑞"——先是此像大放金光，照耀天地，"满城士庶皆
叹希有"；继是此像拒绝迁移，坚守不动，"坐如清泰，安
如须弥"；再是此像实施报复，令生谤毁的郭、陈二人眼瞎
喉肿，"远近传闻，争来瞻礼"。[②] 在此种种"奇瑞"之下，

---

① 　按，北齐时是否曾在此地建立建国寺已经无法证实，但从慧
云"为国摹写弥勒像"判断，我们甚至怀疑"建国"一名都是他的创造。
慧云初至开封，还是武则天当政。唐中宗李显复位的次年，慧云发愿
摹铸佛像，其"为国"自然是为大唐帝国——为其政权的重归李氏。
至寺开工，又值唐睿宗李旦复位，其"建国"极有可能也是祝贺李旦
重登大宝。由此看来，整个发现古碑的过程都不排除是慧云的杰作，
企图借此和政府拉上关系。

② 　李邕：《李北海集》卷四《大相国寺碑》，文渊阁《四库全书》
本；赞宁，范祥雍点校：《宋高僧传》卷二六《唐今东京相国寺慧云传》，
北京：中华书局，1987 年，第 658—659 页。

不独弥勒佛像被赋予了无上灵力，不再是一尊普普通通的造像，连相国寺所占用的空间也随之变成了一个神圣空间，一个属于弥勒佛的空间。敢于对此产生非议或者阻拦的人，就有可能遭到和郭、陈二人一样的报复。至此，慧云事实上已经成功地塑造了一种暗示：相国寺所占用的空间只能属于相国寺，而不能够另作他途。在慧云如此这般煞费苦心的系列打造下，一个原本凡俗的空间最终有了神圣的意义。这个意义的建构对相国寺的呱呱坠地以及获名，乃至三番五次在拆毁无敕额寺院的过程中逢凶化吉，显然起了特别重要的作用，我们甚至怀疑物理空间的获得也是业主出于神圣空间压力的出让。① 在整个事件中，由凡到圣的空间意义转换或曰神圣意义建构占据了一个核心的位置。

相国寺的兴建证实，至少中国汉地的部分寺院在其落成之前曾有一个原初圣显的过程。通过此一过程，被寺院所占用的空间从其周围的空间全然异化出来，成为一个神圣空间。而且，相国寺的此一过程尚是一个不无逻辑关系的序列——从慧云夜望其地"有异气属天"，到翌日临其园池见兜率天宫影像，再到弥勒佛像的种种神异，全在佛教弥勒信仰的范畴以内。这是一个意义赋予和表述的过程，具有很强的自为特性。而此特性不仅见于相国寺一例，作为一种策略，曾被

---

① 参见段玉明：《相国寺——在唐宋帝国的神圣与凡俗之间》，成都：巴蜀书社，2004年，第31-37页。按，在中国传统的风水观念中，福地需与福人相配，否则便会给居住者带来灾难。

广泛地用在很多汉地寺院兴建的场合。位于五台山南台的金阁寺，其兴建，《广清凉传》卷中《道义和尚入化金阁寺》称：

> （道）义遽随（圣僧使者）觉一向东北行，二三百步，举目见一金桥。义即随登，乃金阁寺。三门楼阁，金色晃曜夺目。大阁三层，上下九间。睹之惊异，虔心设礼，遂入寺庭。堂殿廊庑，皆金宝间饰。独当门大楼及所度桥，纯以紫磨真金成之……大圣复召觉一："送阿师游十二院。"（道）义与觉一遍历诸院修谒。至大食堂前，多有僧侣，或禅或律，若坐若行，数约盈万，或复受礼，或相承接者。十二院题额各异。东廊六院：大圣菩萨院、观音菩萨院、药王菩萨院、虚空藏菩萨院、大慧菩萨院、龙树菩萨院；西廊六院：普贤菩萨院、大势至菩萨院、药上菩萨院、地藏菩萨院、金刚慧菩萨院、马鸣菩萨院。[①]

在此事例中，也是道义山中获见寺象的神圣经验——乃至连寺院的建筑格局都已历历在目，最终推动了代宗以其所述圣显建成此寺。虽然最后所成寺院没有完全按照道义得到的神圣启示，但其空间意义的神圣转化却在道义手上已经完成。云南大理观音塘又称大石寺，其兴建与一个观音显圣的

---

① 《大正藏》第 51 册，第 1113 页中 - 第 1141 页上。

传说连在一起。相传某时有兵偷袭大理，观音化为一老妇背负巨石而行，敌兵见状，以为大理人人皆有如此神力，恐难取胜，遂不战而退了。为感谢观音的保佑，人们在观音显圣的地方修建了此寺，传为观音背负的巨石至今仍被供养在寺中。① 事实上，寺中供养的这块巨石本是远古大石崇拜的遗物，但在寺院兴建的过程中被僧众重新进行了圣化。凡此种种，均见原初圣显之于汉地寺院兴建的重要，赖此而使寺院自其肇始即已有了神圣的特性。

比原初圣显更有效率的圣化方法，也是更被广泛利用的空间意义转换方法，则是直接宣示某地的神圣特性——其中，既有本然的，也有移植的。本然的情形，如道教早期的"二十四治""洞天福地"云云，它们的被转为道教活动场所乃是因为这些地方本身就是传说中的仙真居处，或者本身就是天下非常特别的地方。此种本然式圣化方法需要接续中国传统文化，故对本土的道教而言也许游刃有余，但对外来的佛教而言则有难以使力的感觉。所以，佛教信徒常常采用另外的宣示方法——移植式宣示。所谓移植式宣示，是将别处的神圣特性通过宣示移植于某处，使其空间得以从凡俗之中蜕化出来，转成寺院兴建需要的神圣空间。浙江杭州灵隐寺的肇始，据宋代元敬、元复所述《武林西湖高僧事略》卷一称，与东

---

① 参见大理市政协编：《古城大理》，香港：中国经济文化出版社，1993年，第36-37页。

晋印度高僧慧理的一番言行关系很密：

> 师名慧理，西竺人也，东晋咸和（326—334）初来游此土。至杭，见山岩秀丽，曰："吾国中天竺灵鹫山之一小朵，不知何年飞来？佛在世时，多为仙灵所隐。今此亦复尔耶？洞旧有黑白二猿。"遂呼之，应声而出，人始之信。飞来峰由是得名。师即地建两刹，先灵鹫，后灵隐。①

因为慧理的一番宣示，本来平常的一座小山遂与印度佛教名山灵鹫山扯上了关系。而灵鹫山是佛在世时讲经说法的圣地，由兹飞来的小岭也就附带有了灵鹫山的神圣特性。于是，慧理通过"今此亦复尔耶"的自问，以及呼猿而出的结果，向其随从证实了此山的非同一般，因此有了灵鹫寺、灵隐寺两座寺院的兴建。其实，在宋代以前的佛教文献中根本找不到慧理其人。乐史《太平寰宇记》卷九三："灵隐山，在（钱塘）县西十五里，许由、葛洪皆隐此山，人去忘归。本号稽留山，今立寺焉。"由此可知，此山本名稽留山，因为许由、葛洪隐居于此而有灵隐之称，本与慧理没有关系。尽管如此，通过移植式宣示而将此山由道山转成佛山，则是毋庸置疑的事实。无独有偶，浙江温州雁荡山的开辟，据说也与印度高僧诺讵罗的宣示有关。相传这位印度高僧东游至雁荡山，以

---

① 《卍续藏经》第134册，第467页上。

为此地即是释迦牟尼在《法住记》中所说的"花村鸟山"胜境，于是率 300 弟子入山开辟道场，由是拉开了雁荡山作为佛教名山的序幕。不止在雁荡山，这位印度高僧还在四川青神中岩山建立了自己的道场，起因也是中岩山类于佛经的描写。诸讵罗为"十六罗汉"之一，其来中国开山的传说可以肯定都是附会，应是二山神圣营造的一种手法。故范成大在其《吴船录》中疑称："世传雁荡大小龙湫亦诺讵罗道场，岂化人往来无常处耶？"① 与此相似的还有山西五台山、浙江普陀山、云南鸡足山，其神圣性的建立都是附会了佛经中的相关记述，由是而将佛经赋予的神圣性移植了过来。就像云南鸡足山绝非佛经所载之迦叶入定的鸡足山一样，五台山清凉世界也绝不是佛经记载的清凉世界，佛经所称的南海普陀自然更不会在中国的东海了。开山者都不过是借此而使它们从凡俗或者别教的空间意义中转化为佛教意义而已。

与此移植式宣示类似的，则是南北朝时寻找阿育王塔的风尚。如高僧慧达，一生遍寻阿育王塔，然后以此为据建立寺院。② 因阿育王曾经以佛舍利造八万四千塔分散各地，中国早期僧众藉此而将所建寺院纳入阿育王塔寺系统，本质上也是一种神圣宣示，目的是在移植印度神圣——阿育王塔其实根本不可能分来中土。

---

① 范成大：《范石湖集》卷一八，文渊阁《四库全书》本。
② 释慧皎著，汤用彤校注：《高僧传》卷一三《慧达传》，北京：中华书局，1992 年，第 477 页。

在既无原初圣显也无神圣宣示的情况下，寺观还有一种更为普遍的圣化方式——开光。所谓"开光"，原是一种造像制作成后开眼供奉的仪式，借此仪式而使泥塑木雕与其所代表的神佛发生通感。据赞宁《宋高僧传》卷一《金刚智传》记载：

> 开元己未（719）岁，（金刚智）达于广府，敕迎就慈恩寺，寻徙荐福寺……后随驾洛阳，其年自正月不雨迫于五月，岳渎灵祠，祷之无应。乃诏智结坛祈请。于是用不空钩、依菩萨法，在所住处起坛，深四肘，躬绘七俱胝菩萨像，立期以开光，明日定随雨焉。帝使一行禅师谨密候之。至第七日，炎气爁爌，天无浮翳。午后，方开眉眼，即时西北风生，飞瓦拔树，崩云泄雨，远近惊骇。而结坛之地，穿穴其屋，洪注道场。质明，京城士庶皆云："智获一龙，穿屋飞去。"求观其处，日千万人，斯乃坛法之神验也。[1]

虽然这里的七俱胝菩萨还只是绘像，但金刚智通过为其"开光"而获降雨，说明盛唐时期佛教已经有了为佛像开光的仪式。后来被用到了寺院的落成庆典上，通过此一仪式而使寺院空间发生意义转化，变成佛教信徒认同的神圣之地。

---

[1] 赞宁撰，范祥雍点校：《宋高僧传》卷一《金刚智传》，第658-659页。

因为寺院必有造像，为其开光即是为诸像开光，故寺院落成开光又被称为"群开光"。

在信众眼里寺院之所以非同凡俗，是因为它们所占用的空间是被神圣意义建构过的。否则，它们即与凡俗建筑、凡俗民居没有根本的区别。中国古人之所以不敢在废寺遗址上兴建居所，原因即是承受不起神圣空间的压迫。① 所以，就寺院本身而言，神圣意义建构才是寺院兴建的核心。南宋时，曾在杭州重建相国寺 ②，但人们并不将之视为开封相国寺的延续，因其空间占用已经移换。而开封相国寺经历了改名崇法寺再改回相国寺的波折，到明清时连建筑格局都全然不同了，只是出于原初的空间占用不变——即神圣意义不变，人们仍然统统将其归入相国寺名下。由此看到，"在中国寺院的情形里，空间占用的是否移换似较名字的改变更为重要，因其是被独特意义建构过的"③。

---

① 　按，敦煌本《新集周公解梦书》之"恶梦为无禁忌等章"甚至认为庙砖垫床脚、近神庙前后住都是做恶梦的因由。转见卢元勋等：《古代占梦术注评》，北京：北京师范大学出版社；桂林：广西师范大学出版社，1992年，第176页。

② 　田汝成：《西湖游览志》卷一八，上海：上海古籍出版社，1980年，第236页。

③ 　参见段玉明：《相国寺——在唐宋帝国的神圣与凡俗之间》，第46—47页。

二

不止在空间上寺院不是一处凡俗空间的现成挪用，需要加以神圣建构，即是建筑本身，也不是毫无意义的拼凑组合，而有很深的象征寓意。虽然不敢断言世界其他地区的寺庙建筑一开始即是一个严密的象征系统，但在中国汉地，绝大部分正规寺院的情形应是如此，即使历来并不为活动于中的僧众以及旁观于外的文人学士所警醒。

传为汉地最早建立的寺院——洛阳白马寺，《魏书》卷一一四《释老志》称其"盛饰佛图，画迹甚妙，为四方式"。"佛图"即佛塔之别译，"为四方式""盛饰佛图，画迹甚妙"，即于佛塔四壁加以绘画装饰。证以《牟子理惑论》之"时于洛阳城西雍门外起佛寺，于其壁画千乘万骑，绕塔三匝"① 的说法，洛阳白马寺应是一座宫塔式寺院，至少是在牟子时代。而且，绕塔绘画"三匝"告诉我们其四方形塔应为3层。20世纪世纪中叶，考古工作者曾在新疆库车的苏巴什西发现两处古寺遗址，佛塔居中，僧舍居外，时间分别在

---

① 僧祐：《弘明集》卷一，《大正藏》第52册，第4页下－第5页上。按，"绕塔三匝"一般理解为绕塔礼佛的画迹内容，但在塔壁怎样表现绕塔三匝的场景、所绕之"塔"应在塔壁何处较为合适以及所绕之"塔"是虚是实都是问题，故笔者以为将其理解为三层塔壁皆有壁画或更准确。

公元 200-230 年之间与公元 410-475 年之间。① 此外，考古
工作者在若羌东北的米兰也发现了数座古寺，时间约在公元
3-4 世纪之间。其中的一座佛塔，方形基座，柱形塔身，壁
龛中尤有大同人身的雕像残迹，柱龛坐佛高约 2.5 米。《晋书》
卷九七《龟兹国传》称龟兹国"有佛塔庙千所"，考古工作
者在高昌发现的西克普古塔寺遗址，以及《魏书》卷一一四《释
老志》所称敦煌"村坞相属，多有塔寺"，无不证实宫塔式
寺院在西北一带曾经非常流行。故张弓先生称："汉晋时期
葱岭以东的西域地区佛寺，普遍盛行宫塔式。"② 东汉末年，
笮融在徐州一带聚众数百，"大起浮屠寺，上累金盘，下为
重楼，又堂阁周回可容三千余人"③。笮融所起之寺也是以
佛塔为主的形制，其"堂阁周回可容三千余人"说明佛塔以
外的堂阁附室已经获得了很大的扩展。所不同的，则是作为
统帅的佛塔似乎不再是印度旧有的形式，代之而起的是具有
中国建筑特色的楼塔——这里的"重楼"应即是"中国楼阁
式木塔的萌芽"④。因此改变，佛塔的层数突破了早期的限
制，从一级至于九级日渐增高，乃至有以塔的层数呼作寺名

---

① 参见张弓：《汉唐佛寺文化史》，北京：中国社会科学出版社，
1997 年，第 21-22 页。
② 参见张弓：《汉唐佛寺文化史》，第 154-159 页。
③ 《后汉书》卷一〇三《陶谦传》，中华书局标点本。
④ 刘敦桢主编：《中国古代建筑史》，北京：中国建筑工业出
版社，1984 年，第 87 页。

者——如长安的五重寺、荆州的五层寺、平城的五级寺等。[1]
同时，塔外周匝的佛龛随之消失，塔内设立佛堂成为定制，
堂内诵经取代了早期绕塔瞻礼的形式。故《魏书》卷一一四《释
老志》称："凡宫塔制度，犹依天竺旧状而重构之，从一级
至三、五、七、九。世人相承，谓之'浮图'，或云'佛图'。"
虽然还是"天竺旧状"，但却已有本土"重构"，发展出了
具有中国特色的宫塔式寺院形制。为与旧有宫塔式形成区
别，张弓先生另以楼塔式予以归类。魏晋以降，楼塔式寺院
普遍在南北各地推开。据学者统计，在六朝都城近300座有
名可稽的佛寺中，文献所录有佛塔者为35座，约占全部佛
寺的12%。[2] 而在北方，"至于官私寺塔，其数甚众"[3]。
皇兴二年（468）献文帝在平城起永宁寺，"构七级浮图，
高三百余尺，基架博敞，为天下第一"；迁都洛阳后，熙平
（516–518）中重建永宁寺，"佛图九层，高四十余丈，其
诸费用，不可胜计"。[4] 在"甚众"的"寺塔"中，新造的
永宁寺把中国楼塔式寺院的营造推上了顶峰。

　　无论是宫塔式寺院还是楼塔式寺院并称塔院或塔庙，是

---

　　① 周绍良主编：《梵宫——中国佛教建筑艺术》，上海：上海
辞书出版社，2006年，第5页。
　　② 参见贺云翱：《六朝都城佛寺和佛塔的初步研究》，载《东
南文化》2010年第3期。
　　③ 《魏书》卷一一四《释老志》，中华书局标点本。
　　④ 《魏书》卷一一四《释老志》。

一种源于印度的寺院形制。在《法显传》里，印度早期寺院即多以佛塔为其中心，如其所记蓝莫国寺：

> 此国王得一分舍利，还归起塔，即名蓝莫塔。塔边有池，池中有龙，常守护此塔，昼夜供养……此中荒芜，无人洒扫……道人即舍大戒，还作沙弥，自挽草木，平治处所，使得净洁，劝化国王作僧住处，己为寺主。今现有僧住。①

传说释迦牟尼荼毗后，舍利为八国所分，兴建塔寺，蓝莫国即八国之一。法显到达印度已去释迦牟尼涅槃八百多年，蓝莫塔虽在而寺院已荒。尽管如此，仍然不难看出当初以佛塔为中心的寺院格局。而且，经重新整治的寺院也依旧保持了早期的塔院格局。在都维、那毗伽等三邑，法显又称：

> 城西五十里，到一邑，名都维，是迦叶佛本生处。父子相见处、般泥洹处，皆悉起塔。迦叶如来全身舍利亦起大塔。
>
> 从舍卫城东南行十二由延，到一邑，名那毗伽，是拘楼秦佛所生处。父子相见处、般泥洹处，亦有僧伽蓝，起塔。②

---

① 法显著，章巽校注：《法显传校注》，北京：中华书局，2008年，第 74 页。

② 法显撰，章巽校注：《法显传校注》，第 68—69 页。

不止真实存在过的释迦牟尼，连附会出来的迦叶佛、拘楼秦佛也都起塔建寺，即使他们的舍利并不可靠，因为佛塔是印度早期寺院的根本。玄奘《大唐西域记》卷七记述鹿野苑伽蓝：

> 区界八分，连垣周堵，层轩重阁，丽穷规矩……大垣中有精舍，高二百余尺，上以黄金隐起，作庵没罗果，石为基阶，砖作层龛，翕（龛）匝四周，节级百数，皆有隐起黄金佛像。精舍之中，有鍮石佛像，量等如来身，作转法轮势。①

"庵没罗果"俗称芒果，以黄金作此形象置于精舍之上为刹，当明此精舍应为宫塔形式，塔高 200 余尺。下为石基，台阶至于数百，四周以砖砌为层龛，各安黄金佛像。精舍之内，复有佛龛，安置等身鍮石佛像，摄鹿野苑意作转法轮状。寺院颇大，共分八区，外有围墙，轩阁重叠，精丽守度。虽然已非早期情形，但印度宫塔式寺院的基本形制仍然不难看出。考古工作者在米兰发现的古寺遗址，很多方面与鹿野苑伽蓝的形式相仿，证实印度宫塔式寺院形式曾经完整地传入西域一带。②《法显传》记于阗王新寺："可高二十五丈，

---

① 玄奘、辩机原著，季羡林等校注：《大唐西域记校注》，北京：中华书局，2000 年，第 561–562 页。

② 参见张弓：《汉唐佛寺文化史》，第 155 页。

雕文刻镂，金银覆上，众宝合成。塔后作佛堂，庄严妙好。
梁柱户扇窗牖，皆以金簿。别作僧房，亦严丽整饰，非言可
尽。"①也与鹿野苑伽蓝的情形颇肖，中以高25丈的宫塔为主，
装饰非常奢华，塔后设立佛堂，别有僧房环绕。这种起于印
度的寺院形制，是一种以塔作为中心、四周围以廊庑殿堂的
独特的寺院格局。其塔的形制并不复杂，或为方形或为圆形，
外有佛龛周匝，内后设立佛堂，装饰十分华丽。

　　佛塔在印度是埋藏佛舍利的建筑，象征着佛的存在。
故在佛教尚未偶像化的早期，窣堵坡就是佛的象征，甚至最
初结跏趺坐的佛像都是模仿窣堵坡的轮廓②。绕塔在早期佛
教行仪中之所以十分重要，原因即在它是一种主要的礼佛行
仪。佛教偶像化以后，很长一段时间佛塔仍是寺院的核心，
只是在它外部装饰了很多浮雕、砖雕的佛像。再到后来，伴
随佛塔内部空间的扩大，佛龛与佛像才出现在内里的空间设
置中，使佛塔内部有了殿堂的性质。以佛塔为中心建立的寺
院，佛塔是整个寺院的核心，四周所围的廊庑堂舍实际上是
一道界限，将僧俗两界加以分隔。界限之外是所谓的俗世，
而界限之内即是所谓的"佛国"。在这个象征化的佛国里，
象征着佛之所在的佛塔挺拔高耸（像洛阳永宁寺塔甚至高达

　　①　法显著，章巽校注：《法显传校注》，第 12-13 页。
　　②　[德] 吴黎熙：《佛像解说》（第二版），李雪涛译，北京：
社会科学文献出版社，2010 年，第 33 页。

近百丈①），为四围附属建筑所景仰，意味着佛的统率一切、不可一世；四围附属建筑相对低矮，面向佛塔，象征着僧众一心向佛、虔敬肃然。故在塔院阶段，佛塔是汉传佛教寺院最引人注目的建筑，也是最受僧众崇敬的建筑。毫无疑问，塔院的空间构造具有特定的象征意义，绝对不是随意为之。

石窟寺的情形与塔院一样，所不同的只是它以造像象征佛的存在，乃至早期就是窣堵坡的形式——简称"塔窟"。把塔院的形制搬到石窟之中，窣堵坡位于整个石窟的中心，四壁安置修行的僧窟，构成了早期塔窟的格局。②后来，窣堵坡演化为中心柱（如云冈石窟之第1窟、第2窟、第5窟、第6窟等），柱壁四面雕凿佛像，但较之于早期塔窟，其建筑格局几乎没有任何改变。至中心柱消失，迎面雕凿佛像成为时尚，石窟寺也就成了殿堂的翻版（如麦积山第4窟）。无论怎样演变，石窟寺内都是一个象征意义上的佛国，窣堵坡以及由其演变而来的中心塔柱具有统率的地位。

---

① 按，杨衒之《洛阳伽蓝记》卷一记永宁寺"举高九十丈，有刹复高十丈，合去地一千尺，去京师百里已遥见之"。据专家推测：连塔刹在内，其高大体应在147米左右。参见杨鸿勋：《关于北魏洛阳永宁寺塔复原草图的说明》，载《文物》1992年第9期；钟晓青：《北魏洛阳永宁寺塔复原探讨》，载《文物》1998年第5期。

② 参见李崇峰：《中印佛教石窟寺比较研究》，北京：北京大学出版社，2003年，第4-8页。按，李崇峰先生的研究揭示：完备的石窟寺应该具有精舍窟（主要用于僧人生活）、支提窟（主要用于宗教活动）和其他附属生活设施（如蓄水池、储藏室）等。

南北朝时，楼塔式寺院形制之中已经生出了许多楼阁式寺院形制的因素，如佛塔在寺院中的地位削弱、佛殿讲堂在寺院中的地位上升以及双塔的出现（如长干寺、湘宫寺、明练寺等都是双塔）等等。至隋唐，楼塔式寺院形制与宅院式寺院形制逐渐合流，发展融合成为一种南边建塔、北边建殿、周围绕以门廊等的以庭院为单位的建筑形制。供奉佛像的佛殿转而成为寺院的主体，佛塔尽管还是寺院的重要组成部分，但已从寺院中心退居次要——部分寺院甚至开始在寺旁建塔，另成塔院。张弓先生将此形制称为廊院式，但因容含过于宽泛，且至后期丛林式寺院还有变化，我们另以楼阁式寺院相称。

西明寺位于长安延康坊，本隋杨素私宅，唐高宗时立，后改名福寿寺。《大慈恩寺三藏法师传》卷十记其情状：

> 其寺面三百五十步，周围数里。左右通衢，腹背廛落。青槐列其外，渌水亘其间，疊疊耽耽，都邑仁祠此为最也。而廊殿楼台，飞惊接汉，金铺藻栋，眩日晖霞。凡有十院，屋四千余间。庄严之盛，虽梁之同泰、魏之永宁，所不能及也。[1]

唐时之西明寺规模很大，无需多言，重要的是，在此描

---

① 慧立、彦悰著，孙毓棠、谢方点校：《大慈恩寺三藏法师传》，北京：中华书局，2000 年，第 214 页。

述中我们已经看不见佛塔的身影；"廊"为长廊，"殿"为
佛殿，"楼"为楼阁，"台"为高台，由其组成的寺院飞檐
凌空、高耸接云，"金铺藻栋，眩日晖霞"，极其精致华丽。
叔孙矩《大唐扬州六合县灵居寺碑》记载扬州六合县灵居寺：

> 高殿岩岩，列三尊而俨若；端门奕奕，容双驾
> 而豁然。步庑鸾舒，飞楼蜃涌。宰迥合以云矗，皋
> 凌兢而星倚。朱柱离立，若内地龙升；修鲵载铿，
> 疑中天雷落。将欲宏尽饰道，补梵居阙，不只荫释
> 侣、警泥牛而已。入自门右，开净土坊、芬华台、
> 敷叶座，揖九品圣，礼无量尊。挂宝铎吟风，引金
> 绳界道。念佛念法，见水鸟树林；若天若人，献香
> 花仙乐……而入自门左，辟僧伽院，从颇黎地，涌
> 宰堵波。焚牛头旃檀，普薰五浊；储福祥休佑，大
> 庇四生……当大殿后，厥构讲堂，森浮柱以星悬，
> 抗雄梁而虹蕣。
>
> 层覆云勃，重檐翼张。绰文轩洞开，疏绮寮虚
> 豁……次讲堂后，式建天厨……厨西序列宾客省，
> 厨东序陈香积库。厨乾维，启仓廪地；厨艮背，广
> 臧获院。次净土坊后，式创律堂，下压放生之池，
> 坐观水族上临。箕业之阁，时听风镛；懿夫肃草，

系楫护鹅。①

据此描述，张弓先生推测此寺布局当是横联三院式。中院为三进：入端门至佛殿为一进，端门之宽可容两车并行，正殿内供奉三世佛；佛殿后至讲堂为二进，讲堂重檐飞耸；讲堂后至天厨为三进。天厨院前的东西两序，香积院、宾客省对称而立；天厨后面两侧，仓廪、臧获院对称而立。西院两进：前为净土坊，供奉无量寿佛；后为律堂，有放生池。东院是僧伽院，内有窣堵坡。②"文轩"为雕饰的窗屋，"绮寮"指精丽的僧舍，其位置应在讲堂院内。"簨业之阁"指钟阁，其位置应在律院之内。以"岩岩"形容殿高，以"奕奕"表述门阔，以"星悬"状写柱"浮"，以"虹蜺"比喻梁"雄"。"层覆"即层层相覆，如云勃起，用以描述多层讲堂的高大如云；"重檐"即多重屋檐，似翼张开，用以刻画讲堂的宽大如翼。"步庑"即廊庑，如鸾凤一般舒展；"飞楼"言高楼，像蜃景一样涌出。"宰迥合以云蠹"形容楼阁直干云霄，乃至主宰云的飞动；"崒凌兢而星倚"比喻楼阁似群峰竞雄，直与星辰相倚。"朱柱"喻其富贵，"离立"言其挺拔，殿堂立柱有如潜龙飞升；"修鲵"喻其大，"载铿"言其响，悬佩铎铃鸣似中天响雷。在此一系列的夸饰里，灵居寺的楼阁式风貌几乎已经呼之欲

---

① 《全唐文》卷七四五，叔孙矩《大唐扬州六合县灵居寺碑》，北京：中华书局，1983年，第7713-7714页。

② 参见张弓：《汉唐佛寺文化史》，第170页。

出。净土坊里"见水鸟树林"，放生池前"坐观水族上临"，"金绳界道"，井然有序，"系楫护鹅"，花香草肃，灵居寺同时还是一座带有别致园林的寺院，而其园林则主要分布在西院之内。所以，叔孙矩认为此寺当"不只荫释侣、警泥牛而已"，言下之意还是一座可供游观的园林。遗憾的是，完整的隋唐楼阁式寺院建筑实例已经没法见到。敦煌莫高窟第 85 窟绘有一座多院类型的楼阁式寺院，前为庭院，中为佛殿，后为讲堂，通过回廊分为两进（倘庭院独立，也可视为三进）；佛殿两侧有对起的两层高阁，讲堂两侧有对起的两层亭阁，前院栏楯水池重重错置；所有建筑通过栏杆回廊连在一起，形成疏密有致的整体。敦煌莫高窟第 148 窟所绘寺院，亦为多院类型楼阁式形制，但较第 85 窟所绘更为复杂：正中两座纵列殿堂，前为单层，后为双层，通过回廊分为两进或者三进（如果庭院单计）；佛殿两侧有对起的两层高阁，通过回廊与主殿连为一体；讲堂左右并转角各有对起的两组两层高阁，用虹桥与讲堂相接；外有亭阁佛塔一对，位于前后配阁与回廊之外；前院栏楯水池周匝相连，并与整个寺院融为一体。除此之外，敦煌莫高窟中还有很多壁画绘有类似寺院的图像，如在第 148 窟《药师经变》、第 158 窟《金光明经变》、第 172 窟《观无量寿经变》、第 217 窟《法华经变》、第 220 窟《阿弥陀经变》、第 320 窟《观无量寿经变》、第 329 窟《阿弥陀经变》与《弥勒经变》以及榆林第 25 窟《观无量寿经变》等等壁画中。这些经变图像虽然不能完全视为唐代楼阁式寺院的实情，然其总体印象应该相去不远，尤其是关于楼阁式寺院形制的具体描绘。

殿堂楼阁高低呼应、沼池栏廊错落有致的楼阁式寺院形制，受到佛经关于极乐世界描写的影响很大。鸠摩罗什所译《佛说阿弥陀经》卷一：

> ……极乐国土，七重栏楯，七重罗网，七重行树，皆是四宝周匝围绕，是故彼国名为极乐……极乐国土，有七宝池，八功德水，充满其中。池底纯以金沙布地，四边阶道，金银、琉璃、玻璃合成。上有楼阁，亦以金银、琉璃、玻璃、砗磲、赤珠、玛瑙而严饰之。池中莲华，大如车轮，青色青光，黄色黄光，赤色赤光，白色白光，微妙香洁……彼佛国土，常作天乐，黄金为地，昼夜六时，雨天曼陀罗华……①

不难看出，楼阁式寺院布局基本上是仿照佛经关于净土世界的描述建造出来的，是一个极乐世界的象征模式。唐代文人学士常以"极乐净土""人间天国"之类形容寺院，就中暗合了楼阁式寺院的象征寓意。

汉地后期寺院的构成，一般应该具备七种不同功能的建筑，称为"七堂伽蓝"。因为宗派的不同，"七堂"的具体

---

① 《大正藏》第 12 册，第 346 页下 −347 页上。

配置略有不同，但总体上是大同小异的。就禅院的配置而言，大抵有佛殿（安置尊像）、法堂（相当于讲堂）、僧堂（或称禅堂、云堂，为僧众坐禅起居之所）、库房（又称库院，为调配食物之所）、山门（又作三门，为寺院的正门）、净房（指厕所，又分东净、西净）和浴室（又称温室，乃沐浴之室）等。就非禅院的配置而言，则有佛塔、佛殿、讲堂（讲经之堂）、钟楼、藏经楼（也称经堂）、僧房（也称僧坊）、食堂（也称斋堂）等。① 但在禅院的建筑配置里，钟楼与经堂是常见的一对组合，方丈室作为禅居的遗制更是必不可少；而在非禅院的建筑配置里，则未必没有山门、库院、浴室、净房等等，佛塔则是可有可无。所以，以"七堂伽蓝"演变到后来已经成为堂宇齐备的寺院代称，而与宗派关系甚疏。所谓"七堂"也未必仅限于七处殿堂，其他应用之所全都包

---

① 《中华佛教百科全书》"七堂伽蓝"条：在日本，"七堂伽蓝"一语似是江户时代用语。"七堂"的种类与配置，依时代或宗派的不同而有异，其名称也因用途不同而有别。日本最古的伽蓝建筑以飞鸟时代的法隆寺为代表，入其寺，经南大门、中门至寺中央，有金堂与塔并置，北有讲堂、北室，东置鼓楼、东室，西建钟楼、西室，周围有回廊围绕，此系以金堂和塔为中心的百济式"七堂伽蓝"。至奈良时代，则仅以金堂为中心，左右各有一塔，此类配置是受唐寺建筑影响，故称唐式"七堂伽蓝"。镰仓时代，禅宗的"七堂伽蓝"则依中国宋朝的伽蓝配置而建，山门、佛殿、法堂并在一条线上，库院和僧堂设于佛殿左右，浴室与西净（东司）设在山门两侧。此外，黄檗宗以本堂、禅堂、斋堂、祖师堂、伽蓝堂、鼓楼、钟楼等"七堂"为主要堂宇，密教又另设灌顶堂、相轮堂、镇守社、多宝塔等特殊堂塔。

括在内，乃至别的一些附属建筑。以"七堂伽蓝"为根本发展出来的后期丛林式寺院形制，一般是把主要建筑摆在南北中轴线上，附属设施安在东西两侧。由南往北，山门殿、天王殿、大雄宝殿、法堂沿中轴线前后排开，规模较大的寺院最后尚有藏经楼（阁）。山门殿后两侧为钟楼与鼓楼，大雄宝殿前两侧为伽蓝殿与祖师殿。规模较大的寺院，法堂、藏经楼前两侧则往往还有配殿，多为四菩萨之类。丈室多在藏经楼（阁）左右转角，禅堂位置在寺院里较为灵活。其他尚有寝堂（僧房）、斋堂（食堂）、客堂、茶堂、职事堂（库房）、香积厨（厨房）等等，按照东内西外——东边为僧侣寝居、西边为施主寝居的原则分布左右。其中，以山门殿和天王殿组成的门院与以大雄宝殿为中心的前院是寺院构成的核心，有此二者即可称"寺"，再小就是所谓庵庙了。[1]

从大雄宝殿后檐划线，可以把后期丛林式寺院分为截然不同的前后两个部分：前一部分可以叫做"佛院"，而后一部分则可叫做"僧院"。前一部分以弥勒、释迦牟尼或其他诸佛作为中心，东、南、西三方尽为护法诸神：伽蓝殿诸神护院，天王殿诸神护天，祖师殿诸师护法。此一部分的建筑规格极高，全部称殿。后一部分则基本上为僧人活动的场所，以法堂为中心，禅堂、律堂、方丈室、藏经阁（楼）之类建

① 参见白化文：《汉化佛教与寺院生活》，天津：天津人民出版社，1989 年，第 37 页。

筑皆汇于此。较之于前一部分，此一部分的建筑规格明显较低，均称堂室。佛院代表"三宝"之中的佛宝，僧院代表僧宝，把佛院与僧院合在一起即成法宝。所以，汉地后期寺院的殿堂配置绝不是一种偶然的组合，而是佛教所谓佛、法、僧"三宝"的具体象征。在此象征模式下，只要走入寺院，观念上就已经不可避免地皈依三宝了。①

关于后期七堂伽蓝的殿堂配置，佛教里另有两种象征解释：第一种是把它视为佛面的象征，即把山门视为口、大殿视为鼻、法堂或讲堂视为顶、浴室和净房视为两耳、库房和僧房视为两眼；第二种是把它视为人体的象征，即把山门视为会阴、大殿视为心脏、后堂视为头顶、浴室和净房视为两脚、库房和僧房视为两手。无论怎样，在佛教僧众看来，后期丛林式寺院的殿堂配置绝对不是一堆杂乱无序的建筑组合。

显然，在中国汉地寺院建筑中，站在宗教现象学的立场，没有我们所谓的毫无意义的普通建筑存在。藉此象征性的殿堂组合，配以造像、绘画以及别的宗教性营造，汉地寺院便在观念上有了佛教所谓曼陀罗场的神圣意味。

---

① 参见段玉明：《中国寺庙文化论》，长春：吉林教育出版社，1999 年，第 171–173 页。

三

按照伊利亚德的理论，无论是原初圣显还是神圣宣示抑或开光、象征，目的都不外是为寺院祝圣。经此祝圣，神圣介入其间，寺院便与周围的凡俗空间分开，并在本质上与其产生差异。及至此时，由大小殿堂楼阁、廊庑庭院组成的寺院即已不再是普通的屋化建筑，因有神圣活动于其中。按照伊利亚德的理论，此种祝圣还不仅仅是神圣介入的问题，同时也使世界得以建构起来。信众希望将自己的处所定居在"世界中心"，而此定点的发现与投射即相当于是世界的创造。所有礼仪性的定向与神圣空间的建构，都具有宇宙创生论的意义。庙宇是宇宙山的复制品，建构了天与地之间最卓越的连接，其根基深深地向下延伸至"阴间"。 在伊氏看来，房子并非是一个东西或一个"可供居住的机器""它是一个宇宙，是人们借着模仿众神典范式的创造——即宇宙的创生，来为自己建构的宇宙"①。于是，作为一个神圣空间，借助一次次的圣显，寺院具有了沟通三界的能力。正像伊利亚德所说：

透过圣显，从一个层次穿越至另一个层次，已

---

① 伊利亚德：《圣与俗——宗教的本质》，杨素娥译，胡国桢校，第 106 页。

然实现了，而且还有一道开口在此被建立起来，这道开口不是向上（通向神的世界），就是向下（通往阴间的世界或死亡的世界）。宇宙的三层次：天上、地上、地下，已在此相通了。①

就此，我们可以在很多有关寺院的传说中找到证据。

南北朝时，成都城西有福感寺，本名大石寺，"相传云是鬼神奉（阿）育王教，西山取大石为塔基，舍利在其中，故名大石（寺）也"。隋初有诜律师，不忍见其颓败，乃于旧址起九级木塔。"旱涝年官人祈雨，必于此塔"，因其特有感征，故又名福感寺。福感寺是一座塔院没有问题。传为鬼神始修的福感寺塔上接天宫，故能控制云雨，是以旱涝之时祈祷特灵。后有人盗其塔铃，"有神擎栌枓起，以贼髀内中，其人被押唱呼，寺僧为射枓起，方得脱出"。②传说自非真实，却传达出来某种信众认同的观念：福感寺不是一处普通之地，天神、地鬼并在寺塔的连接之中贯通一气。晋初，河州有唐述谷寺，"寺东谷中有一天寺，穷讨处所略无定指，常闻钟声，又有异僧，故号此谷名为唐述（羌云'鬼神也'）。所

---

① 伊利亚德：《圣与俗——宗教的本质》，杨素娥译，胡国桢校，第86页。

② 道宣：《集神州三宝感通录》卷一，《大正藏》第52册，第408页上。

以古今诸人入积石者，每逢仙圣，行往恍惚，现寺现僧。"①
显然，一天寺在信众的观念上也是一座贯通鬼神、仙圣的处
所，置身其间往往得见奇异。

宋徽宗时，有宗室赵诳之自南京赴都春试，王明清《投
辖录》称：

> ……暇日步郊外，过一尼院，极幽寂。见老尼
持诵，独行廊下，指西隅谓之曰："此间有大佳处，
往一观否？"生从其言。但废屋数间，芜秽不治。
有碑一所，甚高，亦复残缺。生试以手抚之，碑忽
洞开若门宇。生试入观之，则皆非所睹也。楼观参
差，千门万户，世所谓玉宇金屋者，皆不足道。香
风馥然，有妇人数十皆国色也，见生迎拜甚恭。生
恍然自失。引生登堂，若人间宫殿，金碧罗列粲然，
多所不识。有女子西向而坐，方二十余，颜色之美，
又大胜前所睹群妇人，皆列侍焉。语生曰："子岂
非赵某乎？候子久矣。"愈骇疑惧。遂命置酒合乐，
妙舞更奏，服勤执事，并无男子。食前方丈乐声嘹
亮，真钧天之奏也。至夜，遂相与共寝，亦极欢洽。
生询其地，答曰："但知非人间，即已何劳固问？
且勿为疑虑可也。"如是留几浃旬，女子忽谓生曰：

"外访子甚急，引试亦复有日。子须亟归，时幸见思。"遂命酒作乐，酒罢曰："此中物虽多，悉非子可携。玉环一，北珠直系一，以为别，后长相思之资。环幸毋弃之，直系可货也。"众人送出门，各皆吁嗟挥泪，生亦情不自胜。既出，则身在相国寺三门下，恍如梦觉，但腰间古玉环与北珠直系在焉。

据王明清注称，此一传说来自赵氏自述。赵诜之所到之处虽然最终仍不清楚，但"非人间"则已由其所遇女子说明。其"碑忽洞开若门宇"，让人联想到道教的别有洞天。而其内则是"楼观参差，千门万户，世所谓玉宇金屋者，皆不足道"，金碧粲然，香风馥郁，妙舞仙乐，佳丽美姝，活脱一个道教描述的仙境。值得注意的是，赵氏进入仙境是从一座尼院，而从仙境返回则是在相国寺的三门之下，说明此尼院与相国寺的神圣空间连着仙境、连着天堂。宣和六年（1124），张涛为宿州户曹，其妻于其任上过世。

是岁冬，入京参选。因南至休暇日，游相国寺，于稠人中与亡妾迎儿遇，惊问之曰："尔死已久，何因得来此？"对曰："见伏事妈妈，在城西门外五里间一空宅居。官人可以明日饭后来彼相寻，迎儿当迎候于路。"张如其言，果见妻。妻泣诉曰："我坐平生妒忌，使酒任情，在此受罪。君幸少驻，可见也。"至晡后，闻驺哄传呼，旌旆剑戟仪卫甚盛，紫衣贵人下马，入正厅。一行从卒悉变为狞鬼，狰狞形状，运长叉揳妻至前斩首，且折其四体为数十段。已而复生，鞭讯痛楚。移时，紫衣去，一切如初来时。妻曰："每日受苦如此，须请泗州大圣寺成僧看诵《金刚经》方免兹业。"明日更在此观之，及期所睹如昨，但只加执缚，不复斩脔。紫衣问曰："汝必曾发愿，故恶业渐消，可实告我。"妻具对，即合掌曰："善哉善哉，勉之！"既去，妻与夫诀。张调官东下，至泗设斋赛经回向毕，再诣京师西，茫无所见。其妾迎儿云："妈妈传与官人谢经文资荐，为士人家男子矣。"①

在此则传说里，鬼魂又是借相国寺的特殊通道现身，说明相国寺的神圣空间连着地狱。类似的传说不止一二，证实在信众的普遍观念中，后期寺院空间同样具有沟通三界的能力。

寺院而外，佛教名山的情形同样如此。杜光庭《神仙感遇传》载：

　　宋文才者，眉州彭山县人也。文才初与乡里数人游峨眉山，已及绝顶。偶遗其所赍巾，履步求

---

①　洪迈：《夷坚志》丁卷二《张次山妻》，文渊阁《四库全书》本。

之。去伴稍远，见一老人，引之徐行，皆广陌平
原，奇花珍木。数百步乃到宫阙，玉砌琼堂，云楼
霞馆，非世人所睹。老人引登葶台，顾望群峰，棋
列于地，有道士弈棋。青童采药，清渠漱石，灵鹤
翔空。文才惊骇，问老人曰："此为何处？"答曰：
"名山小洞，有三十六天，此峨眉洞，天真仙所居
第二十三天也。"揖坐之际，有人连呼文才名，老
人曰："同侣相求，不可久住，他年复求可耳。"
命侍童引至门外，与同侣相见，回顾失仙宫所在。
同侣曰："相失已半月矣，每日来求，今日乃得相
见。"文才具述所遇之异焉。①

宋文才在峨眉山中误入仙境，"奇花珍木""灵鹤翔空""玉
砌琼堂，云楼霞馆，非世人所睹"，虽然峨眉山曾为道教仙
山的前由，然其成为佛教名山后仍然保持着与仙界的连接，
像在赵诜之的传说中看到的一样，信众在此山中随时可能误
入仙境，当然也可能获见普贤。鸡足山传说曾有一对夫妇，
于祝圣寺烧香返回，路上拾得一粒南瓜籽，回家种下结瓜后，
瓜下竟然是一个通往华首门②的黑洞，引导老人进入了山中

---

① 张君房撰，蒋力生等注：《云笈七籖》卷一一二，北京：华
夏出版社，1996 年，第 690 页。
② 按，华首门是鸡足山上一处形似石门的崖壁，传说迦叶尊者
在内守衣入定，等待 56 亿年后的弥勒佛降生。

传说的秘密世界。① 显然，作为迦叶道场的鸡足山如果没有沟通三界的观念，类似的传说就不可能产生出来。一古一今两个事例，证实此类佛教名山的宇宙构造古今一致，故在五台、普陀、九华等佛教名山中同样可以听到类似传说。宗教圣地之所以神圣，就在于它们始终与神圣有着各种各样观念上的连接，可以将其从凡俗宇宙中异质出来。

祝圣、象征等技术催生了寺院空间的宇宙重构，宇宙重构又反过来强化了寺院空间的神圣特性。

四

借助神圣的建立以及象征模式、宇宙重构，汉地寺院空间有了异质空间的特性，转成了信众观念上的神圣世界。一切超越凡俗的事相所以可能，祈福禳灾所以有效，灵魂净化所以成真，皆有赖于此一神圣世界的建立。故汉地寺院空间的神圣特性越强，其在信众心目中的地位越高，香火也就越盛。

为了确保寺院的神圣特性长盛不衰，像伊利亚德说的，仅仅借助落成前后的祝圣还很不够，寺院神圣还得通过不停地圣显显现活力，这就是何以我们经常会在汉地寺院里听到

---

① 参见许天侠等收集整理《鸡足山的传说》，昆明：云南人民出版社，1985 年，第 160-162 页。

很多神奇的传说。唐末，僖宗避乱逃往成都，宿于新都宝光寺中，夜见福感塔下宝光四射，令人发掘，得一石匣，内藏舍利 13 颗，因命寺僧重修殿宇，并将寺名改成了宝光寺。[①]舍利的重现，接续了前此塔院空间的神圣，寺院得以重建起来，其神圣的连续性同时也被昭示出来。蔡绦《铁围山丛谈》卷五：

> 艺祖始受命，久之，阴计释氏何神灵尔，患苦天下，今我抑尝之，不然，废其教矣。日且暮，则微行出，徐入大相国寺。将昏黑，俄至一小院户旁，望见一髡大醉，吐秽于左右，方恶骂不可闻。艺祖阴怒，适从旁过，忽不觉为醉髡拦胸腹抱定，曰："莫发恶心！且夜矣，惧有人害汝。汝宜归内，可亟去也。"艺祖动心，默以手加额而礼焉。髡乃舍之去。艺祖得促步还，密召忠谨小珰："尔行往某觇此髡为在不，且以其所吐物状来。"及至，则已不见。
>
> 小珰独爬取地上道吐狼藉，至御前视之，悉御香也。释氏教因不废。

五代时期，北方各国一向遏制佛教。至于后周，对佛教禁制更严，凡无额寺院一律废毁，致使其境内寺院十不存

---

① 参见冯修齐：《宝光寺》，成都：四川人民出版社，2004 年，第 4-6 页。

一。① 宋太祖立国之后是否本欲废佛，没有令人信服的材料可以证实。而事实是，其即位后一反后周政策，给佛教以适当保护，停止废毁寺院，广度童行，并遣沙门行勤等人前往印度求法，以及在益州雕版印经等等。② 这种对佛教的政策上的突变或与宋太祖本人的某种神秘经验有关，不是没有可能。退而言之，即使此一圣显也是宋太祖"雄才大略"的一种表现，对信众而言，他们还是愿意相信此一突变的动力来自佛教本身——是圣僧的显化最终改变了宋太祖之于佛教的态度。通过圣僧显化，以宋太祖心生疑惧、加额致礼而使相国寺素有的神圣获得新的认证。这样，相国寺便在改朝换代的情况下依旧保持了自己固有的社会影响力。河南嵩山少林寺的紧那罗殿始建于明初，是供奉少林寺护法神紧那罗王的专殿。相传元至正十一年（1351）红巾军围攻少林寺，寺内一烧火僧显现神通，身高十丈，立于太室、少室二山之顶，自称紧那罗王，最后吓走了红巾军。③ 不必追问此一传说的

---

① 按，《旧五代史》卷一一五《周世宗纪》称：显德二年（955），"是岁，诸道供到账籍，所存寺院凡二千六百九十四所，废寺院凡三万三百三十六，僧尼系籍者六万一千二百人。"

② 参见郭朋：《宋元佛教》，福州：福建人民出版社，1981年，第2-3页；顾吉辰：《宋代佛教史稿》，郑州：中州古籍出版社，1993年，第1-2页。

③ 参见乔庆海：《少林武术的传说及文化内涵》，载《兰台世界》2010年第17期；程大力：《论层累的少林武术偶像体系》，载《体育学刊》2013年第6期。

真实，它不过是少林寺这座千年古刹无数次圣显中的又一次圣显而已，用以强化少林寺空间的固有神圣。类似传说不胜枚举，虽然皆是一种非理性的叙述方式，但都是寺院神圣显现活力的变形表述。

与此相反，寺院神圣失去了活力，不能反复外显，曾经神圣的空间即会变成同质空间，建筑也好，造像也罢，便都成了毫无玄外之意的土木造作。明《如梦录》记载的一段传说颇可为此作出说明：

> （相国寺）东北角金刚，咬脐郎缢死脖背上，唬的金刚黑夜逃出北门而去，至五鼓有卖柴人见，吃一惊，呼曰："好大汉！"一似天王被人识破，不能行去，后敕盖天王寺，见在土城。①

在金刚造像的脖背上缢死，本身已经说明金刚的神圣性出了问题——具有神圣应力的造像是绝对不可欺近的，唬得护寺金刚弃寺逃走，喻示了相国寺造像的神圣性正在走失，从而隐约告诉了人们相国寺的气数将尽。

中国汉地寺院空间的神圣特质是佛教文化研究非常重要的内容。它既是一系列技术性操作的结果，又是历代僧众费尽心力的智慧型结晶，理当引起学者的高度重视。唯其如此，

---

① 孔宪易校注：《如梦录》，郑州：中州古籍出版社，1984年，第 71 页。

才能将作为佛教屋化活动场所的寺院建筑与别的凡俗建筑区别开来，也才能跳出建筑、艺术史家设定的分析框架，正确认识寺院建筑的宗教价值。

浅谈明清文人批评家对目连戏的接受研究

何　蓉①

内容摘要：随着佛教在中国的发展，目连救母的故事在中国流行开来，逐渐以戏剧方式在民间广为传播，并在明清时期达到顶峰。以王阳明、李慈铭、吕天成、祁彪佳等为代表的明清文人批评家作为目连戏的直观读者，在很大程度上掌握了文本的话语权，对目连戏进行了肯定或否定阐释。他们的接受过程，一方面客观上推动了目连戏的传播，另一方面也反映了读者的时代性和历史性。文艺作品的价值往往很难被同时代所认可，只有消除了同时性，后世对目连戏才能有更客观的理解。

关键词：目连戏；明清文人；接受美学；读者

目连戏反映的是民间社会中下层人民朴素的思想感情，

---

① 何蓉，东南大学人文学院博士生。

报恩行孝是目连戏的核心思想，惩恶扬善是目连戏的基本内容。以王阳明、李慈铭等为代表的明清文人批评家针对目连戏这样的思想属性给予赞扬与推崇，潜意识中的入世情怀和治国安邦的理想促使他们对民众的文艺作品非常看重。吕天成、祁彪佳等人则对目连戏的文学性有着自己的理解。这些文人利用自身的地位身份、文学知识对目连戏提出了独到的见解和精辟的阐释，为后世研究目连戏在不同朝代的发展情况提供了史料文献。对于文人批评家来说，戏曲的教化作用远大于娱乐功能，在此基础上，他们还将"风教"作为评判戏曲作品优劣的标准，甚至是唯一的标准。但他们对目连戏的肯定阐释或否定阐释都从不同方面表现了目连戏在民间的接受热度，仍然反映了目连戏所拥有的强烈的生命力和强大影响力。

一、明清文人批评家对目连戏的肯定阐释

1. 阳明学派

民国《南陵县志》有载："陵民报赛酬神专演目连戏，谓父乐善好施，子取经救母。王阳明先生评目连曲曰：'词华不似《西厢》艳，更比《西厢》孝义全，亦神道设教意也。'"①

---

① （民国）余谊密修，徐乃昌纂：《（民国）南陵县志（48卷）》卷四，民国铅印本。

王阳明（1472-1529），字伯安，号阳明，浙江余姚人，明代著名哲学家、思想家，心学集大成者，对中国古典哲学影响深远。

阳明先生及他的后学与戏曲有着不解之缘，他们的学说丰富了中国的戏曲理论。阳明先生曾在与学生的讨论中发表过对于戏曲的见解：

> 王阳明先生曰："古乐不作久矣，今之戏子，尚与古乐意思相近。"门人请问，先生曰："《韶》之九成，便是舜的一本戏子；《武》之九变，便是武王的一本戏子。圣人一生实事，俱播在乐中，所以有德者闻之，便知他尽善尽美，与尽美未尽善处。若后世作乐，只是做些词调，于民俗风化，绝无关涉，何以化民善俗。今要民俗反朴还淳，取今之戏子，将妖淫词调俱去了，只取忠臣孝子故事，使愚俗百姓，人人易晓，无意中感激他良知起来，却于风化有益，然后古乐渐次可复矣。"①

在阳明先生看来，戏曲的功能就在于教化愚俗百姓，激起他们的良知。若如戏曲本子只取忠臣孝子的故事，那么即使是愚夫愚妇也可知晓，有益风化。目连戏便是一个关于至孝的故事，自然符合阳明先生对于戏曲艺术的标准。"词华

---

① （明）王守仁：《王阳明全集》，上海：上海古籍出版社，1992年，第106页。

不似《西厢》艳，更比《西厢》孝义全"。《西厢记》是一出中国读者耳熟能详的剧目，讲述了相门千金崔莺莺爱上了落魄书生张生，冲破了封建礼教的束缚，最终获得幸福的故事。《西厢记》最早出于唐代文人元稹（779-831）的《莺莺传》，后在金代出现了一部以《莺莺传》为基础的《西厢记》诸宫调，作者董解元生卒年不详，再由王实甫（1260-1336）创作完成了我们今天所见的《西厢记》。《西厢记》的语言具有通晓流畅、秀美华丽的特点，为历代读者所称赞，曹雪芹曾在《红楼梦》中借林黛玉之口赞誉《西厢记》"词语警人，余香满口"。但《西厢记》毕竟描述的是才子佳人的爱情故事，教化意味不够浓厚。目连戏塑造了罗卜这样一位孝义两全的圣贤形象，观众在观看之后仍会回味无穷，深受启发，并在启发之下激起良知，就是阳明先生"戏以载道"的目的所在。"致良知"是王阳明晚年思想的主题，良知既是人人必具的至善之性，又是善性之知觉的落实与体现。"孝义"是人之至善本性，是良知的表现。王阳明对目连戏思想属性的认可，是其从哲学本体论上的体现，目连戏表现了孝义，符合了阳明先生劝诫民众追求至善之性的要求。他的学人孙应鳌曾说："市井之愚夫愚妇看杂剧戏本，遇有忠臣、孝子、义夫、节妇，触动良心，至悲伤泣涕不自禁，卒有敦行为善者。吾辈士大夫自幼读圣贤书，一得第即叛而弃之，到老不曾行得一字，反不若愚夫愚妇看杂剧者。"① 这也是从戏曲的教化功能出发，认为普通观众比起文人士大夫更加感性，容易受到忠臣、孝子、义夫、节妇故事的感化和刺激，利用戏曲的教化功能更容易激起读者心中本有的良知，成为一个良人。阳明先生的"戏曲风教论"不仅注意到戏曲艺术的内容应该选取忠臣孝子故事，而且关注了戏曲的受众不是那些文人或贵族，而是"愚夫愚妇"，是那些最普通的平民百姓，这一点对明清戏曲题材的平民化有直接的促进作用，对于中国戏曲的发展有着不可磨灭的影响。

明代郑之珍本《劝善金科》问世之后，不少文人对于郑本的改编给予了肯定。"郑如鲤评目连戏中《斋僧济贫》出曰：'仁孝节义，此篇兼之，真足以劝善矣。'对于改编全本，'进士通家眷侍生左泉'陈澜汝认为'与高则诚君伯皆〔喈〕劝孝，丘文庄公五伦辅治，同一心也'。在叶㭎沙看来，'先儒谓文字无关于世教，虽工何益！'只有双美，始称佳作，郑氏《劝善记》正是这样的作品，'其词既工，而关于世教者不小也，岂特为梨园之绝响而已'。"② 郑如鲤、陈澜汝与叶㭎沙都是明代著名文人，本身拥有较高的文学修养，他们自发形成了以道德教化为目的的戏曲评价标准，自觉秉持着"文以载道"的理念，用以区别民间重娱乐轻道德

---

① （明）孙应鳌撰，龙连荣等点校：《孙应鳌文集》，贵阳：贵州教育出版社，1996年，第340页。

② 刘祯：《目连戏：文人与民间》，《民族艺术》1999年第2期。

的审美准则。李渔（1611-1680）在《闲情偶寄》中写道："昔人以代木铎，因愚夫愚妇识字知书者少，劝使为善，诫使勿恶，其道无由，故设此种文词，借优人说法，与大众齐听，谓善由此收场，不善者如此结果，使人知所趋避，使药人寿世之方，救苦弭灾之具也。"① 文人批评家强调戏曲作品的惩恶扬善的社会功能，重视戏曲对民众的教育作用，既与明清以来统治阶级一直倡导的劝善风气有关，也是他们的自觉选择。

受教于阳明后学罗汝芳的汤显祖（1550-1616）肯定了戏曲的社会功能：

> 可以合君臣之礼，可以浃父子之恩，可以增长幼之睦，可以动夫妇之欢，可以发宾友之仪，可以释放怨毒之结，可以已愁愤之疾，可以浑庸鄙之好。然则斯道也，孝子以事其亲，敬长而娱死；仁人以此奉其尊，享帝而事鬼。老者以此终，少者以此长。外户可以不闭，嗜欲可以少营。人有此声，家有此道，疫疠不作，天下和平。岂非以人情之大窦，为名教之至乐也哉。②

在汤显祖看来，戏曲艺术带来的不仅是各种层面上人际

---

① （清）李渔：《闲情偶寄》，《中国古典戏曲论著集成》（七），北京：中国戏剧出版社，1959年，第11页。

② （明）汤显祖著，徐朔方笺校：《汤显祖全集》（二），北京：北京古籍出版社，1998年，第1188页。

关系的和谐，而且是达到美好生活的重要手段，甚至可以达到夜不闭户、少生私欲的地步，整个社会呈现出一片祥和的图景。汤显祖在历史上以"情"闻名，在他的剧中，"情"是男女主角行动的根基。《牡丹亭》中："如丽娘者，乃可谓之有情人耳。情不知所起，一往而深。生者可以死，死可以生。生而不可与死，死而不可复生者，皆非情之至也。"[①]他对人物情感价值的高扬，是对"情"的礼赞。纵使是高举"情"之大旗的汤显祖也仍然肯定戏曲艺术的教化属性，认为通过戏曲艺术的表现可以使整个社会更加和谐。清代文人宋廷魁（1710-？）在《介山记》中认为：

> 吾闻治世之道，莫大于礼乐。礼乐之用，莫切于传奇。何则？庸人孺子目不识丁，而论以礼乐之义则不可晓，一旦登场观剧，目击古忠者、孝者、廉者、义者，行且为之太息，为之扼腕而流涕，亦不必问古人实有是事否，而触目感怀，啼笑皆与俱，甚至引为佳话，据为口实。盖莫不思忠、思孝、思廉、思义，而相儆于不忠、不孝、不廉、不义之不可为也。夫诚使举世皆化为忠者、孝者、廉者、义者，虽欲无治不可得也。故君子诚欲针风砭俗，则

---

① （明）汤显祖著，徐朔方笺校：《汤显祖全集》（二），北京：北京古籍出版社，1998年，第1188页。

必自传奇始。①

宋廷魁从"乐感说"出发，肯定戏曲艺术会触发观众心中最柔软的一部分，使得观众自觉遵守儒家伦理的忠孝廉义，成为更符合儒家伦理规范的人，从而达到教化之目的。

自明之后，由于统治阶级维护社会稳定的需要，戏曲的创作都明显表现出对民众道德教化的倾向，这种趋势一直延续到清代，同时也是目连戏在清代仍经久不衰甚至走进宫廷的重要原因。

2. 晚清名士李慈铭

晚清名士李慈铭在《越缦堂日记》中有对观演目连戏的记载：

> 夫优伶之演，实始有唐目连救母之记，见于白傅刘宾客之相，嘲诮故小道可观，贤者不废上之，足以警贪吏、惩凶人，使目省而不敢为非次之，亦足以申匹夫匹妇之幽□，结轖而慰藉于善恶之必报。②

李慈铭（1830–1894），字式侯，室名越缦堂，晚年自署"越缦老人"，浙江绍兴人，晚清官员、文史学家。撰有《越缦堂日记》，与叶昌炽《缘督庐日记》、王闿运《湘绮楼日记》《翁

---

① （清）宋廷魁：《介山记或问》，清乾隆年间刻《介山记》卷首。
② （清）李慈铭撰：《越缦堂文集 12 卷》卷五，民国本。

同龢日记》并称为晚清四大日记。《越缦堂日记》内容丰富，涉及经史、纪事、读书记、诗文等，字数多达数百万，是一部文史、学术宝库，其中有不少关于戏曲之记载。李慈铭不仅在晚清文学领域独树一帜，对戏剧的欣赏及创作也颇有心得。据史料记载，他至少创作过两部杂剧，分别是《蓬莱驿》和《星秋梦》（又名《秋梦》）。清末官场奢靡，社会混乱，民怨沸腾，李慈铭作为文人批评家，他看到了此种社会现状，但个人的力量是弱小的，他无力改变这种现状，也无力拯救摇摇欲坠的山河；作为统治阶级的官员，他也不想改变现状，只想保持现状，所以在这种矛盾的心理之下，李慈铭利用文学的、戏剧的力量试图麻醉自己，逃脱现实。但李慈铭的确看到了目连戏的教化作用，这也从侧面反映了目连戏在民间乃至上层社会的影响之大。

李慈铭认为目连戏所表现的内容足以惩凶罚恶，警示贪官污吏，使得百姓可以相信善恶有报，平息民愤。佛教认为，善恶业报、六道轮回是由"业"来决定的。"业"包括三个方面：行动、语言、思想意识。业有善有恶。后发展为"三世因果报应"：前世所作之业，是今世之果；今世所作之业，是来世之果。目连救母的故事，就是解释善恶业报的。尼姑今世背师下山成亲，不敬三宝，作了恶业，来世变母猪，得恶果报；和尚会生不守清规，与尼姑相调，私自成亲，作了恶业，来生变秃驴，得恶果报；刘要有骗驴之恶业，来生得变驴之恶报；刘氏有打狗开荤的罪业，来生得变犬的业报，傅罗卜下地狱业救不到。前业不除，后果不天。傅相、傅罗卜、曹赛英守正戒、十戒、二百五十戒，做了大量好事，做了大量善业，于是得善果报，脱离七灾八难之苦，共登仙界。目连戏中处处体现了善恶有报、六道轮回的思想：

> 人人知道有来年，家家尽种来年谷，人人知道有来生，何不种取来生福！
>
> 奉劝世人醒悟，休教恼犯阎翁，轮回该换霎时中，一样尔身苦痛。
>
> 若问前世因，今生受者是，若问后世因，今生作者是。①

这种思想在中国民间社会成为一种信仰，"举头三尺有神明""善恶到头终有报"。古代底层百姓生活悲苦，寿命也较短，所以有时不得不将生活的希望寄托到来生，期望以"因果轮回"来获得更好的下一世。目连戏中包含的"因果轮回"的思想，是符合读者的期待的。这也成了统治者进行教化的工具之一。目连戏在民间的影响力，历朝统治者是有目共睹的，他们利用这一点宣扬有利于维护统治的言论以教化万民，对社会环境的安定和封建秩序的维护都有着特殊的作用。明代理学家刘宗周（1578–1645）曾在《人谱类记》中说：

---

① （明）郑之珍撰，朱万曙校点，《新编目连救母劝善戏文·上卷·李公劝善》，合肥：黄山书社，2005年，第134–135页。

梨园唱剧……未必非转移风俗之一机也……每演戏时，见有孝子悌弟、忠臣义士，激烈悲苦，流离患难，虽妇人牧竖，往往涕泗横流，不能自已。旁视左右，莫不皆然。此其动人最恳切、最神速，较之老生拥皋比讲经义，老衲登上座说佛法，功效百倍。至于《渡蚁》《还带》等剧，更能使人知因果报应，秋毫不爽。①

刘宗周与王阳明的观点相似，都认为戏曲应该实现教化之功能，是"转移风俗之一机"，对于那些"孝子悌弟、忠臣义士"和具有明显因果报应的戏曲题材给予肯定。

"文学批评并不只对文学文本做出阐释，它还将触角伸向广阔的社会领域，通过对作品的阐释向社会发言，通过文学批评中的价值导向，影响人们的意识和行为，提高读者理解现实生活、辨别美丑善恶的能力，从而维护或批判某种意识形态，推动社会的进步"②。自《毛诗序》提出"风教"以来，历代的文人、评论家，尤其是儒家的知识分子，都十分重视戏曲作品的道德教化作用，强调其惩恶扬善的社会功能，以期能够达到惩戒人心、促进社会和谐的目的。夏庭芝

---

① 转引自《知氅记引训》，清乾隆十六年（1751）刻本《知氅记》卷首。

② 胡亚敏：《论当今文学批评的功能》，《社会科学辑刊》2005 年第 6 期。

在《青楼集志》指出杂剧的意义并不在于"谑浪调笑", 而在于"厚人伦, 美风化"。① "儒家从甫一诞生, 就是以整个社会各个阶级共同的教育者和导师的身份出现的……在他们那里, 劝说人民接受统治者的教育、承认既定的社会等级, 认同自己被统治者的身份的言说也随处可见"②。作为儒家思想的代言人, 中国古代的知识分子有一种刻在骨子里的责任感, 那就是通过自身的言论与行为, 在广大的民众之中起到"风教"的作用。而且在戏曲作品中, "凡乐人搬做杂剧戏文, 不许妆扮历代帝王后妃、忠臣节烈、先圣先贤像, 违者杖一百。富民之家容扮者与同罪。其神仙道化及义夫节妇、孝子贤孙、劝人为善者不在禁限"③。统治阶级认为, 像神仙道化及义夫节妇、孝子贤孙等劝人为善者可以抨击社会的不良现象, 激发世人的道德救赎意识。目连作为至孝的象征人物, 为救母表现出来的坚贞不屈的性格, 成功塑造出一个重情重义的道德楷模形象, 体现了教化社会的精神力量。

如果说阳明学派、李慈铭等文人对目连戏的肯定阐释主要集中在思想属性的教化功能, 那么另一批文人批评家则对

---

① （元）夏庭芝：《青楼集志》, 吴毓华：《中国古代戏曲序跋集》, 北京：中国戏剧出版社, 1990年, 第16页。

② 李春青：《诗与意识形态》, 北京：北京大学出版社, 2004年, 第167页。

③ 王利器：《元明清三代禁毁小说戏曲史料》, 上海：上海古籍出版社, 第11页。

目连戏的文学属性颇有微词。

二、明清文人批评家对目连戏的否定阐释

文学性是文人批评家鉴赏目连戏的重要标准之一，他们认为戏曲的唱词或宾白都应尽量文雅。尤其是明清时期的文人，将戏曲视为文学的一种类型，对戏曲的文学性要求过高。但戏曲是一种综合艺术，是诸多艺术形态的高度统一，其中并不只有文学文本，还有表演者的表演、舞台美术种种。目连戏生长于民间，它的文学性自然与古典戏曲无法相比，且民间目连戏演出更重视现场，这种现场是表演者与观众之间的互动和交流，是作者、表演者和观众的浑然一体；精致的古典戏曲重视文本的"阅读"，文本是对个人情感的抒发，对家国情怀的畅想和对民间底层百姓的不屑一顾。中国艺术批评体系的构建主要是由这些文人完成的，但并不是说掌握话语权的文人对目连戏的否定就意味着它毫无价值，因为民间戏曲的意义不是哪个批评家可以随意抹消的，它自身拥有强大的生命力，自会在往后的发展中展现无穷魅力。

1. 吕天成

吕天成（1580–1618），字勤之，号棘津，明代著名戏曲家、戏曲评论家。作为剧作家，吕天成天赋颇高，才华横溢，目前学界认为由吕天成创作的传奇作品共有十三部，分别为《神女记》《戒珠记》《金合记》《三星记》等；杂剧作品八种，

分别为《夫人大》《儿女债》《耍风情》《姻缘帐》《齐东绝倒》《秀才送妾》《胜山大会》《缠夜帐》。吕天成《曲品》"仿钟嵘《诗品》、庾肩吾《书品》、谢赫《画品》例，各著论评"①。作为评论家，他所著的《曲品》是中国戏曲史上第一部以品评形式展开戏曲阐释与批评的理论著作。据吴书荫对各个版本的《曲品》进行考证，全书一共收录二百一十二种南戏和传奇作品（其中未统计在内的剧目有南戏、传奇和杂剧三十五种）和九十五位戏曲作者。在如此繁多的作品中，除了少量见于《永乐大典》《南词叙录》《百川书志》《宝文书目》外，其余一百九十一种均是首次见于著录。目前，有传本在世的作品九十九种，零散片段的五十二种，全部失传的六十四种。吕天成之后，祁彪佳的《远山堂曲品剧品》以《曲品》为底本写成，对清代《曲海目》、王国维《曲录》、傅惜华《明代传奇全目》的成书都有重要作用，从这个意义上来说，《曲品》具有极其重要的戏曲目录和文献价值。②

吕天成以自身生活时代为界，将明嘉靖年之前的戏曲作品分为四档，分别是：神品、妙品、能品及具品，合称为"旧传奇品"；将嘉靖年后的戏曲作品按"三等九品"制分为上中下各三等，共九品（上上、上中、上下、中上、中中、中

---

① （明）吕天成撰，吴书荫校注：《曲品校注》，北京：中华书局，2019 年，第 1 页。

② （明）吕天成撰，吴书荫校注：《曲品校注》附录"吕天成和他的作品考"，北京：中华书局，2019 年，第 554—555 页。

下、下上、下中、下下），合称为"新传奇品"。目连戏为
下下品。吕天成在《曲品》中称："俗演《目连》《妙相》
二记，词陋恶不堪观。"①"《妙相》，俗称为《赛目连》，
哄动乡社"②。下下品的作品多是文词、结构等方面的问题，
作家才情较低，作品问题较大，偶有可取之处。吕天成阐释
与评论戏曲作品时采用的其舅祖孙鑛提出的十条戏曲创作、
批评法则，称为"十要说"，即"第一要事佳；第二要关目好；
第三要搬出来好；第四要按宫调，协音律；第五要使人易晓；
第六要词采；第七要善敷衍，淡处作得浓，闲处作得热闹；
第八要各角色分得匀妥；第九要脱套；第十要合世情，关风
化"。③吕天成评目连戏"词陋恶不堪观"，主要是从词采
角度进行阐释的。"第当行之手不多遇，本色之义未讲明。
当行兼论作法，本色只指填词。当行不在组织饾饤文学，此
种自有关节局段，一毫增损不得；若组织正以蠹当行。本色
不在摹剿家常语言，此种别有机神情趣，一毫妆点不来；若
摹剿正以蚀本色。今人不能融会此旨，传奇之派，遂判而为
二：一则工藻缋以拟当行；一则袭朴淡以充本色。甲鄙乙为

---

①　（明）吕天成撰，吴书荫校注：《曲品校注》，北京：中华书局，
2019 年，第 385 页。

②　（明）吕天成撰，吴书荫校注：《曲品校注》，北京：中华书局，
2019 年，第 384 页。

③　（明）吕天成撰，吴书荫校注：《曲品校注》，北京：中华书局，
2019 年，第 160 页。

寡文，此嗤彼为丧质。而不知果属当行，则句调必多本色矣；果具本色，则境态必是当行矣。今之窃其似而相敌也，而吾则两收之。即不当行，其华可撷；即不本色，其质可风。"①吕天成对戏曲曲词的要求是要在看似质朴无华的家常语言中又蕴含着机神情趣，他强调和在意的是词采的近俚语和过于俗气。《丹管》与《目连》同属下品，吕天成在评《丹管》甚至发问："诗人作词，不文而近俚，何也？"②目连戏作为民间戏剧，文词粗疏质朴，更有甚下流之语，自然不入这些文人评论家之眼。

郑之珍《新编目连救母劝善戏文》从自序看成于万历十年，即 1582 年；吕天成生于万历八年，即 1580 年，《曲品》完成时间为万历三十年，即 1602 年。从时间上看，吕天成的《曲品》与郑本《劝善戏文》几乎处于相同时代。目连戏"哄动乡社"是吕天成对其影响力的肯定，"词陋恶不堪观"是文人阶层对目连戏审美和伦理的否定，突出文人与民间两个阶层在审美趣味、审美理想等方面的差异，揭示了所谓精英文化与民间文化的区别。

2. 祁彪佳

祁彪佳（1603-1645），明代著名戏曲作家、戏曲批评家，

---

① （明）吕天成撰，吴书荫校注：《曲品校注》，北京：中华书局，2019 年，第 27 页。

② （明）吕天成撰，吴书荫校注：《曲品校注》，北京：中华书局，2019 年，第 383 页。

字虎子，号世培，别号远山堂主人，著有《远山堂诗集》《救荒全书》《寓山注》《越中园亭记》《祁忠敏公日记》等，所作传奇两部：《全节记》《玉节记》，今已佚失。在戏曲批评方面的著作有《远山堂曲品》及《远山堂剧品》。

《远山堂曲品》共收录传奇作品四百六十六部，其中附录《雅曲残稿》三十一种。《远山堂剧品》收录杂剧二百四十二种。《远山堂曲品》和《远山堂剧品》是戏曲理论评论史上的重要著作，其中共包括明代传奇、杂剧共七百零九种，不仅数量繁多，收录齐全，并在《远山堂曲品》的《曲品叙》中言："见吕郁蓝《曲品》而会心焉。欲嗫评于其末，惧续貂也，乃更为之，分为六品；不及品者，则以杂调黜焉。"①祁彪佳按照六品体制，将戏曲作品分为妙品、雅品、逸品、艳品、能品、具品以及杂调。《远山堂曲品》相对于吕天成《曲品》中的"神品、妙品、能品及具品"多出了两品及杂调。

从传统文学中的诗歌、书画再到戏曲理论，批评方式的进步与升级，对中国戏曲理论的发展具有重要意义。在祁彪佳《远山堂曲品》中，"艳"是首次被收入戏曲风格品类的新品制，多写男女情爱或女性之美，语言靡丽，声律严整。在文学和音乐的领域，从"宫体诗"到楚歌，"艳"都是由来已久的品评类型，在戏曲创作中，沈璟的《红渠》、吕天

---

① （明）祁彪佳撰，黄裳校录：《远山堂曲品剧品校录》，上海：上海古典文学出版社，1957 年，第 1 页。

成的《蓝桥》、陈汝元的《金莲》等都是以男女情事作题，辞藻华丽，言语绮艳。祁彪佳将"艳"收入《远山堂曲品》中合情合理。"逸"作为风格品制最早见于唐初李嗣真《书后品》，他在汉魏六朝"三品九等"体制基础上，将"逸"引入品评体系。"逸"在祁彪佳的戏曲批评中主要见于两个标准：一为"奇"；二为"主体性的回归"。苏元俊的《梦境》和祁豸佳的《眉头眼角》等剧在祁彪佳看来题材奇艺，风格自由，出人意料。而对主体性的情感的宣扬在冯惟敏的《僧尼共犯》、董玄的《文长问天》、朱京藩的《玉珍娘》等剧中可以体现出来。祁彪佳对"逸品"的理解是在戏曲创作的实际需要和主体的情感表达之上结合真实的舞台表演而来的，是对思想的解放，对个性的张扬。

在《远山堂曲品·杂调》中，记录了四十六种"杂调"，这在戏曲阐释史中当数第一。祁彪佳对民间戏曲的记录和阐释为后世提供了相当重要的研究材料，使得那些珍贵的艺术形式不至于在历史的长河中被湮没。吕天成对一些不入流、品格较低的民间戏曲秉持着一种嗤之以鼻的态度，而祁彪佳进一步将"吕品传奇之不入格者，摈不录，故至具品而止。予则概收之，而别为杂调。工者以供鉴赏，拙者亦以资捧腹也"①。民间戏曲的演出自有其动人之处，在乡村中野蛮生长。祁彪佳纵使认为民间戏曲的演出水平不堪入目，但是也

①　（明）祁彪佳撰，黄裳校录：《远山堂曲品剧品校录》，上海：上海古典文学出版社，1957年，第3页。

考虑到并不是所有的戏班都受过专业的训练和严格的指导，民间戏曲的演出只需令人开怀大笑就好。

祁彪佳评《劝善》说："全不知音调，第效乞食瞽儿，沿门叫唱耳。无奈愚民佞佛，凡百有九折，以三日夜演之，轰动村社。"① 又言："是晚柯村又演目连戏，竟夜不能寐。"② 《劝善》即《新编目连救母劝善戏文》，祁彪佳认为其全不知音调，艺术形式粗鄙，只供民众取乐消遣之用，虽看到了目连戏"三日夜演之，轰动村社"的影响力，但是仍与吕天成一样将目连戏之类的民间戏剧看作是"捧笑之玩物"，没有看到民间戏曲鲜活的生命力及深厚的群众基础。戏曲评论家对目连戏的否定评论，一是目连戏作为民间戏剧，创作之初都是一些最底层的文人甚至是艺人执笔，结构松散、词采粗疏、道德败坏等方面的原因自然决定了目连戏不可能得到绝大多数文人的青睐，即使有，那也只是当作娱乐消遣，不可细究；二是目连戏最主要的受众并不是那些文人，而是那些经历了生活苦难的最普通的民众。生活在最底层的民众想要的并不是一个蕴含着高级审美内涵的艺术，而是一个能够在一天辛苦劳作之后抚慰身心疲惫的能够看得懂的、同时也包含着人生哲理的艺术。就像现代的我们，在辛苦工作一天

---

① （明）祁彪佳撰，黄裳校录：《远山堂曲品剧品校录》，上海：上海古典文学出版社，1957年，第134页。

② （明）祁彪佳撰，黄裳校录：《远山堂曲品剧品校录》，上海：上海古典文学出版社，1957年，第134页。

之后，更倾向的是那些能够带来短暂快乐的相声、小品或者短视频，并不是那些需要消化的高雅艺术。文人群体对目连戏的否定，对于民间艺术的否定，是一种"何不食肉糜"的优越，本质上还是中国民间和文人这两个阶层之间巨大的鸿沟。

三、结语

文人群体对目连戏的肯定或否定阐释，都是历史性和时代性所带来的。他们是最有话语权的阐释者，而文本是相对弱势的阐释对象。德国理论家费什曾提出一个概念——"有知识的读者"，这是一种理想化的读者，既要具备必要的文学素养，有一定的阅读经验，更重要的是要具有抽象思维的能力，在此基础之上才能更好地发挥文本的效用，构建意义整体。文人批评家是"有知识的读者"的典型代表。费什认识到"有知识的读者"只是一种理想的读者概念，现实生活中的实际读者往往因为文化水平的参差不齐、审美趣味的高低不同、人生阅历的贫乏或丰富对文本作出不同的阐释，实际读者与"有知识的读者"之间仍然存在着较大的落差，在真实的历史中，也难找到一个真正的"有知识的读者"。文本具有历史性，因为目连戏在每个时代、各个地方都会有所不同，会随着时代的发展不断地变化；文人评论家作为阐释者同样也具有历史性，这是无法克服的根本特征和基本事实，不能改变只能适应。对于一件艺术作品，同时代的人往往很难做出正确的评价，因为我们都无可避免地带着自身的成见去理解和阐释它，以至于不能确切地认识它。只有当这种同时性消失之后，才有可能得到一个相对客观和普遍的理解。

参考文献：

（民国）余谊密修，徐乃昌纂：《（民国）南陵县志（48卷）》卷四，民国铅印本。

（明）王守仁：《王阳明全集》，上海古籍出版社，1992年。

（明）孙应鳌撰，龙连荣等点校：《孙应鳌文集》，贵州教育出版社，1996年。

（清）李渔：《闲情偶寄》，《中国古典戏曲论著集成》（七），中国戏剧出版社，1959年。

（明）汤显祖著，徐朔方笺校：《汤显祖全集》（二），北京古籍出版社，1998年。

（清）宋廷魁：《介山记或问》，清乾隆年间刻《介山记》卷首。

（清）李慈铭撰：《越缦堂文集（12卷）》卷五，民国本。

（明）郑之珍撰，朱万曙校点：《新编目连救母劝善戏文》，《皖人戏曲选刊·郑之珍卷》，黄山书社，2005年。

（清）董榕：《知觉记引训》，清乾隆十六年（1751）刻本《知觉记》卷首。

（元）夏庭芝：《青楼集》志，吴毓华：《中国古代戏曲序跋集》，中国戏剧出版社，1990年。

（明）吕天成撰，吴书荫校注：《曲品校注》，中华书局，2019 年。

（明）祁彪佳撰，黄裳校录：《远山堂曲品剧品校录》，上海古典文学出版社，1957 年。

李春青：《诗与意识形态》，北京大学出版社，2004 年。

王利器：《元明清三代禁毁小说戏曲史料》，上海古籍出版社。

刘祯：《目连戏：文人与民间》，《民族艺术》1999 年第 2 期。

胡亚敏：《论当今文学批评的功能》，《社会科学辑刊》2005 年第 6 期。

《佛教与民俗》致语

　　无论我们承认与否，当下的中国佛教已与印度佛教相去有距。这是印度佛教域外传播必然的在地适应与历史结果，而非一个两个宗教人物的抉择与引导。所以，虽然时下有一部分学者与僧众主张重读《阿含》、重回印度原始佛教，但可料定必是徒劳，因为佛教中国化是一个不可逆的过程，是历史环境与社会驱逼的取向。同样，受中国佛教影响的东亚佛教，企图迈开中国佛教而直接印度佛教，也注定将是无功而返，因为接受中国佛教亦是佛教在地化的历史选择——历史上，韩国、日本僧人前往印度取经求法不乏其人，但却不能影响本国佛教的基本走向。在无法割断中国佛教与印度佛教内在联系的同时，更多地考察佛教中国化的具体过程，将会更好地揭示佛教作为一种世界性宗教本身所具有的超强顺应能力，也将会更好地揭示不同地区、不同民族在接受佛教时的在地适应过程。

　　佛教中国化是一个很老的课题，且在义理中国化与艺术中国化方面成果卓著。但很明显，佛教中国化当不仅仅表现在义理与艺术方面，在更宽的视域我们都能发现它的表现，尤其是在佛教社会化、文化化的过程当中。在《佛教与民俗》第一辑的后记，我们曾经这样表述："一部中国佛教史，应该不仅仅是义理和高僧的历史，同时也应该是佛教社会化、文化化的历史；一部佛教中国化的历史，则更不应该只是义理和高僧中国化的历史，同时应有佛教观念向民间知识渗透、佛教文化化为中国风俗习惯的历史。"佛教中国化是一个相当宏大的课题，本有更多的研究方向与路径供人选择，而不仅仅限于义理和艺术——即是义理与艺术方面，也都还有很多可以开拓、深化的空间。

为了不与更多学者的研究重叠，我们选择了佛教民俗作为逼近，希望借助对一个个实例的考察，解析佛教作为一种外来文化如何演变为中国民间知识与风俗习惯，最终洞悉佛教中国化的具体情形。没有像时下流行的那样冠以"佛教民俗学"，是因为我们并不认为有一种独立于民俗学学科之外的佛教民俗学存在，面对的考察对象都不过是民俗学学科之内的佛教表现而已。既然如此，民俗学学科的规定性即是佛教民俗的规定性，我们不会别出心裁地创立某种学科范式。如此，参考各种民俗学论著，我们对佛教民俗的分类大体如下，列目则在二级分类上，以免太过粗疏：

一、佛教经济民俗

（一）寺院经济民俗（农业、牧业、林业、商业等民俗）

（二）僧众消费民俗（服饰、饮食、居住、出行等民俗）

二、佛教社会民俗

（一）团契民俗（称谓、师承等民俗）

（二）组织民俗（组织、庙规、管理等民俗）

（三）生活民俗（方式、禁忌、礼节等民俗）

（四）礼仪民俗（出家、受戒、升座、圆寂等民俗）

（五）济世民俗（救助、慈善、公益等民俗）

三、佛教信仰民俗

（一）信仰民俗（方式、表达等民俗）

（二）仪式民俗（仪式、经忏等民俗）

（三）岁时民俗（节庆、祭祀等民俗）

四、佛教游艺民俗

（一）口承文学

（二）仪式歌舞

（三）辅教游戏

（四）僧众杂艺

虽然如此，不能涵盖佛教民俗的所有方面显而易见，故在具体的研究中尚有补充修订的余地。这些方面应该就是佛教民俗关注的重点，也是本刊文章的主体。此外，我们也会刊发一些相关的书评，目的是让有志于此的学者关注同仁的最新成果。同时，还会少量选刊佛教以外的宗教民俗文章，目的是要形成一种跨宗教的比较眼光。文章则以原创为主，适当选载一些有学术价值的已刊文章（欢迎自我推荐），目的是为推介最新的相关研究成果，因其刊载分散而易为相关研究的学者忽视。总之，本刊只想为有志于佛教民俗研究的学者提供一个发表与参考的平台。

竭诚欢迎有志于此的学者——无论新老，无论师生——加入我们的行列，并将你们此一方面付出心血的研究成果提供本刊，我们会非常感谢并会适当付以薄酬！来稿请寄287620765@qq.com 杨合林先生。

《佛教与民俗》编辑部